U0449184

周易经传白话解

刘大钧 林忠军 / 著

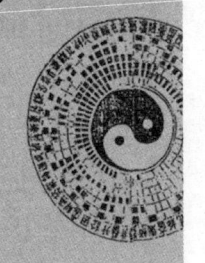

华龄出版社
HUALING PRESS

责任编辑：董　巍
责任印刷：李未圻

图书在版编目（CIP）数据

周易经传白话解 / 刘大钧，林忠军著. -- 北京：华龄出版社，2020.1

ISBN 978-7-5169-1520-2

Ⅰ.①周... Ⅱ.①刘... ②林... Ⅲ.①《周易》-译文 ②《周易》-注释 Ⅳ.①B221

中国版本图书馆CIP数据核字（2020）第001778号

书　　名：	周易经传白话解
作　　者：	刘大钧　林忠军

出 版 人：	胡福君		
出版发行：	华龄出版社		
地　　址：	北京市东城区安定门外大街甲57号	邮　编：	100011
电　　话：	010-58122246	传　真：	010-84049572
网　　址：	http://www.hualingpress.com		

印　　刷：	鸿博昊天科技有限公司		
版　　次：	2021年1月第1版　2021年1月第1次印刷		
开　　本：	710mm×1000mm　1/32	印　张：	26.5
字　　数：	190千字		
定　　价：	68.00元		

版权所有　翻印必究

本书如有破损、缺页、装订错误，请与本社联系调换

前　言

　　为《周易》古经作注释的想法，萌发于20世纪60年代末70年代初。当时尚在所谓"文革"时期，环境恶劣，资料缺乏，研究《周易》是绝对禁止的。搜集资料只能在地下状态中进行，所以直至1973年才动笔，中间写写停停，到1976年冬总算是完成了初稿，这就是古经译本之第一稿。作为一件毛胚式的东西，连我自己也不满意，就这样放了起来。到山东大学之后，因开设《周易》选修课之需，遂将旧稿翻出，修改增补，先油印出《乾》至《否》共十二卦的古经注释本，作为教学讲义试用；然后在此基础上，于1984年6月完成了其余各卦注译的补充与修改，此为第二稿。就在准备订正抄清之际，1984年《文物》第三期发表了马王堆帛书六十四卦经文，并附有张政烺先生《帛书〈六十四卦〉跋》和于豪亮先生《帛书〈周易〉》两篇专论帛书《易》的文章。作为迄今人们所见到的最古《易》本——帛本的问世，在学术界确实是一件石破天惊的大事，它使人们震惊：帛本不仅有着与今本很不相同的六十四卦卦序，且其卦名、卦辞、爻辞与今本亦有颇多不同之处。而对这样一部西汉初年的古本，是视而不见，将原稿抄清交付出版，还是重新补入帛本所提供的一些重要内容？答案自然是后者。于是，放下原稿，开始了对帛书《易经》的认真学习与探索。当时尚无任何今人注本可供参考借鉴，故而难度较大。不久，中间插入一项为虞翻《周易注》作校释的工作，这工作费时近两年才完成。所以直至1987年底，才完成参考帛书《周易》做出的又一次修改与补充，此为第三稿。随后，在林忠军教授的全力合作下，完成了最后一稿的修订与补充。某些部分，忠军教授又重新做了补写，经忠军教授完成的，是谓完整的第四稿。

所以，拙稿是在尽量吸收与参考马王堆帛书《周易》内容的基础上写成，而不是仅仅摘采前人对今本《周易》的现成注解。

拙稿《周易古经白话解》写出之后，我们总感到很不满意，特别是译文部分，基本上没有概括出《周易》古经卦爻辞蕴含的深意与韵味，深感有负于读者的冀盼。于是想借《周易传文白话解》的完成来弥补一下。当时先做《文言》的《乾》卦，试了几次，发现难度又很大。不但《文言》如此，《彖》《象》《系辞》皆然，其中有些文字所含的意义，虽反复思之，却总感无可名状，难以言喻，只可凭读者本人去意会，难以由笔者来言传，似乎妙就妙在不言之中！所以，对于《易传》来说，如同《周易》古经一样，还是"书不尽言，言不尽意"。

《易传》的注译完成后，虽又经两次修改，然因笔者能力所限，仍是一部"言不尽意"之作，切盼广大读者谅解，并提出宝贵的修改指正意见，以便再版之际订正，此为我们首先要说明的第一点。

第二，《易传》对六十四卦的解释，有个别部分与《周易》古经原义不符，因为此书乃为《易传》作注释，故仍依《易传》文义释之。一些前人有争议且一直悬而未决的问题，如《说卦》"参天两地而倚数"，《系辞》"参伍以变，错综其数"等等，我们都试着提出自己的意见，同时亦将先儒的一些主要观点详列于上，以便读者自己辨析。至于《易传》十篇的成文先后，近代人虽已定为非孔子所作，亦有人大体上做了简单的考辨，但尚无一个较为完整详细的排列顺序。既非孔子所作，那么，后学在进行整理时，《易传》十篇就必然有个完成先后问题。由于时间距今较久，而汉至宋以前，众口一词定为孔子所作，从先秦典籍中又很难找出结实的佐证，以确定每篇的先后，故我们只好从《易传》各篇的行文用语中，考证其先后，以质高明。但注译时仍按前人传统的先后顺序排列，未敢以个人管见，更动先儒之次序。

第三，在《周易古经白话解》中，笔者曾据《颐》卦之"观颐，自求口实"，"舍尔灵龟，观我朵颐"，"虎视眈眈，其欲（帛本作'容'）逐逐"及"由颐，厉吉。利涉大川"等辞，考定这些卦爻辞乃是中国最早相面记录，而在《易传》中，这方面的内容有进一步的补证。如以卦象对人的貌相进行总结：《说卦》释《巽》卦："其于人也，为寡发，为广颡，为多白眼。"释《离》卦："其于人也为大腹。"而《系辞》更通过言辞以判断归纳各种类型的人："将叛者，其辞惭；中心疑者，其辞枝。吉人之辞寡，躁人之辞多，诬善之人，其辞游，失其守者，其辞屈。"

由此而观之，《周易》经传中，可能确有中国古代相面术的记载，这一看法没有写入注文及总论中，补于此，但愿能引起学者的注意。

最后，需要再次说明的是：由于拙稿是针对初学者难于读通经传原文而发的，故译文尽量本着"信""达""雅"的原则，力争准确信实地用现代汉语译出《周易》经传原义，尽量体现原著风格与学术韵味。为此，有的经文凡是读者能看懂的，笔者就尽量不译或少译。然而，正如前文所述，作为最古的一部典籍来说，深入考证探索《周易》经传原义，当然是一件不易的事，但若将这些深奥经文化为浅出的现代汉语，那就往往更难！鉴于这种体会，那时我曾写过这样一幅联语：

经辞难于以言传

神韵自知当心流

故译文虽数易其稿，但直至今日，我们仍不满意，深感有负于读者的期望。然而，令我们感动的是，由于广大读者的爱护与扶持，今年2月，拙稿之英文版在山东友谊书社出版，并随之售罄。7月，法文版又在法国巴黎东方出版社出版。而时近岁尾，敝人又接大孚书局傅宝泰先生函，云欲在台湾出拙稿之繁体字版，吾与忠军教授闻之欣然，遂借"前言"略述拙稿之始末如上，并向大孚书局诸同仁顺致谢忱。

刘大钧
1995年12月30日志
于山东大学老校运乾书斋

2020年初，新冠病毒肺炎全球蔓延，人类重思文明的走向，回归古典之情油然而生，华龄出版社在市场低迷之时，毅然再版此书，我与忠军甚感欣慰，谨致诚挚谢忱！。

刘大钧
林忠军
2020年4月8日

目　　录

周易古经白话解 ………………………………… 1
周易古经总论 ………………………………… 2
　　一、《周易》释名 ………………………… 2
　　二、论《周易》卦爻形成 ……………… 4
　　三、论《周易》分篇 …………………… 6
　　四、论易象 ……………………………… 8
　　五、论占筮 …………………………… 24
周易上经 ………………………………… 36
　　乾（一） ……………………………… 36
　　坤（二） ……………………………… 38
　　屯（三） ……………………………… 41
　　蒙（四） ……………………………… 43
　　需（五） ……………………………… 45
　　讼（六） ……………………………… 47
　　师（七） ……………………………… 50
　　比（八） ……………………………… 52
　　小畜（九） …………………………… 54
　　履（十） ……………………………… 56
　　泰（十一） …………………………… 58

否（十二）……………………………………60
同人（十三）…………………………………62
大有（十四）…………………………………64
谦（十五）……………………………………65
豫（十六）……………………………………67
随（十七）……………………………………69
蛊（十八）……………………………………71
临（十九）……………………………………73
观（二十）……………………………………74
噬嗑（二十一）………………………………76
贲（二十二）…………………………………78
剥（二十三）…………………………………80
复（二十四）…………………………………81
无妄（二十五）………………………………84
大畜（二十六）………………………………85
颐（二十七）…………………………………87
大过（二十八）………………………………89
坎（二十九）…………………………………91
离（三十）……………………………………93

周易下经 ……………………………………96

咸（三十一）…………………………………96
恒（三十二）…………………………………98
遁（三十三）…………………………………99
大壮（三十四）………………………………101
晋（三十五）…………………………………103
明夷（三十六）………………………………105
家人（三十七）………………………………107
睽（三十八）…………………………………109

蹇（三十九）……………………………111
解（四十）……………………………113
损（四十一）…………………………115
益（四十二）…………………………117
夬（四十三）…………………………119
姤（四十四）…………………………121
萃（四十五）…………………………123
升（四十六）…………………………125
困（四十七）…………………………127
井（四十八）…………………………129
革（四十九）…………………………132
鼎（五十）……………………………134
震（五十一）…………………………136
艮（五十二）…………………………138
渐（五十三）…………………………140
归妹（五十四）………………………142
丰（五十五）…………………………144
旅（五十六）…………………………146
巽（五十七）…………………………148
兑（五十八）…………………………150
涣（五十九）…………………………152
节（六十）……………………………154
中孚（六十一）………………………156
小过（六十二）………………………158
既济（六十三）………………………160
未济（六十四）………………………162

周易传文白话解 ·········· 165
易传总论 ·········· 166
- 一、《易传》名称由来 ·········· 166
- 二、《易传》成书年代及各篇成书先后 ·········· 167
- 三、《易传》与孔子 ·········· 173
- 四、《易传》学术思想归属问题 ·········· 176
- 五、《易传》与《周易》古经的分与合 ·········· 181

《易传》白话解义 ·········· 189
- 彖上 ·········· 189
- 彖下 ·········· 214
- 象上 ·········· 241
- 象下 ·········· 279
- 系辞上 ·········· 324
- 系辞下 ·········· 350
- 文言 ·········· 374
- 说卦 ·········· 383
- 序卦 ·········· 395
- 杂卦 ·········· 404

附录：主要参考书目 ·········· 409

周易古经白话解

周易古经总论

一、《周易》释名

《周易》一词，最早记载于《左传》。如《左传·庄公二十二年》："周史有以《周易》见陈侯者。"《左传·襄公九年》："姜曰：'亡，是于《周易》曰：随，元亨利贞……'"《左传·昭公七年》："孔成子以《周易》筮之。"都可证明在春秋时代，或者更早，已有《周易》的书名了。

那么，这本书为什么要称作《周易》呢？古人对此是做过许多讨论的。

早在汉唐时代，仅《周易》的"周"字就有两解。

据《周礼·大卜》："大卜……掌三易之法，一曰《连山》，二曰《归藏》，三曰《周易》。其经卦皆八，其别皆六十有四。"东汉人郑玄在其《易赞》中说："夏曰《连山》，殷曰《归藏》，周曰《周易》。""《连山》者，象山之出云，连连不绝；《归藏》者，万物莫不归藏于其中；《周易》者，言易道周普无所不备。"

郑玄解《周易》的"周"字为"易道周普无所不备"。这与《系辞》之"变动不居，周流六虚"及《韩非子·解老》所说"圣人观其玄虚，用其周行"是相一致的，因而在唐人陆德明的《经典释文》中得到进一步确认："周，代名也，周至也，遍也，备也，今名书，义取周普。"

但是，另一位唐人孔颖达不同意这种说法。他在《周易正义》序文里说："郑玄虽有此释，更无所据之文……案《世谱》等群书，神农一曰连山氏，亦曰列山氏。黄帝一曰归藏氏。既连山、归藏并是代号，则《周易》称'周'，取岐阳地名，《毛诗》云'周原膴膴'是也。"

孔颖达解《周易》的"周"字为"代号"，是指周朝。这种说法影响很大，至今还有人以为《周易》就是周朝写的《易经》——此为另一解。

再说《周易》的"易"字。

《易纬·乾凿度》："易名有四义，本日月相衔。"

郑玄："易者，日月也。"

《说文》："秘书说曰'日月为易，象阴阳也'。"

《参同契·乾坤设位章》："日月为易，刚柔相当。"

《经典释文》："《易》，经名也。虞翻注《参同契》云'字从日下月'。"

汉人"日月为易"的说法究竟对不对呢？让我们看一下写于战国时代的《系辞》是怎么说的。《系辞》说："《易》者，象也。象者，像也。"又说："在天成象，在地成形。""悬象著明，莫大乎日月。""仰则观象于天。"

很清楚，《系辞》认为"易"成于"象"。又是"在天成象"，天象莫大于日月。故"日月为易"的说法，正与《系辞》符合。可以说，汉人对"易"字的解释，是有根据的，此说可取。

案《周礼·大卜》贾疏，《连山》以《艮》卦为六十四卦之首，艮为山，故称《连山》。郑玄说："《连山》者，象山之出云，连连不绝。"即指此。《归藏》以《坤》卦为六十四卦之首，坤为地，万物以地致养，又回到地中去，因此，郑玄说："《归藏》者，万物莫不归于其中。"《周易》以《乾》卦为六十四卦之首，乾为天，"易"字又为日月。所谓《周易》者，即日月之道普照周天。故郑玄说:"《周易》者,言易道周普,无所不备。"

《周礼·大卜》贾疏也认为:"《连山》《归藏》皆不言地号,以义名《易》,则'周'非地号,以《周易》以纯《乾》为首,乾为天,天能周布于四时,故名《易》为'周'也。"就这样,贾公彦反驳了孔颖达认为《周易》的"周"字,是"取岐阳地名",指"周原朊朊"的说法。

据上所考,我们认为:《经典释文》从汉人之说,谓"周"字"遍也,备也,今名书,义取周普",这是正确的。

二、论《周易》卦爻形成

庄子说:"《易》以道阴阳。"这话是对的。

《周易》经文中虽无一字谈及阴阳,但它用"—"表示阳爻,用"--"表示阴爻,由三个阳爻或三个阴爻,及一个阳爻与两个阴爻,两个阳爻与一个阴爻的不同排列,构成了八经卦(又称八卦)。这所谓八经卦就是:乾☰、坎☵、艮☶、震☳、巽☴、离☲、坤☷、兑☱。

再由此八经卦的互相重合,组成六十四别卦,而在每卦的卦名经文之前,标出该卦的卦画,以此显示该卦的阴阳变化。

由八卦相重而得六十四卦,此即《系辞》中所谓:"八卦成列,象在其中矣;因而重之,爻在其中矣。"《说卦》所谓"兼三才而两之,故易六画而成卦"。一部《周易》的经文,最初仅由这六十四卦的卦辞和三百八十四爻的爻辞组成(另外加《乾》《坤》卦"用九"与"用六")。

那么,重卦究竟起于何时?古人在这个问题上也是众说不一:王弼说伏羲开始重卦,郑玄说神农,还有说大禹的。司马迁、班固、扬雄、王充则认为文王才开始重卦。

案《尚书·周书·洪范》:"择建立卜筮人,乃命卜筮。"则周朝或周之前即已重卦是可信的。《周礼·大卜》既称"三易"之经卦皆八,其别卦六十有四。如前所述,"三易"中的《连山》《归藏》又相传是夏、殷时的筮书,此说虽无确证,但由此可见,重卦可能已有久远的历史。而据《系辞》:"作结绳以为罔罟,以佃以渔,盖取诸离。"此处肯定是指《离》卦☲。如不重卦,只以经卦离☱何以能象"罔罟"?所以,依据《系辞》之说,重卦当是伏羲时的事情。又,《淮南子·人间训》:"伏羲为之六十四变。"也认为伏羲重卦。伏羲是传说中的人物,伏羲重卦当然也是传说,但由这点可以看出:由八卦相重为六十四卦,其由来已久,我们认为起码发生在西周之前。数字卦的发现,为我们提供了新的证据。20世纪,考古工作者在出土的商周时的卜骨、卜甲和鼎器等文物上发现刻有排列有序的数字,其中六个数字居多,根据张政烺先生研究,此为数字卦(数字转换为阴阳即今六画卦)①,若依此说在《周易》成书之前,已有重卦。

自阴阳爻画组成八卦,至八卦重为六十四卦,最后到《周易》全书的完成,这中间恐怕有一个较长的历程。按照当今学者对于出土《周易》的研究,周易符号,由数字转换而来的,大致进程是由∧—→⌐⌐—→--,数字卦中使用的∧与—比较多,故∧—是今《周易》符号的源头。战国简《周易》符号作:∧—,恐已由数字转为阴阳符号,汉初帛《易》作⌐⌐—其中⌐⌐与∧意义应当一致,只是书写不同。然后由∧—或⌐⌐—演变为--。而卦辞和爻辞的产生,必定经过了多人的采辑、订正和增补,其中吸收许多卜辞与应验的筮辞,最后到殷末周初才成为今天的样子。

因此,《周易》这部书的作者,从卦画的绘制到卦、爻之辞的写成,不大可能仅仅是一个人所作,应该是几代人的集体

---

① 见张政烺:《试释周初青铜器铭文的易卦》,《考古学报》1980年4月。

创作。

三、论《周易》分篇

在先秦，《周易》称上下"二篇"。《系辞》："二篇之策，万有一千五百二十。"《晋书·束晳传》："其《易经》二篇，与《周易》上下经同。"可证。

至汉，还有称"篇"者。《汉书·艺文志》："文王重《易》六爻作上下篇。"《易纬·乾凿度》："夫阳道纯而奇，故上篇三十，所以象阳也。阴道不纯而偶，故下篇三十四，所以法阴也。"

孔颖达《周易正义》卷首："但《子夏传》云，虽分为上下二篇，未有'经'字。"他认为："案前汉孟喜《易》本云，分上下二经。是孟喜之前已题'经'字。"

考《汉书·儒林传》："费直……徒以《彖》《象》《系辞》十篇文言解说上下经。"

《后汉书·荀爽传》："文王作《易》，上经首《乾》《坤》，下经首《咸》《恒》。"

韩康伯注《序卦》曰："先儒以《乾》至《离》为上经，天道也。《咸》至《未济》为下经，人事也。"

据上所考，可证孟喜以来，人们已称"上下经"。故唐人孔颖达谓"孟喜之前已题'经'字"是可信的。其具体时间大致可考定在田何、孟喜之间。

《周易》上篇由《乾》《坤》《屯》《蒙》《需》《讼》《师》《比》《小畜》《履》《泰》《否》《同人》《大有》《谦》《豫》《随》《蛊》《临》《观》《噬嗑》《贲》《剥》《复》《无妄》《大畜》《颐》《大过》《坎》《离》共三十卦组成。

下篇由《咸》《恒》《遯》《大壮》《晋》《明夷》《家人》《睽》

《塞》《解》《损》《益》《夬》《姤》《萃》《升》《困》《井》《革》《鼎》《震》《艮》《渐》《归妹》《丰》《旅》《巽》《兑》《涣》《节》《中孚》《小过》《既济》《未济》共三十四卦组成。

两篇合起来，总计六十四卦。

在这两篇中，凡阳爻称"九"而阴爻称"六"。一卦的阳爻自下而上为初九、九二、九三、九四、九五及上九；一卦的阴爻自下而上为初六、六二、六三、六四、六五及上六。另外，《乾》《坤》两卦还有"用九"与"用六"，以示阳爻与阴爻的变化。

其实，最初《周易》卦爻中并无"九""六"之称。即便到了春秋时代，由《左传》《国语》的记录看，人们用《周易》占事或论事，在分析卦爻时，仍无"九""六"的称呼。至后人作"十翼"，这才出现了"九""六"之称。如《坤·象》："六二之动，'直'以'方'也。""用六'永贞'，以大终也。"《文言》亦称"乾元用九，天下治也"云云。可见"九""六"称谓的出现，应与《象》《文言》同期，或者还早。近几年新出土的战国楚简《周易》亦使用了"九""六"，说明了当时"九""六"在《周易》中已通行。

当初，《周易》一书的内容，只是这上下二篇，共六十四卦的卦辞和爻辞而已（另外《乾》《坤》二卦加"用九""用六"之辞）。

自西汉始，人们将《周易》名之为《易经》，同时，为其作注的"十翼"也列为经文了。《汉书·艺文志》："《易经》十二篇，施、孟、梁丘三家。"颜师古注："上下经及十翼，故十二篇。"此即其证。

所以，今天，《周易》一书实分两部分：一部分是《周易》经文上下篇，一部分是"十翼"，即《周易大传》十篇。当然，我们今天常见的《周易》的本子大多是经传混合的（《周易》经传分合，见《易传总论》中《易传》与《周易》古经的分与合一节）。应当引起我们注意的是，近几年新出土的《周易》的资料，如：战国楚竹书《周易》，汉帛书《周易》经传，汉阜阳竹简《周易》等，这对于我们重新诠释和研究《周易》性质、内容、文字意义以及版本的演变和流传等问题提供了许多有重要价值的论据。

四、论易象

自春秋战国时代起，经汉、唐、宋诸儒，至清儒及民国人物止，他们在讲解《周易》经文时，都要依据卦象。即便是被人称作"扫象不谈"的王弼，在其《周易略例·明象篇》中，依然承认："寻象以观意。""意以象尽，象以言著。"表面看起来，王弼不取象数之学，但他在注释《周易》经文时，重阴阳，辨爻位，心中很有分寸。可知他是精通汉人象数的。如注《同人》卦九五爻："同人，先号咷而后笑，大师克，相遇。"王弼说："居中处尊，战必克胜，故后笑也。"而且，他仍然取象。如注《大有·象》："火在天上，大有，君子以遏恶扬善，顺从休命。"王弼说："大有，包容之象也，故'遏恶扬善'。"

那么，可不可以抛开卦象，纯以训诂解《易》呢？

带着这个问题，让我们看一下《周易》的卦辞和爻辞，到底是据象而出，还是与象无关？

通读《周易》六十四卦三百八十四爻，我们发现：凡拟之以物时，初爻之辞皆取象于下。如《乾》卦初九爻："潜龙勿用。"《坤》卦初六爻："履霜坚冰至。"《履》卦初九爻："素履往，无咎。"《泰》卦初九爻："拔茅，茹以其汇，贞吉，亨。"《噬嗑》卦初九爻："屦校灭趾，无咎。"《贲》卦初九爻："贲其趾，舍车而徒。"《剥》卦初六爻："剥床以足，蔑贞，凶。"《大过》卦初六爻："藉用白茅，无咎。"《坎》卦初六爻："习坎，入于坎窞，凶。"《离》卦初九爻："履错然，敬之，无咎。"《咸》卦初六爻："咸其拇。"《遯》卦初六爻："遯尾厉，勿用有攸往。"《大壮》卦初九爻："壮于趾，征凶，有孚。"《夬》卦初九爻："壮于前趾，往不胜，为咎。"《困》卦初六爻："臀困于株木，入于幽谷，三岁不觌。"《井》卦初六爻："井泥不食，旧井无禽。"《鼎》卦初六爻："鼎颠趾，利出否，得妾以其子，无咎。"《艮》卦初六爻："艮其趾，无咎。利永贞。"《既济》卦初九爻："曳其轮，濡其尾，无咎。"《未济》卦初六爻："濡其尾，吝。"我们看："潜""履""茅""趾""足""藉""坎窞""拇""尾""臀""井泥""轮"等，皆取象于物之下者。

反之，凡拟之以物时，上爻之辞皆取象于上。如《乾》卦上九爻："亢龙有悔。"《比》卦上六爻："比之无首，凶。"《大有》卦上九爻："自天祐之，吉无不利。"《噬嗑》卦上九爻："何校灭耳，凶。"《大畜》卦上九爻："何天之衢，亨。"《大过》卦上六爻："过涉灭顶，凶，无咎。"《咸》卦上六爻："咸其辅颊舌。"《晋》卦上九爻："晋其角，维用伐邑，厉吉，无咎，贞吝。"《解》卦上六爻："公用射隼于高墉之上，获之无不利。"《姤》卦上九爻："姤其角，吝，无咎。"《鼎》卦上九爻："鼎玉铉，大吉，无不利。"《旅》卦上九爻："鸟焚其巢，旅人先笑后号咷，丧牛于易，凶。"《中孚》卦上九爻："翰音登于天，贞凶。"《既济》卦上六爻："濡其首，厉。"《未济》卦上六爻："有孚于饮酒，无咎。濡其首，有孚失是。"等等，我们看："亢""首""天""耳""顶""辅""角""高墉""铉""巢"等，皆取象于物之上者。

我们认为：这种情况在经文中出现，恐怕绝非偶然的巧合。

再看取一物为象的卦，随着爻位的变化，取象的部位是如何变化的。先看"近取诸身"的《咸》卦。

《咸》卦初六爻："咸其拇。"六二爻："咸其腓，凶，居吉。"

九三爻："咸其股，执其随，往吝。"九四爻："贞吉，悔亡。憧憧往来，朋从尔思。"九五爻："咸其脢，无悔。"上六爻："咸其辅颊舌。"

很清楚，在《咸》卦中，随着爻位的变化（由初六爻到上六爻），身体部位的取象，也由脚的大拇指上升到腿肚子，大腿，脊背之肉，最后到面部。再看"远取诸物"的《乾》卦。《乾》卦初九爻："潜龙勿用。"九二爻："见龙在田，利见大人。"九三爻："君子终日乾乾，夕惕若厉，无咎。"九四爻："或跃在渊，无咎。"九五爻："飞龙在天，利见大人。"上九爻："亢龙有悔。"随着爻位的由下而上，龙的位置也由"潜""见"而"跃""飞"，最后以至于"亢"。

其他如《剥》《艮》等卦亦同，都是随着爻位的自下而上，其爻辞取象也由下而上的变化着。

据此，《系辞》谓："易者，象也。""象者，言乎象者也。""立象以尽意，设卦以尽情伪。""八卦成列，象在其中矣！"并特别指出："圣人设卦观象系辞焉。"

我们认为《系辞》的说法还是有根据的。同时，《系辞》作者在行文中两次提到："圣人有以见天下之赜，而拟诸其形容，象其物宜，是故谓之象。"因此，恐怕《周易》作者当初撰卦爻之辞时，正是于观象之后，或"拟诸其形容"而出辞，或"象其物宜"而吐语，故使我们在读《周易》经文时，常常发现忽说吉，又说凶。一些卦爻之辞，东一榔头，西一棒槌，让人摸不着头脑。究其原因，正在于此。唯作《周易》者当初是如何"拟诸其形容"的，又是怎么"象其物宜"的，因其法已经亡佚，我们今天是很难知道了。虽然后人在《周易》的取象上有过很多探讨和研究，但往往都不免陷于穿凿与附会。因此，我们今天在讲解《周易》经文时，对古人"观象系辞"的说法既不可全弃，然而又不可全取。因为若全取《说卦》及汉人的《易》象以解卦爻之辞，凭古《易》的一点断文碎义，苦苦探索那些久已亡佚的取象之法，势必走上支离卦象以就经文，生拉硬扯以顺己意的旧路数，再一次陷入古人的困境，这是没有什么前途的；反之，认为《周易》的卦爻之辞与象毫无关联，"观象系辞"之说并无根据，在训释《周易》经文时，干脆全盘否定古人以象解经的传统路子。我们以为：这恐怕也不是实事求是的态度。

我们的态度是：承认《周易》卦爻之辞乃当初作《易》者"观象系辞"而来，只是这些取象之法后来已经亡佚，故今天讲解《周易》经文时，应当仍以训诂为主，又要参考一些通过经文自身可以看出的取象。同时，为了解前人对《易》象的一些探讨，我们对春秋、战国并两汉有关《易》象的研究，也应知道其梗概。为此，下面简要介绍一下前人有关《周易》之象的探讨。

据黄宗羲《易学象数论》谈，《周易》的取象计有"八卦之象""六画之象""像形之象""爻位之象""反对之象""方位之象""互体之象"共七种。

何谓"八卦之象"？所谓"八卦之象"在《说卦》中讲得很明白，是战国时代人们对易象的整理与介绍：

> 乾，健也。坤，顺也。震，动也。巽，入也。坎，陷也。离，丽也。艮，止也。兑，说也。
>
> 乾为马。坤为牛。震为龙。巽为鸡。坎为豕。离为雉。艮为狗。兑为羊。
>
> 乾为首。坤为腹。震为足。巽为股。坎为耳。离为目。艮为手。兑为口。
>
> 乾，天也，故称乎父。坤，地也，故称乎母。
>
> 震一索而得男，故谓之长男。巽一索而得女，故谓之长女。坎再索而得男，故谓之中男。离再索而得女，故谓之中女。艮三索而得男，故谓之少男。兑三索而得女，故谓之少女。

乾为天，为圜，为君，为父，为玉，为金，为寒，为冰，为大赤，为良马，为老马，为瘠马，为驳马，为木果。

坤为地，为母，为布，为釜，为吝啬，为均，为子母牛，为大舆，为文，为众，为柄，其于地也为黑。

震为雷，为龙，为玄黄，为旉，为大涂，为长子，为决躁，为苍筤竹，为萑苇，其于马也，为善鸣，为异足，为作足，为的颡，其于稼也，为反生。其究为健，为蕃鲜。

巽为木，为风，为长女，为绳直，为工，为白，为长，为高，为进退，为不果，为臭，其于人也，为寡发，为广颡，为多白眼，为近利市三倍，其究为躁卦。

坎为水，为沟渎，为隐伏，为矫輮，为弓轮，其于人也，为加忧，为心病，为耳痛，为血卦，为赤，其于马也，为美脊，为亟心，为下首，为薄蹄，为曳，其于舆也，为多眚，为通，为月，为盗，其于木也，为坚多心。

离为火，为日，为电，为中女，为甲胄，为戈兵，其于人也，为大腹，为乾卦，为鳖，为蟹，为蠃，为蚌，为龟，其于木也，为科上槁。

艮为山，为径路，为小石，为门阙，为果蓏，为阍寺，为指，为狗，为鼠，为黔喙之属，其于木也，为坚多节。

兑为泽，为少女，为巫，为口舌，为毁折，为附决，其于地也，为刚卤，为妾，为羊。

以上八卦所象八类事物，即"八卦之象"。

《说卦》虽是战国时代作品，但它的成篇必有所本。因为早在春秋时代，人们即已很熟练地运用这些卦象对《周易》进行分析了。如《左传·庄公二十二年》:"陈侯使筮之……坤,土也,巽,风也,乾,天也。"《左传·昭公五年》:"庄叔以《周易》筮之……离,火也,艮,山也……"再如《国语·晋语》:"司空季子曰:'……震,车也。坎,水也。坤,土也'……"等等。

由《左传》《国语》的这些记载看,其八卦之象与《说卦》基本相同,因此,早在春秋时代(或者更早)八卦之象就被用来解说《周易》了。《说卦》只是后人对这些取象进行了重新整理而已。至汉,又有人于《说卦》之外补充了很多"逸象",这些"逸象"是对《说卦》的进一步发挥,在此就不一一细述了。

两卦相重而生"六画之象",这就是《系辞》中所谓"八卦相重"而生成的六十四卦。六画之象包含内外两个经卦,亦称上下两卦。据《左传》《国语》记载,春秋时代的人称内卦曰"贞",称外卦曰"悔"。六个爻画的排列自下而上,最下一爻称做"初爻",顺而上:二爻、三爻、四爻、五爻,最上第六爻称做"上爻"。这六个爻画根据《系辞》与《说卦》,被分成"天""地""人",称之谓"三才"。《系辞》:《易》之为书,广大悉备。有天道焉,有人道焉,有地道焉。兼三才而两之,故六,六者非它也,三材之道也。"《说卦》:"昔者圣人之作《易》也,将以顺性命之理,是以立天之道曰阴与阳,立地之道曰柔与刚,立人之道曰仁与义,兼三才而两之,故《易》六画而成卦,分阴与阳,迭用柔刚,故《易》六位而成章。"

汉人就是根据这些,将六个爻画分成三部分:上两爻为天,中两爻为人,下两爻为地。并有"阳位""阴位"之分:初爻、三爻、五爻称做"阳位",二爻、四爻、上爻称作"阴位"。若阳爻居阳位,阴爻居阴位,谓"得正"或"得位",主吉祥。反之,若阳爻居阴位,阴爻居阳位,则谓"不正"或"失位",不吉。这些恐怕都是汉人的附会,并不足信。考《周易》经文,六十四卦中只有《既济》☲☵一卦阴爻与阳爻全部得位,吉莫大焉!然其卦辞却曰"初吉终乱"！可知在《周易》作者的心目中，万事万物都处于不断发展、变化和联系之中，亦即《系辞》所谓："易穷则变，变则通。""变动不居，周流六虚。"世上绝没有什么静止不变的"得位"。

这六画之象（亦即六十四卦卦体）除有"得位""失位"，及分成"天""地""人"三才之外，汉人在其注释《周易》经文的著作中，认为每个卦体的阴阳爻画之间，还有着"承""乘""比""应""据""中"的关系。自汉人始，迄清人止，历代的易学家在注释经文，阐述易象时，他们都离不开运用这些关系来分析每卦的卦象。

所谓"承"，一般指一卦的卦体中，若阳爻在上，阴爻在下，则此阴爻对于上面的阳爻称之谓"承"。

举《坎》卦䷜为例。在这一卦体中（即六画之象）六四爻为阴爻，九五爻为阳爻，九五爻位置在六四爻之上，即为六四爻"承"九五爻。古人称之谓"四承五"。同样，在这一卦体中，初六爻为阴爻，九二爻为阳爻，九二爻位置在初六爻之上，即为初六爻"承"九二爻，古人称之谓"初承二"。再如《井》卦䷯，在这一卦体中，初六爻为阴爻，九二爻为阳爻，九二爻位置在初六爻之上，故称初六爻"承"九二爻，古人称之谓"初承二"，同样，九五爻在六四爻之上，古人谓"四承五"。

古人在运用"承"的关系分析卦象时，若卦体中一个阴爻在下，数个阳爻在上，则下面的这一阴爻，对于上面的几个阳爻都可以称作"承"。譬如《姤》卦䷫初六爻，它既可以"承"九二爻，也可以"承"九三爻、九四爻、九五爻及上九爻。同样，在一个卦体中，若几个阴爻在下，一个阳爻在上，则下面的这几个阴爻对于上面的阳爻也都可以称"承"。如《谦》卦䷎初六爻辞中"谦谦君子"一句，《周易集解》引荀爽注曰："初在最下为谦，二阴承阳亦为谦，故曰'谦谦'也。二阴一阳，相与成体，故曰'君子'也。"意思是说，在《谦》卦卦体中，初六爻为阴爻，位置在最下，本有谦让的意思。初六爻与六二爻都"承"九三阳爻，也有谦旨，故称之谓"谦谦"，在《谦》卦中，由初六爻、六二爻与九三爻这样两个阴爻一个阳爻构成了内卦艮，艮为少男，故称"君子"。据此，荀爽以为，这就是《谦》卦初六爻为什么称"谦谦君子"的原因。

有时，两相同之爻亦可称"承"。如王弼在《周易注》中解《履》卦䷉九四爻"履虎尾，愬愬终吉"说："逼近至尊，以阳承阳，处多惧之地。"即其证。

汉及其后研究《周易》的人，就是这样运用六画之象中两爻间的相"承"关系，解释着一些卦爻之辞的由来。当然，这种解释并不见得符合《周易》原旨，且多有牵强之处。

所谓"乘"，一般指六画之象中，若阴爻在上，阳爻在下，则此阴爻对下面的阳爻称之谓"乘"。举《比》卦䷇为例。在这一卦体中，上六爻为阴爻，九五爻为阳爻，上六爻在九五爻之上，即为上六爻"乘"九五爻，古人称"上乘五"。再如《泰》卦䷊，在这一卦体中，六四爻为阴爻，九三爻为阳爻。六四爻位置在九三爻之上，即为六四爻"乘"九三爻，古人称"四乘三"。其余卦皆同此例。

若一个卦体中，几个阴爻都在一个阳爻之上，则这几个阴爻对这一阳爻都可以称"乘"。如《谦》卦䷎六四爻辞中"不富以其邻"一句，《周易集解》引荀爽曰："'邻'谓四与上也，自四以上乘阳。"意思说，对于六五爻来说，"邻"是指六四爻与上六爻，因为这两爻都与六五爻相邻，故说"邻谓四与上也"。同时，在《谦》卦卦体中，自六四爻起，它与六五爻及上六爻都"乘"九三阳爻，故谓"自四以上乘阳"。

有时，两相同之爻亦可称"乘"。如《周易集解》引虞翻注《屯》卦䷂六四爻"乘马班如"一句，曰"乘三也"而《屯》

六三爻亦为阴爻，即其证。

所谓"比"，指在一卦的卦体中，其相邻两爻若是有一种相亲密的关系，称之为"比"。如其初爻与二爻，二爻与三爻，三爻与四爻，四爻与五爻，五爻与上爻等都可以称"比"。若相邻两爻，一爻为阴，一爻为阳，较善于得"比"。如《比》卦䷇六四爻："外比之贞吉。"虞翻注曰："在外体故称外，得位比贤，故贞吉也。"意思说，在《比》卦䷇中，六四爻位置在外卦，所以说"在外体"，六四爻是阴爻，位置在第四爻，第四爻是"阴位"，今阴爻而居阴位，故称"得位"，又因六四爻与九五爻有相"比"的关系，故称"得位比贤"。

《易纬·乾凿度》："三画以下为地，四画以上为天。""动于地之下则应于天之下，动于地之中则应于天之中，动于地之上则应于天之上。"这就是说，在六画之象中，其初爻与四爻，二爻与五爻，三爻与上爻之间，汉人认为有着一种呼应的关系。这种呼应关系被汉代易学家称之谓"应"。举《否》卦䷋为例。在这一卦体中，初六爻"应"九四爻，六二爻"应"九五爻，六三爻"应"上九爻。其他卦亦同此例。

所谓"据"，在一卦的卦体中，一般指阳爻立于阴爻之上，则此阳爻对于下面的阴爻称之谓"据"。

举《未济》卦䷿为例。在这一卦体中，九二爻在初六爻之上，就是九二爻"据"初六爻，古人解《易》之书称谓"二据初"。以《蒙》卦䷃为例，《周易集解》引虞翻注该卦九二爻曰："应五据初。"意思是说，在这一卦体中，九二爻应六五爻，故曰"应五"。同时，九二爻为阳爻，初六爻为阴爻，九二阳爻既在初六阴爻之上，就是九二爻"据"初六爻了，故谓"据初"。

用"据"的关系分析一个卦体的卦象时，往往也有这种情况：在一个卦体中，若只有一个阳爻，其余都是阴爻，而此阳爻的位置在卦体中又比较偏上，则此阳爻对其余阴爻皆可以称

"据"。如《豫》卦☷☳九四爻"由予,大有得"一句,《周易集解》引虞翻注曰:"据有五阴,坤以众顺。"意思是说,在这一六画之象中,九四爻为阳爻,它一爻可以"据"其他五阴,《豫》卦内卦为坤,坤为众,故谓"据有五阴,坤以众顺"。

所谓"中",又被汉以来的易学家们称为"居中""得中""处中"等,一般系指一卦卦体中的第二爻与第五爻(但也有例外),因为第五爻为外卦之"中",第二爻为内卦之"中"。以《需》卦☵☰为例,在这一卦体中,九二爻居内卦乾的正中,九五爻居外卦坎的正中,所以凡在第二爻与第五爻,古人注《易》时,皆谓之"得中""处中"等。如《临》卦☷☱九二爻"咸临吉,无不利",《周易集解》引虞翻注曰:"得中多誉。"意思是说,九二爻位置在内卦之"中",故曰"得中多誉"。再如注《观》卦☴☷九五爻"观我生君子无咎",虞翻曰:"得道处中,故君子无咎矣。"意思是说,九五爻在君位,为得道之位,它又处外卦之"中",故谓"得道处中",虞翻认为这样便可以"无咎"了。

何谓"方位之象"?方位之象指八经卦所象征的八个方位。即:乾为西北;坎为正北;艮为东北;震为正东;巽为东南;离为正南;坤为西南;兑为正西。

这"方位之象"在《说卦》中有论述:"万物出乎震,震东方也。齐乎巽,巽东南也……离也者,明也,万物皆相见,南方之卦也……乾,西北之卦也……艮,东北之卦也。"

至宋,这"方位之象"又有"先天方位"与"后天方位"之分。《说卦》中论述的八卦方位被称作"后天方位"。按宋人的说法,这"先天方位"是:乾南坤北,离东坎西,震东北,巽西南,艮西北,兑东南。关于"先天方位"的来源,我们在后面将有论述,此处即不再重复了。

何谓"像形之象"?举《鼎》卦☲☴为例,《鼎》卦☲☴之所以称"鼎",恐怕就是因为组成该卦的六个爻画俱有"鼎"的形象。我们看:初六爻像"鼎"之足,九二爻,九三爻及九四爻像"鼎"之腹,六五爻像"鼎"耳,上九爻像"鼎"之铉。

其他如《颐》卦☲☳,《噬嗑》卦☲☳及《节》卦☲☳之名,可能皆取"像形之象"。

所谓"爻位之象",据《易纬·乾凿度》,在每卦的六个爻画中,古人以初爻为"元士",以第二爻为"大夫",第三爻为"公",第四爻为"诸侯",第五爻为"天子",上爻为"宗庙"。在这六个爻位中,以第五爻最重要。郑玄、虞翻等注《易》,皆主此说。然而这套"爻位之象"多用于占筮迷信,对训释《周易》经文,没有什么具体意义。

在《周易》的各种取象中,"互体之象"是古人解《易》经常运用的一种取象,特别在汉人解《易》著作中,占有比较重要的位置,因此,我们在这里要重点谈谈。

所谓"互体之象",指在一卦的六个爻画中,除内卦与外卦这样两个经卦外,另有二爻、三爻与四爻这样三个爻画组成一个新的经卦,再由三爻、四爻与五爻又组成一个新的经卦。这种由内外两卦交互组成的新卦象,古人称之谓"互体",又叫"互象"或"互体之象"。

举《坎》卦☵为例,在这一卦体中,除内外两经卦皆为坎象外,由二爻、三爻和四爻又组成经卦"震"象,再由三爻、四爻与五爻组成经卦"艮"象。这样,《坎》卦☵之中因"互体"又出了"震""艮"两个经卦之象。再如《蒙》卦☶☵,卦体除内卦为"坎",外卦为"艮"外,其二爻、三爻与四爻又组成了"震"象,三爻、四爻与五爻组成"坤"象,就这样,《蒙》卦☶☵之中因"互体"又出了"震""坤"二象。

下面是《坎》《蒙》二卦的"互象"示意图:

《坎》卦"互象"示意:

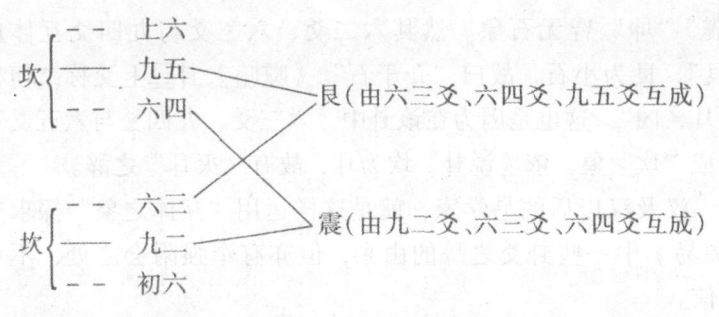

```
        ┌── 上六
   坎 ┤── 九五 ┐
        └── 六四 ┼──→ 艮（由六三爻、六四爻、九五爻互成）
                  │
        ┌── 六三 ┤
   坎 ┤── 九二 ┴──→ 震（由九二爻、六三爻、六四爻互成）
        └── 初六
```

《蒙》卦"互象"示意：

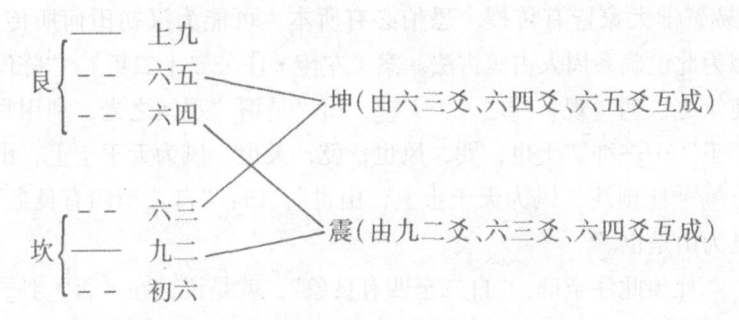

```
        ┌── 上九
   艮 ┤── 六五 ┐
        └── 六四 ┼──→ 坤（由六三爻、六四爻、六五爻互成）
                  │
        ┌── 六三 ┤
   坎 ┤── 九二 ┴──→ 震（由九二爻、六三爻、六四爻互成）
        └── 初六
```

由于使用"互体之象"，这样就可以在一卦的六个爻画中生出四象：内、外两卦的卦象及由二爻、三爻、四爻互成的卦象，和由三爻、四爻与五爻互成的卦象。

如前所述，古人认为《周易》的卦爻之辞无一字虚设，皆是观象而系。有的辞虽不出于内外两卦之象，但可以在互象中找到。如《屯》卦䷂，其六二爻辞中有这样一句："女子贞，不字，十年乃字。"表明一个女子不愿出嫁，要过十年才出嫁。依内外卦象看：《屯》卦䷂外卦为"坎"，内卦为"震"。据《说卦》："震为长男，坎为中男，皆是男象。"但在此卦中，由六二爻、六三爻与六四爻互体成坤，坤为女，故六二爻称"女子"。再如《豫》卦䷏，其六二爻辞曰："介于石，不终日，贞吉。"据内外卦象看：《豫》卦䷏内卦为坤，外卦为"震"，依《说卦》

"震""坤"皆无石象。然其六二爻、六三爻与九四爻互体成"艮",艮为小石,故曰"介于石"。《噬嗑》卦☲☳上爻称"何校灭耳,凶"。这也是因为在该卦中,六三爻、九四爻与六五爻互体成"坎"象,依《说卦》坎为耳,故有"灭耳"之辞。

汉及汉以后的易学家,就是这样运用"互体之象"探求着《周易》中一些卦爻之辞的由来,但亦有牵强附会之处,不可尽信。

"互象"之说虽始见于西汉京房《易》学,但东汉及晋诸《易》学大家皆有传授,恐怕必有所本,可能为汉初田何所传。因为此说确系周人占筮古法。案《左传·庄公二十二年》:"陈侯使筮之,遇《观》☷☴之《否》☰☷,曰'是谓"观国之光,利用宾于王"……坤,土也;巽,风也;乾,天也。风为天于土上,山也'。"杜预注"风为天于土上,山也",曰:"自二至四有艮象,艮为山是也。"

杜预此注至确。"自二至四有艮象",就是说,在《否》卦☰☷中,由六二爻、六三爻与九四爻互卦得艮,据《说卦》,艮为山,故称"风为天于土上,山也",此卦若非互卦成艮,则"山"象何以得解?(详解见后"《左传》《国语》筮例")

同时,我们看《系辞》中说:"若夫杂物撰德,辨是与非,则非其中爻不备。""二与四同功而异位……三与五同功而异位。"及《说卦》:"分阴分阳,迭用柔刚。"这些话很可能说的"互体之象",不然何以"非中爻不备"?何以"同功异位",提出了"二与四""三与五"?特别是这个"迭用柔刚"的"迭"字,更是发人深思。当然,我们以此作为《说卦》《系辞》确言"互体"的证据,恐怕尚嫌不足。然而早在春秋时代,人们已用"互体"解卦,这点却是可以肯定下来的。

在东汉,讲《易》之人还有"连互"之说,即取卦体内外两卦及其互成的两卦,相互连接,这样在一卦之中又可以相连

"互"出好几卦来，其法有"五画连互""四画连互"两种。

所谓"五画连互"，系指在一卦中，把初爻至五爻看成一个新的卦体，把二爻至六爻又看成一个新的卦体。

举《大畜》卦☰☶为例，在这一卦体中，其初爻至五爻为☰。在这五个爻画中，初爻至三爻成经卦乾☰，三爻至五爻成经卦震☳。这样，由于重复使用第三爻，并由第三爻互体相连而得出了《大壮》卦☰。同样方法，这一卦体的二爻至六爻为☰，在这五个爻画中，二爻至四爻为经卦兑☱，四爻至六爻为经卦艮☶，这样，由于重复使用第四爻，并由第四爻互体相连得《损》卦☶。

以上为"五画连互"之法。"五画连互"的特点是：在一个六画之象中，用依次排列的五个爻画组成两个新的卦体。新卦体的组成是以重复使用五个爻画里居中的那一爻画（即三爻或四爻）为基点的。

"四画连互"系指在一个六画之象中，用初爻至四爻，二爻至五爻和三爻至上爻各连互成一个新的卦体。

我们仍以《大畜》卦☰☶为例。试看在这一卦体中，其初爻至四爻为☰，在这四个爻画中，初爻至三爻为经卦乾☰，二爻至四爻为经卦兑☱。这样，由于重复二、三两爻互体相连，得出了上兑下乾的《夬》卦☱。再看《大畜》卦二爻至五爻为☰，在这四个爻画中，二爻至四爻为经卦兑☱，三爻至五爻为经卦震☳，这样，由于重复使用三、四两爻互体相连，得出了上震下兑的《归妹》卦☳。

最后看《大畜》卦三爻至上爻为☰，在这四个爻画中，其三爻至五爻为经卦震☳，四爻至上爻为经卦艮☶，如果重复使用四、五两爻互体相连，这样就可以得出上艮下震的《颐》卦☶。

四画连互的特点是：在一个六画之象中，用依次排列的四个爻画连互成三个新的卦体：每一新卦体的组成是以重复使用四个爻画里居中的两个爻画，即初爻至四爻连互而成的新卦体，用二爻三爻；二爻至五爻连互而成的新卦体，用三爻四爻；三爻至上爻连互而成的新卦体，用四爻五爻。

五画连互只能出两卦：即初爻至五爻及二爻至上爻连互而成的两个新卦体。

四画连互只能出三卦：即初爻至四爻，二爻至五爻及三爻至上爻连互而成的三个新的卦体。

使用"互体"与"连互"，一个卦体可以"互体"得出两个新的经卦，并因"五画连互"得出两个新的卦体，又以"四画连互"得出三个新的卦体，这样，由于"互体"与"连互"，一个卦体可以生出两个新的经卦及五个新的别卦。

最后谈谈"反对之象"。

所谓"反对之象"，系将一个六画之象颠倒过来，这样就成了另一新的卦体。举《否》卦为例，将《否》卦的六个爻画颠倒过来，这样便成了《泰》卦。这种六个爻画的颠倒，古人又称之谓"倒象""反易"。

统观《周易》六十四卦，除《乾》卦、《坤》卦、《坎》卦、《离》卦、《大过》卦、《颐》卦、《小过》卦、《中孚》卦共八卦的六画之象颠倒之后不变，其余五十六卦实际是由二十八卦颠倒而来。正是这种六画之象的颠倒关系，向人们揭示了《周易》六十四卦排列顺序的根本道理。

我们看，按照六十四卦排列顺序，第一卦是《乾》，第二卦是《坤》。上面已经讲过了，《乾》《坤》两卦的六画之象颠倒之后仍为《乾》《坤》，是不变的。第三卦是《屯》，第四卦是《蒙》。很清楚：《屯》的六画之象颠倒之后正是《蒙》。也就是说，《屯》卦《蒙》卦互为对方的"反对之象"。第五卦是《需》，第六卦是《讼》；《需》的六画之象颠倒之后正是《讼》。《需》《讼》两卦互为"反对之象"。其余第七卦《师》与第八卦

《比》䷇，第九卦《小畜》䷈与第十卦《履》䷉等等，皆两卦互为对方的"反对之象"。《周易》作者就是这样运用"反对之象"，以八个不可颠倒的六画之象和二十八个可以颠倒的六画之象，排列出了这六十四卦。

就这种六画之象的一正一倒排列方式，笔者曾初步进行过探讨，发现：在这种互为反对之象的两卦中，其前一卦初爻爻辞的吉凶，绝大部分和后一卦上爻爻辞的吉凶相同。例如《屯》卦䷂初九爻："盘桓，利居贞，利建侯。"《蒙》卦䷃上九爻："击蒙，不利为寇，利御寇。"再如《泰》卦䷊的反对之象为《否》卦䷋，《泰》卦䷊初九爻："拔茅茹以其汇，贞吉。"而《否》卦䷋上九爻："倾否，先否后喜。"同样，《小畜》卦䷈初九爻："复自道，何其咎，吉。"而《履》卦䷉上九爻则："视履考祥，其旋元吉。"等等，在此就不一一列举了。

最有意思的是：有些卦的爻辞干脆就在其反对之象的另一卦里又写上了。如《损》卦䷨六五爻："或益之十朋之龟，弗克违，元吉。"《损》卦的反对之象是《益》卦䷩。《损》卦六五爻画经颠倒之后，即为《益》卦六二爻画，而《益》卦六二爻辞为："或益之十朋之龟，弗克违，永贞吉。"再如《既济》卦䷾九三爻："高宗伐鬼方，三年克之，小人勿用。"《既济》卦䷾的反对之象是《未济》卦䷿，《既济》卦之九三爻画经颠倒，变《未济》卦之九四爻画，《未济》卦九四爻辞为："贞吉，悔亡。震用伐鬼方，三年有赏于大国。"并且，《既济》卦初九爻曰"濡其尾"，《未济》卦上九爻即"濡其首"。《既济》卦上九爻曰："濡其首，厉。"《未济》卦初九爻即："濡其尾，吝。"

"吉""凶"呼应，"首""尾"相呈，细研因反对之象而成的五十六卦，很多卦都有这种对应关系。

古人曾运用"反对之象"，探求过一些卦爻之辞的由来。如《临》卦䷒，其卦辞曰："元亨利贞，至于八月有凶。"有人认为，这是因为十二辟卦中,《观》卦为八月之卦,而《临》卦䷒为《观》卦䷓的"反对之象",故称"八月有凶"。

不管此解是否有据,总之,有一点是可以确定下来的:《周易》古经的作者,肯定使用了"反对之象",因为六十四卦的排列顺序,正是以"反对之象"作基础的。

通过以上七种易象的粗浅探讨,我们清楚地看到:"象"是前人研究《周易》时极其重要的一部分。自春秋战国起,经汉唐至明清止,以易象解释经文,一直是两千多年来易学长河中的一支主流,正因如此,它也是今人应该重新探讨和评价的地方。我们在探讨研究《周易》古经经文时,不应把两千多年来前人有关易象的研究统统否定。

五、论占筮

传统观点认为:《易》有四个要素——象、数、理、占。所谓"数",主要指筮数,与占筮相关联。因为归根到底,《周易》是一部筮书。若全面研究《周易》,只讲解经文而不谈及筮数,那是不行的。宋人朱熹特别认识到这点,所以在其《易学启蒙》中专门讲了占筮,并提出自己在这方面的新见解。

占筮,是怎样形成的呢?

为了回答这个问题,我们须要从头说起。

有关占筮的具体记载,最早见于《尚书·洪范》:"择建立卜筮人,乃命卜筮。""汝有大疑……谋及卜筮。""汝则从龟从筮。"等。

可见在商周,已有了专职于此的"卜筮人"。然而这"卜"与"筮"并不是一回事。所谓"卜",又叫"龟卜",系指以灼烧龟甲的方式,根据龟甲灼后的裂纹而得兆,据兆以断问事的吉凶,故《说文》曰:"卜,灼剥龟也,象灸龟之形,一曰象龟兆之从横也。"龟卜之法自唐以后即不见于记载，其法久已亡佚。今天我们在这里介绍的是"筮"，又叫"占筮"。占筮法是以蓍草进行演算而得卦，通过分析所得卦的卦象和卦爻之辞而推断问事的吉凶，故《说文》曰："筮，《易》卦用蓍也。"占筮法赖《系辞》而得以保存下来。《系辞》乃是记录占筮法最早，也是最权威的文献。现在，让我们看一下《系辞》中记录占筮之法的文字：

> 大衍之数五十，其用四十有九。分而为二，以象两，挂一，以象三。揲之以四，以象四时。归奇于扐，以象闰，五岁再闰，故再扐而后挂。
>
> 天一，地二；天三，地四；天五，地六；天七，地八；天九，地十。天数五，地数五，五位相得而各有合。天数二十有五，地数三十。凡天地之数五十有五，此所以成变化而行鬼神也。
>
> 乾之策二百一十有六，坤之策百四十有四。凡三百有六十，当期之日。二篇之策，万有一千五百二十，当万物之数也。是故四营而成易，十有八变而成卦，八卦而小成。

以上所引，是我们今天所能见到的有关筮法最古、最完整的记录，现试解于下：

关于"大衍之数五十，其用四十有九"。

用以进行占筮演算的蓍草数共是五十根，实际运算用四十九根。"衍"与"演"字古通用。古人用蓍草算卦，称为"衍算"，亦即"演算"。就像今天我们仍称小学生做数学题的本子叫"演草"一样。

古人为什么要用五十根蓍草进行演算呢？自汉至今，众说不一：

《汉书·律历志》："是故元始有象一也，春秋二也，三统三也，四时四也，合而为十，成五体。以五乘十，大衍之数也，而道据其一，其余四十九，所当用也。"

按《汉书·律历志》的说法，五十之数是由元始之象一，与春秋二，三统之三，四时之四相加而得十，再与此五体（象一、春秋二、三统三、四时四，及相合而成的十，共五体）相乘而得，即：

$$50=(1+2+3+4)\times 5$$

《周易正义》释此曰："京房云'五十者，谓十日，十二辰，二十八宿也，凡五十。其一不用者，天之生气，将欲以虚来实，故用四十九焉'。"此说与《易纬·乾凿度》同，依京氏说，五十是由十日加十二辰，再加二十八宿而得，即：

$$50=10（日）+12（辰）+28（宿）$$

《周易正义》又引马融之说："马季长云'《易》有太极谓北辰也，太极生两仪，两仪生日月，日月生四时，四时生五行，五行生十二月，十二月生二十四气，北辰居位不动，其余四十九转运而用也。'"

依马融说，五十是由太极、两仪、日月、四时、五行、十二月、二十四气相加而得。即50=1（太极）+2（两仪）+2（日月）+4（四时）+5（五行）+12（月）+24（二十四节气）。

《周易正义》并引荀爽之说："荀爽曰：'卦各有六爻，六八四十八，加《乾》《坤》二用，凡有五十。《乾》初九"潜龙勿用"，故用四十九也。'"按荀爽之说，50＝6（六爻）×8（八卦）+2（《乾》卦"用九"与《坤》卦"用六"）。

还引姚信说："姚信曰：'天地之数五十有五者，其六以象六画之数，故减之而用四十九。'"

《周易集解》引崔憬曰："艮为少阳，其数三；坎为中阳，其数五；震为长阳，其数七；乾为老阳，其数九；兑为少阴，其数二；离为中阴，其数十；巽为长阴，其数八；坤为老阴，其数六,八卦之数总有五十。"

朱熹《周易本义》释《系辞》这段文字时说:"大衍之数五十,盖以河图中宫,天五乘地十而得之,至用以筮,则止用四十九,盖皆出于理势之自然,而非人之知力所能损益也。"

以上诸说,对"大衍之数五十"的来源,做了种种不同的解释。在这些解说中,我们认为朱熹的解说较为得体。因为汉人将"五"当作生数之极,以"十"作为成数之极。

汉人此说,必有所本。这"大衍之数五十"当初很可能是据生数"五"与成数"十"相乘而出。

至于为什么在实际演算时,取出一根蓍草不用,只用四十九根呢?由上面的引文看,这是古人始终没有说清楚的问题。

朱熹看到前人的解释都太牵强,便干脆说"出于理势之自然,而非人之知力所能损益也"——这就更难捉摸了!这个问题,可阙疑待考。

关于"分而为二,以象两,挂一,以象三,揲之以四,以象四时。归奇于扐,以象闰,五岁再闰,故再扐而后挂"。

依据《周易正义》孔疏及朱熹《明筮》篇并邵雍、陆象山等其他宋人的解释,试解这段文字:

把用于演算的四十九根蓍草,在手中任意分成两份,以左手一份象天,右手一份象地,此谓之"以象两"。而后从右手蓍草中任取一根,置于左手小指间,用以象征"人",连同左右两手象天地的蓍草,所谓"天、地、人"三才之道都有了,这就是"挂一,以象三"的意思。完成了这套程序之后,以四根蓍草为一组,先用右手一组分数左手的蓍草,然后以同样方式,再以左手分数右手的蓍草。这样一组组分数完两只手中的蓍草,即所谓"揲之以四,以象四时"。揲,在此为数的意思,以四根蓍草为一组分数左右两手蓍草,以象征四时。

分数完左右两手的蓍草后,每只手中的蓍草必有余数,或余一根，或二、三根，或余四根。"奇"，就是以四根蓍草一组分数完后的余数。"扐"，宋人解做"勒"，就是将左手蓍草的余数，置于左手无名指与中指间，将右手蓍草的余数，置于左手中指与食指间。以这余数象征积余日而成闰月，此即所谓"归奇于扐，以象闰"。

前后两次闰月相去大约三十二个月，在五岁之中，故称"五岁再闰"。

以四根蓍草为一组，一组组分数完后，这时两手蓍草的剩余数亦有一定规律：左手若余一根，则右手必余三根；左手若余两根，右手必余两根；左手若余三根，右手必余一根；左手若余四根，右手必余四根。这时，置于左手指缝间的剩余蓍草数（连同置于小指缝中象征"人"的那根）不是五根，就是九根。也就是说，这样分完后，去掉余数，左右手中的蓍草数还余四十四根，或四十根。

到这里，算是完成了以蓍草演算的第一道手续，古人称之谓"一变"。尔后将两手的蓍草合在一起（四十根或四十四根）再分成两份，与第一次分时一样，将右手的蓍草取一根置于左手小指缝间，再用右手四四一组分左手的蓍草，随后用左手以同样方式去分右手的蓍草，其他手续亦同第一变，待第二变完成之后，两只手中的蓍草若左手余一根，则右手必定余两根；左手余两根，右手必定余一根，左手若余三根，右手必余四根；左手若余四根，右手必余三根。第二变后置于左手指缝的蓍草余数之合（连同二变开始时取出的那一根蓍草）不是四根就是八根。这时左右两手的蓍草总数在去掉此余数四或八之后，还将有四十根，或三十六根，或三十二根。演算的第二道手续至此结束，此谓之"二变"。然后将两手的蓍草（四十根，或三十六根，或三十二根）再一次合在一起，尔后分成两份，仍取右手一根放在左手小指缝间，用右手四四一组先数左手的蓍草，再用左手四四一组去数右手的蓍草，两只手中的蓍草以四根为一组，一组组分数完后，其余数的处置亦完全同于一、二变。这时，左手若余一根蓍草，右手必余两根，左手若余两根，右手必余一根，左手若余三根，右手必余四根，左手若余四根，右手必余三根，其余数之合（连同开始从右手取出夹在左手小指的那根）不是四根便是八根。第三变至此结束。三变之后，两手的蓍草总数在去掉此余数四或八之后，将会出现下面四种情况中的一种：（一）还余三十六根，（二）或三十二根，（三）或二十八根，（四）或二十四根。

再以四除之（取四象之意）一爻遂定：

$36 \div 4 = 9$（此老阳之数，以"—"表示）

$32 \div 4 = 8$（此少阴之数，以"--"表示）

$28 \div 4 = 7$（此少阳之数，以"—"表示）

$24 \div 4 = 6$（此老阴之数，以"--"表示）

老阳少阳之数在本卦中皆以卦画"—"表示，老阴少阴之数皆以卦画"--"表示。在变卦中，老阳卦画由阳"—"变阴"--"，老阴卦画由阴"--"变阳"—"，其余少阴少阳不变。这就是"老变少不变"，此为占筮的一条重要原则。《周易》以变为占，故以老阳数"九"作为卦中阳爻的标志，以老阴数"六"作为卦中阴爻的标志。

关于"天一，地二；天三，地四；天五，地六；天七，地八；天九，地十"。

此讲天地之数。由此可以看出，古人以阳数为奇数，阴数为偶数，阳数为天数，阴数为地数。故称一、三、五、七、九为天，称二、四、六、八、十为地。

"天一"至"地十"这一段文字并不在此，原在《系辞》的"子曰'易有圣人之道四焉，此之谓也'"之下。有人据《汉书·律历志》引《易》曰："天一，地二；天三，地四；天五，地六；天七，地八；天九，地十。天数五，地数五，五位相得而各有合。天数二十有五，地数三十，凡天地之数五十有五，此所以成变化而行鬼神也。"证明班固所见《易》本中这段文字在此。因而据班固所引做了移正，有的今人并谓："此例足以证明今本《系辞》中确有错简。"

但也曾有人指出：《汉书·律历志》实本于刘歆《三统历》，公孙禄曾斥刘歆"颠倒五经"，是否即指《三统历》中这样的文字？由此看来，亦不可完全迷信班本而从之。今虽暂按班固之本讲，然须说明于此。

关于"天数五，地数五，五位相得而各有合。天数二十有五，地数三十，凡天地之数五十有五，此所以成变化而行鬼神也"。

所谓"天数五"，指一、三、五、七、九这五个奇数，亦即所谓"天一""天三""天五""天七""天九"；同样，"地数五"者，指二、四、六、八、十这五个偶数，亦即"地二""地四""地六""地八""地十"共五个地数。"五位"指一、三、五、七、九这五个奇数与二、四、六、八、十这五个偶数而言。"相得而各有合"一句，自汉、唐以至于宋的讲《易》者，多数解作奇数一与偶数六相合，偶数二与奇数七相合，奇数三与偶数八相合，偶数四与奇数九相合；奇数五与偶数十相合。汉人又将一、二、三、四、五这五个数看作"生数"，将六、七、八、九、十这五个数看作"成数"，因为六是由一加五而成，七是由二加五而成，以次类推，五为生数之极，十是成数之极。故又有说是以生数与成数相得而合者，近人直接做天数一、三、五、七、九相合为二十五，地数二、四、六、八、十相合为三十，天地两数之合共五十五，此解亦通。但不能体现"五位相得"的精神。

关于"《乾》之策二百一十有六，《坤》之策百四十有四。凡三百有六十，当期之日"。

古人称蓍草根数曰"策"，一根蓍草叫一策。如前所述，三变之后所余蓍草若为三十六策，则出老阳一爻。《乾》卦以老阳的策数计算，一卦为六爻，以三十六策乘六，得二百一十六策，故曰《乾》之策二百一十有六"。同样道理，若三变之后余二十四策，则出老阴一爻，以二十四策乘六，得一百四十四策，《坤》卦以老阴的策数计算，故曰："《坤》之策，百四十有四。"

合《乾》《坤》两卦之策共得三百六十，当一年三百六十天之数。故曰："凡三百有六十，当期之日。"

关于"二篇之策，万有一千五百二十，当万物之数"。

《周易》上下两篇共六十四卦，三百八十四爻。其中阳爻一百九十二，阴爻一百九十二。老阳每爻为三十六策，一百九十二爻共有多少策呢？

36 策 × 192 = 6912 策

同样，老阴每爻二十四策，一百九十二爻的策数为：

24 策 × 192 = 4608 策

4608 策 + 6912 策 = 11520 策

若以少阴少阳策数计算，其数亦同：

32 策 × 192 = 6144 策

28 策 × 192 = 5376 策

5376 策 + 6144 策 = 11520 策

两种方法计算，皆得"万有一千五百二十"，古人就是利用这个策数作为代表世界万物变化的数字。

关于"是故四营而成易，十有八变而成卦，八卦而小成"。

所谓"四营"，是指一爻的生成须经过四道程序的经营演算才能得出。《周易集解》引陆绩注此曰："'分而为二以象两'，一营也；'挂一以象三'，二营也；'揲之以四，以象四时'，三营也；'归奇于扐，以象闰'，四营也。""四营"的具体演算方法，一如上述。

经过"四营"，才能出来一变。要经过三变之后，才能得出一爻。一卦有六爻，故须"十有八变而成卦"。一卦由内外两个八卦之象组成，须有九变方可得三爻而成内卦，内卦出，有了卦体的一半，故曰："八卦而小成。"

以上是《系辞》中有关占筮的记录。

细读这段文字，有的前人以为，像"分而为二""挂一""揲之以四""归奇于扐"等，其说恐怕必有所本，可能为周人所传。而"以象两""以象三""以象四时""以象闰"等看来则是当时整理《系辞》者所作的发挥。至于三变后产生的"七""八""九""六"，其"九""六"变，"七""八"不变，此说在《系辞》中并无确证，考之《左传》《国语》，书中几个筮数"八"的卦例，依此说便很难讲通。

这种于三变之后，将两手揲余蓍草数被四除，然后得出少阴、少阳、老阴、老阳之数的方法，为汉、唐及部分宋人所用，称之谓"过揲法"。

宋人朱熹却对此法不以为然，另创"挂扐法"以求少阴、少阳、老阴及老阳之数。

所谓"挂扐法"，系指用勒于左手指间的蓍草余数，以定阴阳老少之数。我们在前面已经知道：第一变后扐于左手指间的蓍草总数（即所谓"挂扐数"）不是五根就是九根。第二变与第三变后，其挂扐数不是四根就是八根。这样，在三变中挂扐数无非有四种情况：

5——奇数（五中只含一个四）

4——奇数（四中只含一个四）

8——偶数（八中含两个四）

9——偶数（九中含两个四）

他以蓍草余数中含有几个四（象征四时）来定奇偶。再以此奇偶之数定阴阳老少。

譬如按"挂扐法"，若三变之后，左手指缝中的蓍草余数（挂扐数）皆为奇数，则定此爻为老阳，若三变后，挂扐数皆为偶数，则定此爻为老阴，若三变后挂扐数一奇二偶，则定此爻为少阳，若一偶二奇，则定此爻为少阴。然后以此法经十八变而定六爻。

其实，无论用这种"挂扐法"也罢，用"过揲法"也罢，其求得的结果皆同。也就是说，用"过揲法"求得的是老阳之数，用"挂扐法"同样也得老阳之数。例如用"过揲法"求得策数为三十六策，而后被四除，得"九"，"九"为老阳之数。用"挂扐法"则第一变得蓍草余数为五，五中含有一个四，是为奇数。第二变得蓍草余数为四，自是奇数，第三变也只能得四，为奇数，三变皆奇数，是为老阳之数。然而三奇数之合为十三策（第一变蓍草余数为五、第二、三变各为四，故其合为十三），四十九策去十三策，正得三十六策。即：

13策（老阳挂扐数）= 5策（一变奇数）+ 4策（二变奇数）+ 4策（三变奇数）

36策（老阳过揲数）= 49策 − 13策（老阳挂扐数）

其余老阴及少阴少阳之数的求法，皆同此理。

"过揲法"与"挂扐法"虽然求得的结果一样，但考之于《系辞》，当以"过揲法"为确。朱熹强调"挂扐法"，而贬抑"过揲法"是不恰当的。他在《易学启蒙》卷三中说："挂扐之数，乃七、八、九、六之原。而过揲之数，乃七、八、九、六之委。其势又有轻重之不同。而或者乃欲废置挂扐，而独以过揲之数为断，则是舍本而取末，去约以就繁，而不知其不可也，岂不误哉！"朱熹"挂扐之数，乃七、八、九、六之原"之说显然不符合《系辞》中有关筮法的论述。《系辞》说："乾之策，二百一十有六，坤之策，百四十有四。凡三百有六十，当期之日，二篇之策，万有一千五百二十，当万物之数也。"这里，《系辞》的作者很明白地告诉我们，乾卦的策数是由揲数三十六策与六爻相乘而得"二百一十有六"（解见前），坤卦的策数是由揲数二十四策与六相乘而得"百四十有四"。并以此揲数得出的两卦之合，"凡三百有六十，当期之日"。代表一年三百六十天，特别是《系辞》中"揲之以四，以象四时"，这句话更是清楚明白地说出了定阴阳老少以揲数为准，也就是以三变中四四一组分数出的蓍草数为准。朱熹"挂扐法"中赖以计算阴阳老少，置于左手指缝间的蓍草余数，在《系辞》作者的心目中，只是个"归奇于扐以象闰"的作用，无非是"当期之日"中的余闰之数而已！朱熹不能明察于此，弃过揲之数而用挂扐余数求阴阳老少，而且把挂扐余数看作是"七、八、九、六之原"，此说显然违背《系辞》之旨，以至引起后人的非议。

通过上面的探讨，我们明白了用蓍草占筮的方法。但紧接着遇到的一个问题是：由蓍草演算，三变定一爻，十八变而出一卦，但这一卦六爻的筮数不见得一样，可能有的爻得老阳之数九，有的爻得老阴之数六。有的爻为少阴少阳之数八、七等，各不相同。然而《系辞》的作者，并没有讲"十有八变而成卦"后，怎样根据所得卦的变爻和不变爻来考定和推断占事的吉凶。这工作汉、唐人亦未细谈，一直到了宋朝才完成。

按照宋人朱熹等人说法，《周易》变占法如下：
（1）六爻不变，则以本卦卦辞占。
（2）一爻变，以本卦变爻辞占。
（3）二爻变，以本卦二变辞占，以上爻为主。
（4）三爻变，以本卦或之卦辞占。初爻不变者以本卦卦辞占，初爻变者，以之卦卦辞占。
（5）四爻变，则以之卦二不变爻辞为占，以下爻为主。
（6）五爻变则以之卦不变爻为占。
（7）六爻变，若是乾坤则以乾坤二用为占，其他卦用之卦卦辞占。

然而，大衍筮法运用蓍草推演数过于复杂：如有爻变，推断吉凶繁琐。对于许多简单而又要求迅速做出决断的事情,不能马上推出结果。又如卦爻辞局限,卦爻辞过于简单,对于更为复杂、具体的事务无法做出解释。同时,卦爻辞有确定的含义,不能含糊。用卦爻辞推断吉凶,往往会遇到答非所问。譬如问婚姻,得出卦辞却不是与婚姻相关的文辞,而是农耕、战争治理国家的文辞。虽然也可以牵强附会解释,但往往不尽人意,这直接影响了断卦效果,总之,大衍筮法产生以后,随着社会文明发展、人们会遇到各种复杂的事务。面对这种情况,作为"以通神明之德"的大衍筮法越来越不能满足人们日益增长的生活内容和生产发展的需求。对于这样一些问题,若不加以解决,势必动摇《周易》在古代人们心中的神学地位。因而焦延寿和京房的《周易》筮法在汉代兴起。

周易上经

乾（一）

经文：

☰乾①：元亨，利贞②。

初九③：潜龙勿用④。

九二：见龙在田⑤，利见大人⑥。

九三：君子终日乾乾⑦，夕惕若厉⑧，无咎⑨。

九四：或跃在渊⑩，无咎。

九五：飞龙在天，利见大人。

上九：亢龙有悔⑪。

用九⑫：见群龙，无首吉⑬。

附：

《彖》曰：大哉"乾元"，万物资始，乃统天。云行雨施，品物流形。大明终始，六位时成，时乘六龙以御天。乾道变化，各正性命，保合太和，乃"利贞"。首出庶物，万国咸宁。

《象》曰：天行健，君子以自强不息。"潜龙勿用"，阳在下也。"见龙在田"，德施普也。"终日乾乾"，反复道也。"或跃在渊"，进"无咎"也。"飞龙在天"，"大人"造也。"亢龙有悔"，盈不可久也。"用九",天德不可为"首"也。

注 释

① 乾:卦名。帛书《易经》(以下简称帛书《易》)作"键",有刚健之义。《周易》古经每一卦有六爻,凡阳爻以"—"表示,阴爻以"--"表示。《乾》卦全由阳爻组成,在此象天。古今《易》本《乾》卦卦画"䷀"旁多注以"乾下乾上"四字,指内外经卦皆乾,《坤》卦卦画䷁旁则注以"坤下坤上"四字,其余卦亦同。案古时卦画即为文字,故断不会在卦画旁加此等注脚,此等注脚当为后世经师所加,又考南宋石经本亦无此四字,故本书悉删去此等注脚。

② 元亨,利贞:《乾》卦卦辞。元,始。亨,顺利通达。亨,楚竹书《周易》(以下简称竹书《易》)皆作"卿"。亨,卿通。利,适合、适宜。贞,一正同;一占问,在此为占问。

③ 初九:每一卦第一爻皆称"初"。《周易》六十四卦凡阳爻称"九",阴爻称"六"。一卦六爻自下而上凡阳爻为:"初九""九二""九三""九四""九五""上九";阴爻为:"初六""六二""六三""六四""六五""上六"。

④ 潜龙勿用:潜伏之龙,不可轻举妄动。潜,潜伏、隐藏。龙,乃中国古代吉祥之物,指春神,又说为雨神者,故先民有祭龙以求雨之俗。龙的原型,有人认为是蟒、蛇、蜥蜴、鳄鱼等动物,也有人认为来自自然之象——虹。《周易》取象于龙比喻阳气和君子。"潜龙"之"潜"帛书作"滞"或"浸",义与"潜"通。

⑤ 见龙在田:龙出现在田野(或地上)。见,读作"现",有出现、呈现之义。

⑥ 利见大人:适宜见大人。大人,指有权势、有地位之人。

⑦ 乾乾:勤奋不懈。

⑧ 夕惕若厉:夜晚戒惧,似有危厉。厉,危。惕,戒惧。

⑨ 无咎:无害。咎,灾害。

⑩ 或跃在渊:指龙在渊中欲跃而未跃之势。或,惑。古二字通用。又可释为"有的""有人"等,此释为惑。

⑪"上九"之"上",帛书皆作"尚"。亢龙有悔:龙飞过高则有悔。亢,穷高、极高。亢,汉帛易作"抗"。又作"炕"。

⑫用九:帛书《易》作"迵九"。迵,通也。此是说《乾》卦六爻皆九也。

⑬无首吉:没有首领则吉。

今　译

乾:开始即通达而宜于占问。

初九:潜伏之龙,不可轻举妄动。

九二:龙呈现于田野,宜于见大人。

九三:君子白日勤奋不懈,夜间戒惧似有危厉,无害。

九四:(龙)在渊中惑于跃(而未跃),无害。

九五:龙飞于天,宜见大人。

上九:龙飞过高则有悔。

用九:呈现群龙,(群龙)无首领则吉。

坤（二）

经文:

☷坤①:元亨,利牝马之贞②。君子有攸往③,先迷后得主④。利西南得朋,东北丧朋⑤。安贞吉⑥。

初六:履霜,坚冰至⑦。

六二:直方大⑧,不习无不利⑨。

六三:含章可贞⑩,或从王事,无成有终⑪。

六四:括囊,无咎、无誉⑫。

六五：黄裳元吉⑬。

上六：龙战于野，其血玄黄⑭。

用六：利永贞⑮。

附：

《彖》曰：至哉"坤元"，万物资生，乃顺承天。坤厚载物，德合无疆。含弘光大，品物咸"亨"。"牝马"地类，行地无疆，柔顺利贞。君子攸行，"先迷"失道，后顺得常。"西南得朋"，乃与类行，"东北丧朋"，乃终有庆。"安贞"之吉，应地无疆。

《象》曰：地势坤，君子以厚德载物。"履霜坚冰"，阴始凝也。驯致其道，至"坚冰"也。"六二"之动，"直"以"方"也。"不习无不利"，地道光也。"含章可贞"，以时发也。"或从王事"，知光大也。"括囊无咎"，慎不害也。"黄裳元吉"，文在中也。"龙战于野"，其道穷也。用六"永贞"，以大终也。

注　释

① 坤：卦名，"☷"为《坤》卦卦画，全由阴爻组成。古《易》中"坤"作"巛"字，帛书《易》作"川"，坤，有柔顺之义，象地。

② 利牝马之贞：远出前，乘雄马者与乘雌马者，皆占旅途吉凶，此占利于乘雌马者。牝马，雌马。贞，占。

③ 有攸往：有所行。攸，所。

④ 先迷后得主：先迷途，后得到主人。

⑤ 利西南得朋，东北丧朋：往西南可以得到朋友，而往东北则丧失朋友。朋，甲骨文作"拜"，原为古代货币单位，古代货币用贝计量，卜辞中有"五十朋""七十朋"，《周易》中有"十朋之龟"，朋本为贝串，假借为朋友之朋，此指朋友。

⑥ 安贞吉：安于正则吉。贞，正。

⑦ 履霜，坚冰至：踏霜时，当知坚冰不久即至。履，帛书《易》作"礼"，古"履""礼"通，此训为踏、踩。

⑧ 直方大：直行横行皆一望无际。直，直行。方，横行。朱骏声云："径行曰直行，横行曰方行。"

⑨ 不习无不利：不熟悉没有不利的。不习，不熟悉、不练习。

⑩ 含章可贞：蕴含美德可以守正。章，美德。贞，正。

⑪ 或从王事，无成有终：跟从王做事，虽不能成功，但结局是好的。终，好的结果。

⑫ 括囊，无咎、无誉：将口袋束扎，虽不会招来灾难，也不会带来荣誉。囊，口袋。

⑬ 黄裳元吉：穿黄色裙裤开始即吉。黄，黄色。周人认为黄色是吉祥之色。裳，古人一般指下服。

⑭ 其血玄黄：龙血（着土后）青黄混杂。玄，青色。

⑮ 利永贞：宜于永远恪守正道。贞，正。

今 译

坤：始即通达。（此占）利于乘雌马，君子有所行，先迷途，后找到主人，西南可以得到朋友，而东北则丧失朋友。安于守正道则吉。

初六：踏霜时，当知坚冰不久即至。

六二：直行横行皆一望无际，不熟悉没有不顺利的。

六三：蕴含美德可以恪守正道。跟从王做事，虽不成功，但结局还是好的。

六四：束扎口袋，虽无灾害，但也不会带来荣誉。

六五：穿黄色下服开始即吉。

上六：龙战于田野，其血（染上土后）青黄混杂。

用六：宜永远恪守正道。

屯（三）

经文：

☷屯①：元亨，利贞。勿用有攸往②，利建侯③。

初九：磐桓④，利居贞⑤，利建侯。

六二：屯如邅如⑥，乘马班如⑦。匪寇婚媾⑧，女子贞，不字⑨，十年乃字。

六三：即鹿无虞⑩，惟入于林中。君子几，不如舍⑪，往吝⑫。

六四：乘马班如，求婚媾，往，吉无不利。

九五：屯其膏⑬。小，贞吉；大，贞凶⑭。

上六：乘马班如，泣血涟如⑮。

附：

《彖》曰：屯，刚柔始交而难生，动乎险中，大亨贞。雷雨之动满盈，天造草昧，宜"建侯"而不宁。

《象》曰：云雷，屯；君子以经纶。虽"磐桓"，志行正也。以贵下贱，大得民也。"六二"之难，乘刚也。"十年乃字"，反常也。"即鹿无虞"，以从禽也。"君子""舍"之，"往吝"穷也。"求"而"往"，明也。"屯其膏"，施未光也。"泣血涟如"，何可长也。

注　释

①屯（zhūn）：卦名。屯本义指草木初生，也有释为春、禾、椿者。在

此象征盈塞,聚集。屯,阜阳汉简《周易》(以下简称阜阳《易》)作"肫"。屯、肫通。

②勿用有攸往:不要有所往。攸往,所往。

③建侯:封授侯位。侯,诸侯。

④磐(pán)桓:徘徊难进貌。"磐桓"帛书《易》作"半远"。古"磐"与"半","桓"与"远"皆以音近通假。

⑤利居贞:宜守正而居。贞,正。

⑥屯如邅如:为难而团团转的样子。屯,难。邅(zhān),邅转,绕圈子。如,语助词,又可训为"然",即样子。

⑦乘马班如:骑在马上旋转不进的样子。班,旋转不进。

⑧匪寇婚媾:不是盗寇,是求婚的。匪,非,古二字相通。

⑨不字:不嫁人。字,古礼女子订婚后即用簪子插住挽起的髻。此引申为许嫁。

⑩即鹿无虞:追鹿没有虞人(作向导)。即,追逐。虞,虞人。古时入山林必有虞人做向导。虞,帛本作"华"。

⑪君子几,不如舍:君子企望得到(鹿),不如舍弃它。几,近、企望。舍,舍弃。

⑫往吝:"吝"与"遴"字通,行难之状,此指再往前行动困难。吝,困难。

⑬屯其膏:屯积油汁。屯,聚。膏,油汁。

⑭小,贞吉;大,贞凶:(屯积的)少,占问则吉;大量屯积,此占则凶。小,少,古二字通用。

⑮泣血涟如:泪水不断的样子。泣血,古人指无声泣哭。

今 译

屯:始即通顺而宜于占问,不要有所往,宜于封建诸侯。

初九:徘徊难进,有利于守正而居,利于封建诸侯。

六二:为难而团团转,乘马旋转不进,(来人)不是盗寇,是求婚的。(但)女子贞静自守,不嫁人,要过十年才许嫁。

六三：追鹿而没有虞人（作向导），（结果）被迷入林中，君子企望（得到鹿），不如舍弃（它），再往前就行动困难。

六四：乘马徘徊不进，（为的）求婚，此行吉无不利。

九五：屯积油汁，（屯积的）少，占问则吉；大量屯积此占则凶。

上六：乘马徘徊不进，泣之泪水不断。

蒙（四）

经文：

䷃蒙①：亨。匪我求童蒙②，童蒙求我。初筮告③，再三渎④，渎则不告。利贞⑤。

初六：发蒙，利用刑人⑥，用说桎梏⑦，以往吝⑧。

九二：包蒙吉⑨，纳妇吉，子克家⑩。

六三：勿用取女⑪，见金夫，不有躬⑫，无攸利。

六四：困蒙，吝⑬。

六五：童蒙，吉⑭。

上九：击蒙。不利，为寇⑮；利，御寇⑯。

附：

《彖》曰：蒙，山下有险，险而止，蒙。蒙，亨。以亨行，时中也。"匪我求童蒙，童蒙求我"，志应也。"初筮告"，以刚中也。"再三渎，渎则不告"，渎蒙也。蒙以养正，圣功也。

《象》曰：山下出泉，蒙。君子以果行育德。"利用刑人"，以正法也。"子克家"，刚柔接也。"勿用取女"，行不顺也。"困蒙"之"吝",独远实也。"童蒙"之"吉",顺以巽也。利用"御寇",上下顺也。

注　释

① 蒙：卦名。从草从冢，本义是冢上的草木。冢，高地，高地被草木覆蔽。后引申为萌发、蒙昧、幼稚、蒙蔽。蒙，楚竹书《易》皆作"尨"，尨音与蒙通。

② 匪我求童蒙：不是我求童蒙。童蒙，幼稚蒙昧之人。

③ 初筮告：第一次占筮则告诉（吉凶）。初，第一次。筮，占筮。

④ 再三渎：接二连三（来筮）则是渎慢（占筮）。渎，渎慢、亵渎。

⑤ 利贞：宜于守正道。贞，正。

⑥ 发蒙，利用刑人：启发蒙昧（之人），宜用于刑人（使他得到警戒）。发，启发。刑人，受刑之人。

⑦ 用说桎梏：脱去手脚刑具。说，在此读"脱"。古"说""脱"通用。桎梏，古代刑具，在脚称"桎"，在手称"梏"。

⑧ 以往吝：（虽）已前往，但行动困难。以，帛书《易》作"已"。吝，难行之状。古"吝""遴"通用，在此应作"遴"。

⑨ 包蒙吉：取其蒙昧则吉。包，先儒多解为包容、包含。此有"取"之义。古"包"字亦有"取"义。刘德注《汉书·叙传》云："包，取也。"

⑩ 纳妇吉，子克家：娶媳妇吉，儿子成家。纳妇，儿子娶媳妇。克，成。

⑪ 勿用取女：不要娶此女子。取，娶。六三，竹书《易》作"六晶"，凡"三"，竹书《易》皆作"晶"。晶，当即"参"之本字。

⑫ 见金夫，不有躬：见有金钱的男人，即失其身。金夫，有金钱的男人。躬，身子。

⑬ 困蒙，吝：困于蒙昧，必有悔吝。

⑭ 童蒙，吉：孩子的幼稚蒙昧，主吉。

⑮ 击蒙。不利，为寇：治蒙昧者方法不适宜，蒙昧者可变成盗寇。击，治、惩治。

⑯ 利，御寇：（若）方法适宜，蒙昧者可御防盗寇。

今 译

蒙：亨通顺利。不是我求童蒙，而是童蒙求我。初次占筮则告诉（吉凶），再三（来占问）是渎慢（占筮），渎慢则不告诉（吉凶）。（此占）宜于守正道。

初六：启发蒙昧者，宜用刑人（使之得到警戒），脱去（刑人）桎梏，（虽）已可往，（但）行动仍很困难。

九二：取其蒙昧幼稚则吉。娶媳妇吉，儿子成家。

六三：不要娶此女子。（她）见了有金钱的男人即失身。（这婚事）没有好处。

六四：被蒙昧所困，必有悔吝。

六五：孩子的幼稚，主吉。

上九：惩治蒙昧若方法不适宜，蒙昧者可变为盗寇。若适宜，蒙昧者可防御盗寇。

需（五）

经文：

☰☵ 需①：有孚②，光亨③，贞吉④。利涉大川⑤。

初九：需于郊，利用恒⑥，无咎。

九二：需于沙，小有言⑦，终吉。

九三：需于泥，致寇至⑧。

六四：需于血，出自穴⑨。

九五：需于酒食⑩，贞吉。

上六：入于穴，有不速之客三人来⑪；敬之，终吉。

附：

《彖》曰：需，须也。险在前也，刚健而不陷，其义不困穷矣。需，"有孚，光亨贞吉"，位乎天位，以正中也。"利涉大川"，往有功也。

《象》曰：云上于天，需。君子以饮食宴乐。"需于郊"，不犯难行也。"利用恒无咎"，未失常也。"需于沙"，衍在中也。虽"小有言"，以"吉""终"也。"需于泥"，灾在外也。自我"致寇"，敬慎不败也。"需于血"，顺以听也。"酒食贞吉"，以中正也。"不速之客来，敬之终吉"。虽不当位，未大失也。

注　释

① 需，卦名。帛书《易》作"襦"竹书《易》作"孤"，其本义为古代求雨之祭。需，从雨从而，而为天之隶变，故需与雨、天有关，正如《象》云："云上于天，需。"《周易正义》释曰："若言云上于天，是天之欲雨，待时而落，所以明需。"因而需为待雨。又案经文中有"光亨"，光通广，王引之《经义述闻》："广之为言，犹广也。"亨为祭祀，故"光亨"即"广亨"，需又有广泛祭祀之义，故需为祭雨。有需与雩二字相通为旁证。雩，《说文》云："雩，夏祭乐于赤帝以祈甘雨也。"《公羊传》曰："大雩者何，旱祭也。"《月令》曰："仲夏之月，大雩帝，用盛乐，乃命百县雩祀……以祈谷实。"而需与雩字形相近，又同为虞韵平声，因而在上古是相通的。故需本义为求雨之祭。后引申为等待、需要等意。

② 有孚：有诚信。孚，诚信。有，竹书《易》作"又"。凡"有"竹书《易》皆作"又"。

③ 光亨：广泛祭祀。"光"通"广"。亨，祭祀。（详见《随》卦注释⑩）

④ 贞吉：占之得吉。贞，在此作"占问"。

⑤ 利涉大川：宜涉越大河。大川，大河。

⑥ 需于郊，利用恒：停留在邑郊，适合守恒。郊，古指邑外。竹书

《易》作"蒿",帛书作"茭",当与"郊"通。恒,一常规,一久。

⑦需于沙,小有言:逗留在沙滩上,少有口舌是非。小,竹书《易》帛书《易》作"少",古"小""少"通。言,责难、诃谴。

⑧需于泥,致寇至:逗留于泥泞中,以招致盗寇。泥,竹书《易》作"比"。寇,盗寇、掠夺。

⑨需于血,出自穴:停留在沟洫中,离开自己居住地方。血,洫。《说卦传》:"坎为水、为沟渎。……为血卦。"血、洫通。穴,古人居住的山洞、土洞。

⑩需于酒食:停留在酒宴上。

⑪不速之客:没有邀请而来的客人。速,邀请、召。

今 译

需:有诚信而广泛祭祀,占问则吉,宜于涉大河。

初九:停留在旷野中,持之以恒,则无灾害。

九二:停留于沙滩中,少有口舌是非,最终得吉。

九三:停留于泥泞中,以致招来盗寇。

六四:停留在沟洫中,离开居住的地方。

九五:停留在酒食中,占之则吉。

上六:进入自己居住的地方,有三个不速之客来,(如果)以礼敬之,最终得吉。

讼(六)

经文:

☰☵讼①:有孚,窒惕②。中吉,终凶③。利见大人,不利涉大川。

初六:不永所事④,小有言,终吉。

九二：不克讼⑤，归而逋⑥，其邑人三百户无眚⑦。
六三：食旧德⑧，贞厉⑨，终吉。或从王事，无成⑩。
九四：不克讼，复即命⑪，渝安贞⑫，吉。
九五：讼，元吉⑬。
上九：或锡之鞶带⑭，终朝三褫之⑮。

附：

《彖》曰：讼，上刚下险，险而健，讼。讼，"有孚，窒惕，中吉"，刚来而得中也。"终凶"，讼不可成也。"利见大人"，尚中正也。"不利涉大川"，入于渊也。

《象》曰：天与水违行，讼。君子以作事谋始。"不永所事"，讼不可长也。虽"小有言"，其辩明也。"不克讼归逋"，窜也。自下讼上，患至掇也。"食旧德"，从上"吉"也。"复即命渝"，"安贞"不失也。"讼元吉"，以中正也。以讼受服，亦不足敬也。

注　释

① 讼，卦名。有争辩诉讼之意。
② 窒惕：后悔害怕。窒，通咥，觉悔。惕，恐惧。"窒惕"竹书《易》作"懥悥"，帛书《易》作"洫宁"。
③ 中吉，终凶：争讼过程中虽有吉，但最终还是凶。终，竹书《易》作"冬"，凡"终"，竹书《易》皆作"冬"。
④ 不永所事：不为争讼之事纠缠不休。永，恒常、长久。所，其。事，讼事。
⑤ 不克讼：没有在争讼中取胜。克，胜。
⑥ 归而逋：回来后要逃避。逋，逃、躲避。竹书《易》逸"而"字。
⑦ 其邑人三百户无眚：其邑人三百户无灾。百，竹书《易》作"四"，今帛本皆作"百"，竹书《易》误。邑，古城市。眚（shěng），目疾生翳，

此引申为灾难、妖祥。

⑧ 食旧德：享用旧的恩德。食，享用。相当于食邑的"食"，即古官吏享用分封采邑税收。旧德，指先祖的遗德。

⑨ 贞厉：占之虽有危厉。厉，危厉。

⑩ 或从王事，无成：迷惑地跟从君王做事，则无所成功。或，通惑。

⑪ 复即命：反悔就从命。复，反。即，就。命，天命。

⑫ 渝安贞：改变初衷，安于正道。渝，变。贞，正。

⑬ 讼，元吉：争讼开始得吉。元，开始。

⑭ 或锡之鞶带：迷惑地（在争讼中）被赐鞶带。锡，竹书《易》、帛书《易》作"赐"。锡、赐，古二字通。鞶（pán）带，古时依官品颁赐的腰带。

⑮ 终朝三褫之：（鞶带）一天三次被剥夺。褫（chǐ），剥夺。竹书《易》作"襐"，帛书作"拸"，褫、襐、拸三者通假。

今 译

讼：有诚信，后悔惧怕。（争讼）中有吉，（但）最终还是凶。适合见大人，（但）不宜涉越大河。

初六：不为争讼之事纠缠不休，少有口舌是非，最终得吉。

九二：没有在争讼中取胜，返回后要逃避。其邑人三百户无灾害。

六三：享用旧有恩德，占之虽有危厉，而最终得吉。迷惑跟从君王做事，无所成功。

九四：没有在争讼中取胜，反悔就从命，改变初衷，安守正道则吉。

九五：争讼开始得吉。

上九：迷惑地（在争讼中）被赐以鞶带，一日之内又三次被剥夺。

师（七）

经文：

☷☵ 师①：贞丈人②。吉，无咎。

初六：师出以律③，否臧凶④。

九二：在师中⑤，吉，无咎。王三锡命⑥。

六三：师或舆尸⑦，凶。

六四：师左次⑧，无咎。

六五：田有禽，利执言⑨，无咎。长子帅师，弟子舆尸⑩，贞凶。

上六：大君有命⑪，开国承家⑫，小人勿用。

附：

《彖》曰：师，众也。贞，正也。能以众正，可以王矣。刚中而应，行险而顺，以此毒天下，而民从之，"吉"又何"咎"矣。

《象》曰：地中有水，师。君子以容民畜众。"师出以律"，失律"凶"也。"在师中吉"，承天宠也。"王三锡命"，怀万邦也。"师或舆尸"，大无功也。"左次无咎"，未失常也。"长子帅师"，以中行也。"弟子舆尸"，使不当也。"大君有命"，以正功也。"小人勿用"，必乱邦也。

注 释

①师：卦名。代表众、军旅。师，竹书《易》、阜阳《易》作"币"。

② 贞丈人：占问率师之人。贞，占问。丈人，德高望重之人，此处"丈人"指主帅。

③ 师出以律：出兵作战当依乐律进退。律，军队赖以号令进退的乐律。律，竹书《易》作"聿"。律、聿通。

④ 否臧凶：不然，出师虽顺成亦凶。否（pǐ），恶，帛书《易》作"不"。臧，古者奴婢贱称，又有善之意；此指执事顺成。

⑤ 在师中：即在中军，此象征军队有巩固中心。古时天子作三军，以主帅居中军。

⑥ 王三锡命：君王三次赐命嘉其功劳。锡，赐。王三次赐命，一说为一命受职，二命受服，三命受位；一说为一命受爵，二命受服受车，三命受马。

⑦ 师或舆尸：出师疑惑，无主攻方向，以致战败，载尸而归。或，惑。舆，车，此指车载。

⑧ 师左次：军队驻扎左方。次，舍、驻扎。

⑨ 田有禽，利执言：田中有禽兽，利捕捉之。田，田野；又有田猎之意。禽，禽兽。执，执缚、捕捉。言，借为焉，二字古通用。

⑩ 长子帅师，弟子舆尸：长子帅军作战，次子以车载尸。长子，系指作战主帅。帅，帛书《易》作率，即带领。弟子，次子。

⑪ 大君有命：大君论功封爵赐命。大君，君王、天子。

⑫ 开国承家：封诸侯，开创千乘大国；授大夫，世袭百乘之家。开，竹书《易》、帛书《易》作"启"。国，竹书《易》作"邦"。帛本与今本为避刘邦之名讳而改。

今 译

师：占问率师之人，吉，无灾。

初六：出兵当依乐律进退，不然，出师虽顺成亦有凶。

九二：军队有巩固的中心，吉，无灾。王三次赐命（嘉奖）。

六三：出师疑惑，以致战败，载尸而归。凶。

六四：军队驻扎于左方，则无灾害。

六五：田中有禽兽，宜捕捉之，无灾害。长子率师作战，次子以车载尸，占问凶。

上六：大君论功封爵赐命。封诸侯，开创千乘大国；授卿士丈夫，世袭百乘之家。小人则不可用。

比（八）

经文：

䷇比①，吉，原筮②，元永贞③，无咎。不宁方来，后夫凶④。

初六：有孚比之⑤，无咎。有孚盈缶⑥，终来有它⑦，吉。

六二：比之自内⑧，贞吉。

六三：比之匪人⑨。

六四：外比之⑩，贞吉。

九五：显比⑪，王用三驱⑫，失前禽⑬。邑人不诫⑭，吉。

上六：比之无首⑮，凶。

附：

《彖》曰：比，吉也；比，辅也，下顺从也。"原筮，元永贞，无咎"，以刚中也。"不宁方来"，上下应也。"后夫凶"，其道穷也。

《象》曰：地上有水，比。先王以建万国，亲诸侯。比之初六，

"有它吉"也。"比之自内",不自失也。"比之匪人",不亦伤乎。"外比"于贤,以从上也。"显比"之"吉",位正中也。舍逆取顺、"失前禽"也。"邑人不诫",上使中也。"比之无首",无所终也。

注释

① 比:卦名。甲骨文为 𠨭 ,象二人靠近亲密无间状。有亲辅、依附之义。

② 原筮:再筮。原,再一次。

③ 元永贞:开始即永守正道。贞,正。

④ 不宁方来,后夫凶:不安宁事并行而至,后来的人有凶。不宁,不安。方来,并行而至。后夫,指后来的人。

⑤ 有孚比之:有诚信而亲辅。孚,诚信。

⑥ 有孚盈缶:有诚信像酒之满缶。缶,是盛酒的瓦盆。

⑦ 终来有它:最终有意外情况。它(tuō)又作"他",意外之事。

⑧ 比之自内:亲辅来自内部。

⑨ 比之匪人:所亲辅的并非应当亲辅之人。匪,非。竹书《易》、帛书《易》作"非"。

⑩ 外比之,贞吉:向外亲辅,占问则吉。贞吉,竹书《易》作"亡不利",与今帛本异。

⑪ 显比:显明之比,即光明正大的亲辅。

⑫ 王用三驱:王用三驱之礼狩猎。三驱,天子狩猎,三面驱兽,前开一面。

⑬ 失前禽:最前面禽兽逃走。古天子狩猎前开一面,禽向己则舍之,背己则射之,因而往往失前禽。

⑭ 邑人不诫:邑人不害怕。诫,惧。

⑮ 比之无首:亲辅而没有首领。

今译

比:吉。再次占筮,开始即应永远守正,无灾咎。不安宁的事将并行而至,后来之人要有凶。

初六:有诚信而亲辅,无咎。诚信多得像酒之满缶,最终虽有意外,(仍然)吉。

六二:亲辅来自内部,占问则吉。

六三:所要亲辅的并非应当亲辅之人。

六四:向外亲辅,占问则吉。

九五:显明之亲辅,王用三面之礼狩猎,失去最前面的禽兽,邑人都不害怕,吉祥。

上六:亲辅而没有首领,凶。

小畜(九)

经文:

☰☴ 小畜①:亨。密云不雨②,自我西郊③。

初九:复自道④,何其咎,吉。

九二:牵复⑤,吉。

九三:舆说辐⑥,夫妻反目⑦。

六四:有孚,血去惕出⑧,无咎。

九五:有孚挛如⑨,富以其邻⑩。

上九:既雨既处⑪,尚德载⑫,妇贞厉。月几望⑬,君子征凶。

附:

《彖》曰:小畜,柔得位而上下应之,曰小畜。健而巽,刚中而志行,乃"亨"。"密云不雨",尚往也。"自我西郊",施未行也。

《象》曰：风行天上，小畜。君子以懿文德。"复自道"，其义"吉"也。"牵复"在中，亦不自失也。"夫妻反目"，不能正室也。"有孚惕出"，上合志也。"有孚挛如"，不独富也。"既雨既处"，"德"积"载"也。"君子征凶"，有所疑也。

注　释

① 小畜，卦名。小，少。畜，又作"蓄"，有积聚、畜养之义。帛书《易》作"䙖"。
② 密云不雨：阴云密布而无雨。
③ 自我西郊：（密云）起自我方西郊。
④ 复自道：自己返回。复，返。自道，自导、自我引导。
⑤ 牵复：被领回来。
⑥ 舆说辐：车身与车轴分离。舆，车。帛书《易》作"车"。说，脱。辐，即輹。帛书《易》作"緮"，"輹""緮"通，指古代车子上连接车身与车轴的部件。
⑦ 夫妻反目：夫妻不合，怒目而视。反目，怒目而视。
⑧ 血去惕出：去掉忧虑，排除惊恐。血，即恤、忧虑。惕，惊恐。
⑨ 有孚挛如：以诚信系恋。挛，恋。
⑩ 富以其邻：与邻居共同富有。以，与。
⑪ 既雨既处：天已雨，雨已停。既，已。处，居、止。
⑫ 尚德载：（遇车）可以得载。德，得。帛书《易》作"得"。
⑬ 月几望：古历每月十六日为"既望"。几，既。几望，即既望。

今　译

小畜：亨通。阴云密布起自我西郊，但无雨。

初九：自己返回，会有什么灾！吉。

九二：被领回来，吉。

九三：车身与车轴分离，夫妻怒目而视。

六四：有诚信，摈弃忧虑，排除惊惧，无灾。

九五：以诚信系恋，与邻居同富。

上九：天已雨，雨已止，（这车）尚可运载。妇女占之危厉。在月内既望之日，君子出征则凶。

履（十）

经文：

☰☱ 履虎尾①，不咥人②，亨。

初九：素履往③，无咎。

九二：履道坦坦④，幽人贞吉⑤。

六三：眇能视，跛能履⑥，履虎尾，咥人凶，武人为于大君⑦。

九四：履虎尾，愬愬，终吉⑧。

九五：夬履⑨，贞厉。

上九：视履考祥⑩，其旋元吉⑪。

附：

《彖》曰：履，柔履刚也。说而应乎乾，是以"履虎尾，不咥人"，亨。刚中正履帝位而不疚，光明也。

《象》曰：上天下泽，履。君子以辨上下，定民志。"素履"之"往"，独行愿也。"幽人贞吉"，中不自乱也。"眇能视"，不足以有明也。"跛能履"，不足以与行也。"咥人"之"凶"，位不当也。"武人为于大君"，志刚也。"愬愬终吉"，志行也。"夬履贞厉",位正当也。"元吉"在上,大有庆也。

注　释

① 履虎尾:踏老虎尾巴。履,卦名。帛书《易》作"礼"。有践踏、履行之义。

② 不咥人:不咬人。咥(dié),噬、咬。

③ 素履往:穿素色之鞋去。素履,白色无文采的鞋。

④ 履道坦坦:道路平坦。坦坦,指平坦。

⑤ 幽人贞吉:囚人占之则吉。幽人,囚人。

⑥ 眇能视,跛能履:偏盲而视,脚跛而行。眇(miǎo),偏盲。古"能""而"互通。

⑦ 武人为于大君:武人为大君效劳。为,有作为。

⑧ 愬愬,终吉:虽怀恐惧而最终得吉。愬愬(sù),畏惧貌。

⑨ 夬履:决然而行。夬(guài),决。

⑩ 视履考祥:审视其履行,考察其福祸吉凶。视,审视。考,考察。祥,福祸。

⑪ 其旋元吉:只有返回始可得吉。旋,一指周旋无亏;一指返回。帛书《易》作"䝮"。由帛书《易》作"䝮"知作返回无疑。

今　译

踩老虎尾巴,(老虎)不咬人,(此占)亨通。

初九:穿素鞋去,无灾。

九二:道路平坦,囚人占之则吉。

六三:偏盲而视,脚跛而行,踩老虎尾巴,(老虎)咬人,凶。武人为大君报效。

九四:踩老虎尾巴,恐惧而最终得吉。

九五:决然而行,占之将有危厉。

上九:审视其履行,考察其福祸吉凶,只有返回始可得吉。

泰（十一）

经文：

䷊泰①：小往大来②，吉，亨。

初九：拔茅茹以其汇③，征吉。

九二：包荒，用冯河④。不遐遗⑤，朋亡⑥，得尚于中行⑦。

九三：无平不陂，无往不复⑧。艰贞无咎⑨，勿恤其孚⑩，于食有福⑪。

六四：翩翩⑫，不富以其邻⑬，不戒以孚⑭。

六五：帝乙归妹以祉⑮，元吉。

上六：城复于隍⑯，勿用师，自邑告命⑰，贞吝⑱。

附：

《彖》曰：泰，"小往大来，吉，亨"，则是天地交而万物通也；上下交而其志同也；内阳而外阴；内健而外顺；内君子而外小人。君子道长，小人道消也。

《象》曰：天地交，泰。后以财成天地之道，辅相天地之宜，以左右民。"拔茅征吉"，志在外也。"包荒得尚于中行"，以光大也。"无往不复"，天地际也。"翩翩不富"，皆失实也。"不戒以孚"，中心愿也。"以祉元吉"，中以行愿也。"城复于隍"，其命乱也。

注 释

① 泰：卦名。帛书《易》作"柰"。亨通顺利之卦。
② 小往大来：谓占得此卦，失去的小，得到的大。
③ 茹以其汇：指草根牵连其类。茹，根。汇，类。帛书《易》作"胃"，或作"曹"（见《否》卦），通假字。
④ 包荒，用冯河：取其大川，足涉长河。包，取。荒，大川、古作"充"。冯（píng），徒涉。
⑤ 不遐遗：不因偏远而有遗弃。遐，偏远。
⑥ 朋亡：即不忘。帛书《易》作"弗忘"。
⑦ 得尚于中行：畅行道中而得赏。中行，在道路正中而行。"尚"通"赏"。
⑧ 无平不陂，无往不复：没有只平不坡的，没有只往不返的。陂，倾斜。复，返回。
⑨ 艰贞无咎：艰难中守正，可以无害。艰，艰难。贞，正。
⑩ 勿恤其孚：不必忧虑返回。恤，忧虑。孚，返回，通"复"，帛书《易》作"复"。
⑪ 于食有福：有口福之占。
⑫ 翩翩：飞鸟之貌，在此以喻人轻浮的样子。
⑬ 不富以其邻：不与邻人同富，"以"作"与""及"解。
⑭ 不戒以孚：不以诚信相告戒。戒，告诫。
⑮ 帝乙归妹以祉：帝乙嫁女，以此得福。帝乙，有一说为纣王之父、一说为成汤。归妹，指少女出嫁。归，女子嫁人。祉，福。
⑯ 城复于隍：城墙倾覆倒塌于城壕中。复，覆。隍（huáng），城下沟壕。
⑰ 自邑告命：在邑中祷告天命。
⑱ 贞吝：占之将有悔吝。吝，悔吝。

今 译

泰：失去者小，得到者大，吉顺亨通。

初九：拔茅草牵连其类，预示出征作战吉顺。

九二：行取大川，足涉长河，不因偏远而遗弃；不忘记道中而行受到赏赐。

九三：没有只平而不坡，没有只往而不返的。在艰难中守正则可以无咎。不要忧虑返归，（此占）将有口福之吉。

六四：来往翩翩，不与邻人同富，（也）不以诚信相告诫。

六五：帝乙嫁女于人，以此得福，开始即吉。

上六：城墙倒塌于城壕中，不能出师，（必须）在邑中祷告天命，占之有悔吝。

否（十二）

经文：

䷋否之匪人①，不利君子贞②，大往小来。

初六：拔茅茹以其汇，贞吉，亨。

六二：包承③，小人吉，大人否亨④。

六三：包羞⑤。

九四：有命，无咎⑥。畴离祉⑦。

九五：休否⑧，大人吉。其亡其亡，系于苞桑⑨。

上九：倾否⑩，先否后喜。

附：

《彖》曰："否之匪人，不利君子贞，大往小来"，则是天地不交而万物不通也；上下不交而天下无邦也；内阴而外阳；内柔而外刚；内小人而外君子。小人道长，君子道消也。

《象》曰：天地不交，否。君子以俭德辟难，不可荣以禄。"拔茅贞吉"，志在君也。"大人否亨"，不乱群也。"包羞"，位不当也。"有命无咎"，志行也。"大人"之"吉"，位正当也。"否"终则"倾"，何可长也。

注　释

① 否之匪人：否，卦名，帛书《易》作"妇"。有阻隔闭塞之义。此卦卦名与卦辞相连，意谓被闭塞的不是那些应该受到闭塞的人。
② 不利君子贞：此占不利君子。贞，占。
③ 包承：取其承色顺意。古"包"有取义。
④ 大人否亨：大人不顺利。否，不。
⑤ 包羞：取其进献之物。羞，进献。帛书《易》作"袍忧"。
⑥ 有命，无咎：君有赐命而无咎。有命，有赐命。
⑦ 畴离祉：众人依附而同得福禄。畴，众。离，附。祉，福。
⑧ 休否：闭塞已经休止。休，休止。有时训为美。
⑨ 系于苞桑：系于植桑树而不亡。苞，植。
⑩ 倾否：闭塞倾倒，即结束闭塞的意思。倾，倾倒。否，帛书《易》作"妇"。

今　译

隔闭阻塞的不是（那些应该阻隔）的人。不利君子占，（此占）失去的大，得到的小。

初六：拔茅草，牵连其类，占之则吉，亨通顺利。

六二：取其承色顺意，小人吉，大人不顺。

六三：取其进献之物。

九四：（君）有赐命而无咎。众人依附同得福禄。

九五：闭塞已经休止，大人吉利。将要亡呵，将要亡呵，幸亏植桑而未亡。

上九：闭塞已经倾覆。先闭塞，后喜悦。

同人（十三）

经文：

☰☲同人于野①，亨。利涉大川，利君子贞。

初九：同人于门②，无咎。

六二：同人于宗③，吝。

九三：伏戎于莽④，升其高陵⑤，三岁不兴⑥。

九四：乘其墉，弗克攻⑦，吉。

九五：同人，先号咷而后笑⑧，大师克相遇⑨。

上九：同人于郊⑩，无悔。

附：

《彖》曰：同人，柔得位得中，而应乎乾，曰同人。同人曰"同人于野，亨，利涉大川"，乾行也。文明以健，中正而应，"君子"正也。唯君子为能通天下之志。

《象》曰：天与火，同人。君子以类族辨物。出门"同人"，又谁"咎"也。"同人于宗"，"吝"道也。"伏戎于莽"，敌刚也。"三岁不兴"，安行也。"乘其墉"，义"弗克"也。其"吉"，则困而反则也。"同人"之"先"，以中直也。"大师相遇"，言相"克"也。"同人于郊"，志未得也。

注　释

① 同人于野：与人和同，其亲辅之情达于旷野。同人，卦名；有与人和同、集结、亲辅之意。野：旷野，古代邑外谓郊，郊外谓野。

② 同人于门：与人和同，其亲辅之情达于门外。于门，即于门外。

③ 同人于宗，吝：只与宗族人和同则难行。宗，宗族。吝，难行。

④ 伏戎于莽：设伏兵于林莽之中。戎，军队。莽，林丛。

⑤ 升其高陵：登上高陵观察形势。升，登。帛书《易》作"登"。

⑥ 三岁不兴：三年不兴兵。岁，年。

⑦ 乘其墉，弗克攻：登上城墙，不继续进攻。乘，登上、攻占。墉（yōng），城墙。

⑧ 同人，先号咷而后笑：齐心协力，先哭后笑。号咷（táo），啼呼、号哭。

⑨ 大师克相遇：大军攻克（城）而会师。大师，大军。

⑩ 同人于郊：与人和同亲辅于邑郊。郊，邑外曰郊。

今　译

处旷野与人和同亲辅，亨通。宜于涉越大河，利君子行其正道。

初九：与人和同亲辅之情达于门外，无灾。

六二：只与宗族内和同亲辅，则难行。

九三：伏兵于林莽之中，（又）登上高陵（观察形势），（恐怕）三年不能兴兵。

九四：登上高墙，不再继续进攻。吉。

九五：与人和同亲辅，先号哭而后笑，大军克（城）会师。

上九：与人和同亲辅于邑郊，无悔。

大有（十四）

经文：

☰☲ 大有①：元亨。

初九：无交害，匪咎艰则无咎②。

九二：大车以载，有攸往③，无咎。

九三：公用亨于天子，小人弗克④。

九四：匪其彭⑤，无咎。

六五：厥孚交如，威如⑥，吉。

上九：自天祐之⑦，吉，无不利。

附：

《彖》曰：大有，柔得尊位大中，而上下应之，曰大有，其德刚健而文明，应乎天而时行，是以"元亨"。

《象》曰：火在天上，大有。君子以遏恶扬善，顺天休命。大有"初九"，"无交害也"。"大车以载"，积中不败也。"公用亨于天子"，小人害也。"匪其彭无咎"，明辨晢也。"厥孚交如"，信以发志也。"威如"之"吉"，易而无备也。大有"上"吉，"白天祐"也。

注　释

① 大有：卦名。"有"字本义是手持月以耕植。月，指耒耜之类，故古谓丰年曰"有"，大丰年曰"大有"。此为丰盛、众多、富有的意思。

② 无交害，匪咎艰则无咎：未涉及利害，没有灾祸根源则无灾。匪，非。艰，根，即根源。帛书《易》作"根"。

③大车以载，有攸往：以大车载物，有所往。攸，所。

④公用亨于天子，小人弗克：公侯向天子朝献贡品，但小人不能做到。亨，通"享"，指朝献。古亨字除作亨通外，享献之"享"，烹饪之"烹"，皆作"亨"字。帛书《易》作"芳"，乃音近与享字通假。

⑤匪其彭：不以盛大骄人。匪，非。彭（páng），盛大。

⑥厥孚交如，威如：其诚信之交，有其威严。厥，其。孚，诚信。威，威严、畏敬。如，竹书《易》作"女"。

⑦自天祐之：有上天保佑。祐，即佑、保佑。祐，竹书《易》与帛书《易》皆作"右"，"祐""右"通。

今 译

大有：始即通达。

初九：未涉及利害，没有灾难根源则无灾。

九二：以大车载物，有所往，无灾。

九三：公侯向天子朝献贡品，小人做不到。

九四：不以盛大骄人，无灾。

六五：其诚信之交，有其威严。吉。

上九：有上天保佑，吉，无不利。

谦（十五）

经文：

䷎谦①：亨，君子有终②。

初六：谦谦君子③，用涉大川，吉。

六二：鸣谦④，贞吉。

九三：劳谦⑤，君子有终，吉。

六四：无不利，㧭谦⑥。

六五：不富以其邻，利用侵伐⑦，无不利。

上六：鸣谦，利用行师，征邑国⑧。

附：

《彖》曰：谦，"亨"。天道下济而光明，地道卑而上行。天道亏盈而益谦，地道变盈而流谦，鬼神害盈而福谦，人道恶盈而好谦。谦尊而光，卑而不可逾，"君子"之"终"也。

《象》曰：地中有山，谦。君子以裒多益寡，称物平施。"谦谦君子"，卑以自牧也。"鸣谦贞吉"，中心得也。"劳谦君子"，万民服也。"无不利㧭谦"，不违则也。"利用侵伐"，征不服也。"鸣谦"，志未得也。可"用行师"，"征邑国"也。

注　释

① 谦：卦名。有谦让、谦逊之义。谦，竹书《易》作"嗛"，帛书《易》作"嗛"。三字古通。

② 君子有终：君子有好的结果。有终，有好的结果。

③ 谦谦君子：谦而又谦的君子。谦谦，小心谨慎貌。帛书《易》作"嗛嗛"。古"谦""嗛"通。

④ 鸣谦：有名而谦。鸣，名声。

⑤ 劳谦：有功劳而能谦。劳，功劳。

⑥ 㧭谦：发挥其谦。㧭（huī），本义为裂开，此指举、发挥。竹书《易》作"䞇"，义与"㧭"同。

⑦ 不富以其邻，利用侵伐：不与其邻同富，宜用讨伐（惩治）。

⑧ 利用行师，征邑国：利于出兵征讨邑国。征，征讨、讨罚。邑国，竹书《易》作"邦"。

今 译

谦：亨通。君子有好的结局。

初六：君子谦而又谦，用以涉越大河，吉。

六二：有名而谦，占问吉利。

九三：有功而谦，君子有好的结果，吉。

六四：无不顺利，发挥其谦。

六五：不与邻居同富，宜用讨伐（惩治），无所不利。

上六：有名望而又谦虚，（这样才）宜于出兵，讨罚邑国。

豫（十六）

经文：

䷏豫①：利建侯，行师②。

初六：鸣豫③，凶。

六二：介于石，不终日，贞吉④。

六三：盱豫，悔⑤；迟，有悔⑥。

九四：由豫，大有得⑦，勿疑，朋盍簪⑧。

六五：贞疾，恒不死⑨。

上六：冥豫，成有渝⑩，无咎。

附：

《彖》曰：豫，刚应而志行，顺以动，豫。豫，顺以动，故天地如之，而况"建侯行师"乎。天地以顺动，故日月不过，而四时不忒。圣人以顺动，则刑罚清而民服，豫之时义大矣哉。

《象》曰：雷出地奋，豫。先王以作乐崇德，殷荐之上帝，以配祖考。"初六鸣豫"，志穷"凶"也。"不终日贞吉"，以中正也。"盱豫有悔"，位不当也。"由豫大有得"，志大行也。"六五贞疾"，乘刚也。"恒不死"，中未亡也。"冥豫"在"上"，何可长也。

注 释

① 豫：卦名。本义为象之大。引申为娱乐、怠厌。帛书《易》作"馀"，竹书《易》作"余"。

② 利建侯，行师：宜于建侯国，用兵作战。侯，侯国。行师，用兵。

③ 鸣豫：喜佚悦乐而闻名。鸣，名。

④ 介于石，不终日，贞吉：坚贞如同磐石，不待终日，占问得吉。介：中正坚定，亦有解作纤小、触摸者。古文作"砟"，帛书《易》作"疥"。竹书《易》作"砎"。于，如。

⑤ 盱豫，悔：仰视于上，以媚颜附势为乐，则有悔。盱（xū），张目，指得势喜悦之貌。

⑥ 迟，有悔：迟疑不决，则有后悔。迟，迟疑。

⑦ 由豫，大有得：从事娱乐，（而）丰盛富有。由，从、用。由豫，即从事娱乐。大有得，指丰盛富有。

⑧ 勿疑，朋盍簪：至诚不疑，朋友合聚。勿，不。朋，朋友。盍（hé），合。簪，古代用来绾头发的针形首饰。此引申为连合、聚会。此句竹书《易》作"母颂，墨欲直"。帛书《易》作"勿好，偏甲谗"，意同。

⑨ 贞疾，恒不死：占问疾病，长久不死。贞，占问。疾，疾病。恒，长久。

⑩ 冥豫，成有渝：日暮仍在娱乐，事虽成，而有变。冥，日暮天晚。渝，变。

今 译

豫：宜于封建侯国及用兵作战。
初六：以喜佚悦乐而闻名，将有凶。
六二：坚贞如磐石，不待终日，占问得吉。
六三：仰视（媚颜）为乐，将有悔；迟疑不决，亦有悔。
九四：用娱乐而丰盛富有，勿需疑虑，朋友聚合如簪。
六五：占问疾病，（得此病）长久不死。
上六：日暮仍醉于娱乐，事虽成而有变。（却）无灾害。

随（十七）

经文：

䷐随①，元亨，利贞②，无咎。
初九：官有渝，贞吉③，出门交有功④。
六二：系小子，失丈夫。
六三：系丈夫，失小子。随有求得，利居贞⑥。
九四：随有获，贞凶⑦。有孚在道，以明，何咎⑧？
九五：孚于嘉⑨，吉。
上六：拘系之，乃从维之，王用亨于西山⑩。

附：

《彖》曰：随，刚来而下柔，动而说，随。大"亨贞无咎"，而天下随时，随时之义大矣哉。
《象》曰：泽中有雷，随。君子以向晦入宴息。"官有渝"，从正"吉"也。"出门交有功",不失也。"系小子",弗兼与也。"系丈夫",志舍下也。"随有获",其义"凶"也。"有孚在道","明"功也。"孚于嘉吉",位正中也。"拘系之",上穷也。

注 释

①随:卦名。有"从"之义。随,竹书《易》作"陵",帛书《易》作"隋"。

②元亨,利贞:开始即亨通顺利,宜守正道。元,开始。亨,通达。贞,守正。

③官有渝,贞吉:馆舍有变,占之则吉。"官"通"馆",指馆舍。渝,竹书《易》作"愈",帛书《易》作"谕",三字古通。

④出门交有功:出门交遇而有功效。交,交遇、交往。功,竹书《易》作"工",通假字。

⑤系小子,失丈夫:捆绑小孩,失掉了成人。系,捆绑。小子,儿童。丈夫,成人。

⑥随有求得,利居贞:随从别人,因求而有得,利于居家守正。随,从。

⑦随有获,贞凶:随从别人而有所获,占问则凶。获,古代奴婢贱称,此指收获。

⑧有孚在道,以明,何咎:有诚信而守正道,且有盟誓,有何灾害?明,通"盟"。

⑨孚于嘉:有诚信于善美。嘉,善而美。

⑩拘系之,乃从维之,王用亨于西山:先囚禁,后释放,大王(因此而)祭享于西山(另有说此爻指文王囚于羑里故事)。拘系,囚禁。从维,释放。亨,甲骨文为台,像一座建于高大台基上的宗庙,故有享受祭祀进献之义。

今 译

随:开始即通达而宜于守正,无灾害。

初九：馆舍有变，占之则吉，出门有所交遇，而得到功效。

六二：捆绑小孩，失掉了成年人。

六三：捆绑成年人，失掉了小孩。随从别人，有求而得，利于居家守正。

九四：随从别人而有所获，占问则凶。（然而）存诚信而守正道，且有盟誓，有何灾害？

九五：存诚于善美，吉。

上六：先遭囚禁，后又获释，（为此）大王祭享于西山。

蛊（十八）

经文：

䷑蛊①：元亨，利涉大川。先甲三日，后甲三日②。

初六：干父之蛊，有子，考无咎③。厉，终吉。

九二：干母之蛊，不可贞④。

九三：干父之蛊，小有悔⑤，无大咎。

六四：裕父之蛊，往见吝⑥。

六五：干父之蛊，用誉⑦。

上九：不事王侯，高尚其事⑧。

附：

《彖》曰：蛊，刚上而柔下，巽而止，蛊。"蛊，元亨"，而天下治也。"利涉大川"，往有事也。"先甲三日，后甲三日"，终则有始，天行也。

《象》曰：山下有风，蛊。君子以振民育德。"干父之蛊"，意承"考"也。"干母之蛊",得中道也。"干父之蛊","终无咎"也。"裕父之蛊",往未得也。"干父用誉",承以德也。"不事王侯",志可则也。

注　释

① 蛊（gǔ）：卦名。"蛊"字本义为器皿中食物腐败生虫。"蛊"字在此有"事""惑""乱"之义，引申为过失。帛书《易》作"笛"。

② 先甲三日，后甲三日：古代用甲、乙、丙、丁、戊、己、庚、辛、壬、癸十天干循环记日，甲前三日为辛日、壬日、癸日，而乙日、丙日、丁日为甲后三日。亦有说"先甲三日"指辛日，"后甲三日"指丁日者。

③ 干父之蛊，有子，考无咎：匡正父亲过失，有这样儿子，（父亲）便没有灾祸。干，匡正、挽救。考，古人对活着的父亲或亡父皆称"考"。帛书《易》作"巧"，盖以音近通假。

④ 干母之蛊，不可贞：匡正母亲之失，不可固执守正。

⑤ 小有悔：多少有些后悔。小，少。帛书《易》作"少"。悔，后悔。

⑥ 裕父之蛊，往见吝：对待父亲的失惑，需宽裕处之，前往仍出现羞辱。裕，宽裕。吝，羞辱。

⑦ 干父之蛊，用誉：以荣誉匡正父亲过失。用，以。誉，荣誉。

⑧ 不事王侯，高尚其事：不为王侯做事，高尚自守其事。

今　译

蛊：始即亨通顺利，宜于涉越大河，（当以）甲前三日，甲后三日（为宜）。

初六：匡正父亲过失，有这样儿子，（则父亲）没有灾祸。虽有危厉，最终得吉。

九二：匡正母亲之失，不可固执守正。

九三：匡正父亲之失，虽多少有些后悔，（却）无大过。

六四：宽容父亲之失，前往仍出现羞辱。

六五：以荣誉匡正父亲之失。

上九：不为王侯做事，高尚自守其事。

临（十九）

经文：

䷒临①：元亨，利贞。至于八月有凶②。

初九：咸临，贞吉③。

九二：咸临，吉，无不利。

六三：甘临，无攸利④。既忧之，无咎⑤。

六四：至临，无咎⑥。

六五：知临，大君之宜⑦，吉。

上六：敦临⑧，吉，无咎。

附：

《彖》曰：临，刚浸而长，说而顺，刚中而应，大"亨"以正，天之道也。"至于八月有凶"，消不久也。

《象》曰：泽上有地，临。君子以教思无穷，容保民无疆。"咸临贞吉"，志行正也。"咸临吉无不利"，未顺命也。"甘临"，位不当也。"既忧之"，"咎"不长也。"至临无咎"，位当也。"大君之宜"，行中之谓也。"敦临"之"吉"，志在内也。

注 释

①临：卦名。本义为从高视下。引申为进、治等。此取治意，指统治

者临民相治。阜阳《易》、帛书《易》作"林"。临、林通假字。

② 至于八月有凶：到八月将有凶事。

③ 咸临，贞吉：以感化之心临民，占之则吉。咸，即"感"。帛书《易》作"禁"。咸、禁音近，通假字。

④ 甘临，无攸利：仅凭甜言蜜语临民，是无所利的。甘，甘言，即甜言蜜语。

⑤ 既忧之，无咎：已能忧之，则可无咎。既，已。

⑥ 至临，无咎：指下临民情。至，下。

⑦ 知临，大君之宜：聪明睿智治民（处理事变），深得国君所宜。知，通"智"。宜，妥当、妥帖。

⑧ 敦临：以敦厚临民。敦，厚道。

今 译

临：开始亨通顺利，利于守正，到八月将有凶事。

初九：以感化之心而临民，占之则吉。

九二：以感化而临民，吉无不利。

六三：只凭甜言蜜语临民是没有利的。已知此而忧之，则无灾害。

六四：下临民情，则无灾。

六五：凭聪明睿智而临民，懂得大君之所宜，则吉。

上六：以厚道临民，吉利，无灾害。

观（二十）

经文：

☷☴观①：盥而不荐②，有孚颙若③。

初六：童观④，小人无咎，君子吝。

六二：阚观，利女贞⑤。
六三：观我生，进退⑥。
六四：观国之光，利用宾于王⑦。
九五：观我生，君子无咎。
上九：观其生⑧，君子无咎。

附：

《彖》曰：大观在上，顺而巽，中正以观天下，观。"盥而不荐，有孚颙若"，下观而化也。观天之神道，而四时不忒。圣人以神道设教，而天下服矣。

《象》曰：风行地上，观。先王以省方观民设教。"初六童观"，"小人"道也。"阚观女贞"，亦可丑也。"观我生进退"，未失道也。"观国之光"，尚"宾"也。"观我生"，观民也。"观其生"，志未平也。

注 释

① 观：卦名。有瞻仰、观察、考察的意思。
② 盥而不荐：祭前先洗手自洁，而不必奉献酒食以祭。盥（guàn），古代祭典临祭前洗手谓之盥。荐：奉献酒食以祭。
③ 有孚颙若：有诚信而崇敬之貌。孚，诚信。颙（yóng）若，崇敬仰慕之貌。
④ 童观：幼稚地观看。
⑤ 阚观，利女贞：由门缝中向外偷看，宜女子守正。阚，从门缝中向外偷看。
⑥ 观我生，进退：由《象传》"'观我生'，观民也"，可知古人以"生"指庶民，此指国君观察自己的庶民。
⑦ 观国之光，利用宾于王：观看考察一国的风俗民情，则宜用宾客之

礼朝见王。宾,即仕。古代德行之仕,前往朝廷,天子以宾客之礼相待。闻之光,即一国风俗民情。

⑧观其生:观看考察其他国家庶民。

今 译

观:祭祀前洗手自洁,而不必奉献酒食以祭。(心存)诚信而崇敬之貌可仰。

初六:幼稚地观察(问题),小人无灾,(而)君子则难以成事。

六二:从门缝中窥视,(还)宜女子守正。

六三:观察审视自己的庶民以定其施政的进退。

六四:观察一国风俗民情,宜用宾主之礼朝见国王。

九五:观察自己的庶民,君子无灾。

上九:观察他国庶民,君子无灾。

噬嗑(二十一)

经文:

噬嗑①:亨,利用狱②。

初九:屦校灭趾③,无咎。

六二:噬肤灭鼻④,无咎。

六三:噬腊肉,遇毒,小吝⑤,无咎。

九四:噬干胏,得金矢,利艰贞⑥,吉。

六五:噬干肉,得黄金,贞厉⑦,无咎。

上九:何校灭耳⑧,凶。

附：

　　《彖》曰：颐中有物，曰"噬嗑"。噬嗑而"亨"，刚柔分，动而明，雷电合而章。柔得中而上行，虽不当位，"利用狱"也。
　　《象》曰：雷电，噬嗑。先王以明罚敕法。"屦校灭趾"，不行也。"噬肤灭鼻"，乘刚也。"遇毒"，位不当也。"利艰贞吉"，未光也。"贞厉无咎"，得当也。"何校灭耳"，聪不明也。

注　释

　　① 噬嗑（shì hé）：卦名。有咬合之意。以齿咬物为"噬"，合口为"嗑"，"噬嗑"即以齿咬物合口咀嚼。以象征刑罚。
　　② 利用狱：适合于处理刑狱之事。狱，刑狱。
　　③ 屦校灭趾：刑具加于足上而遮没了脚趾。屦，即"履"。此指加在足上。校，古代木制刑具的通称，加于颈称"枷"，加于手称"梏"，加于足称"桎"。灭，遮没。
　　④ 噬肤灭鼻：吃肉而掩其鼻。噬，吃。肤，肉。一般指柔软、肥美之肉，古代将此肉放在鼎中作为祭品叫"肤鼎"。
　　⑤ 噬腊肉，遇毒，小吝：吃干肉中毒，小有不适。腊，干肉。古礼有"腊人"，专掌制作干肉。
　　⑥ 噬干胏，得金矢，利艰贞：吃带骨肉干，遇到铜制箭头，（这预示着）宜于艰难中守正。胏（zǐ），肉中有骨。金，即铜。
　　⑦ 噬干肉，得黄金，贞厉：吃肉干而咬出黄铜来，占之则有危厉。贞，占。厉，危厉。
　　⑧ 何校灭耳：脖子上负荷着遮没耳朵的木枷。何，即荷、载。校，此指刑具中的枷。

今　译

　　噬嗑：亨通，宜于处理刑狱之事。

初九：刑具遮没了脚趾，无灾。
六二：吃肉掩没鼻子，无灾。
六三：吃干肉中毒，小有不适，但无灾。
九四：吃带骨肉干，遇到铜箭头。宜于艰难中守正则吉利。
六五：吃肉干得到黄铜，占之有危厉，无灾。
上九：荷带遮灭耳朵的木枷。凶。

贲（二十二）

经文：

䷕贲①：亨，小利有攸往②。
初九：贲其趾，舍车而徒③。
六二：贲其须④。
九三：贲如濡如，永贞吉⑤。
六四：贲如皤如，白马翰如⑥，匪寇婚媾⑦。
六五：贲于丘园，束帛戋戋⑧，吝，终吉。
上九：白贲⑨，无咎。

附：

《彖》曰：贲，"亨"，柔来而文刚，故亨；分刚上而文柔，故"小利有攸往"。〔刚柔交错〕，天文也；文明以止，人文也。观乎天文，以察时变；观乎人文，以化成天下。

《象》曰：山下有火，贲。君子以明庶政，无敢折狱。"舍车而徒"，义弗乘也。"贲其须"，与上兴也。"永贞"之"吉"，终莫之陵也。"六四"，当位疑也。"匪寇婚媾"，终无尤也。"六五"

之"吉"，有喜也。"白贲无咎"，上得志也。

注　释

① 贲（bì）：卦名。有修饰、文饰之义。帛书《易》作"蘩"。
② 小利有攸往：有小利可以前往。
③ 贲其趾，舍车而徒：饰其脚趾，弃车徒步而行。趾，脚趾。徒，徒步。
④ 贲其须：修饰其须，指面毛与胡须。
⑤ 贲如濡如，永贞吉：修饰、润色，长久守正则可得吉。如，语助词。濡，湿润而有光泽。永，长久。贞，正同。
⑥ 贲如皤如，白马翰如：修饰素白，白马奔驰如飞。皤（pó），老人发白曰"皤"，此指白色文素之貌。翰如，言马奔跑如鸟飞之疾。
⑦ 匪寇婚媾：不是强盗，是来求婚的。匪，即非。寇，盗寇。
⑧ 贲于丘园，束帛戋戋：修饰家同，只以寥寥束帛。丘同，家园。帛，丝织品总称。戋戋，即残残。指很少。
⑨ 白贲：以白色装饰。

今　译

贲：亨通，有小利，可以前往。
初九：饰其脚趾，弃车徒步而行。
六二：饰其面毛胡须。
九三：装饰、润色，长久守正则可得吉。
六四：修饰如此素白，白马奔驰如飞，（他们）不是强盗，是来求婚的。
六五：修饰家园，虽然只有残残束帛，显得吝啬，但最终得吉。
上九：用白色装饰，无灾。

剥（二十三）

经文：

䷖剥①：不利有攸往。

初六：剥床以足，蔑贞，凶②。

六二：剥床以辨③，蔑贞，凶。

六三：剥之，无咎。

六四：剥床以肤④，凶。

六五：贯鱼以宫人宠⑤，无不利。

上九：硕果不食，君子得舆，小人剥庐⑥。

附：

《彖》曰：剥，剥也，柔变刚也。"不利有攸往"，小人长也。顺而止之，观象也。君子尚消息盈虚，天行也。

《象》曰：山附于地，剥。上以厚下安宅。"剥床以足"，以灭下也。"剥床以辨"，未有与也。"剥之无咎"，失上下也。"剥床以肤"，切近灾也。"以宫人宠"，终无尤也。"君子得舆"，民所载也。"小人剥庐"，终不可用也。

注　释

① 剥：卦名。有剥灭、侵蚀之意。《象传》："剥床以足，以灭下也"是其证。剥，阜阳《易》作"仆"。

② 剥床以足，蔑贞，凶：剥蚀先及床足，剥灭正道，凶。蔑，一说灭，一说无。蔑，帛书《易》作"蔑"，阜阳《易》作"蔑"，据于豪亮、韩自强两先生考证，三字为通假字。

③ 剥床以辨：剥蚀床干。辨，床干。足上膝下称"辨"，也有释为床头者。

④ 剥床以肤：剥蚀床危及肌肤。肤，先儒有二解：一说人之肤，一说辨上称肤。似以前说为是。

⑤ 贯鱼以宫人宠：受宠爱宫人如贯鱼。贯，穿。以绳穿物曰贯。贯鱼，即以绳穿鱼，此指相次而人。宫人，宫中嫔妾。

⑥ 硕果不食，君子得舆，小人剥庐：有硕大之果而不食，（意味着）君子可得到车舆，小人则被剥去屋舍。舆，车。庐，房舍。

今 译

剥：不宜有所往。

初六：剥蚀床先及床脚，灭正道，凶。

六二：剥蚀床干，灭正道，凶。

六三：剥蚀而无灾。

六四：剥蚀床危及肌肤，凶。

六五：受宠宫人如贯鱼，无所不利。

上九：有硕大之果而不食，君子可得到车舆，小人则剥去屋舍。

复（二十四）

经文：

☷☷ 复①：亨，出入无疾②，朋来无咎③。反复其道④，七日来复⑤，利有攸往。

初九：不远复，无祗悔⑥，元吉。

六二：休复⑦，吉。

六三：频复⑧，厉，无咎。
六四：中行独复⑨。
六五：敦复⑩，无悔。
上六：迷复，凶，有灾眚⑪。用行师，终有大败，以其国君凶，至于十年不克征⑫。

附：

《彖》曰：复"亨"，刚反，动而以顺行。是以"出入无疾，朋来无咎"。"反复其道，七日来复"，天行也。"利有攸往"，刚长也。复，其见天地之心乎！

《象》曰：雷在地中，复。先王以至日闭关，商旅不行，后不省方。"不远"之"复"，以修身也。"休复"之"吉"，以下仁也。"频复"之"厉"，义"无咎"也。"中行独复"，以从道也。"敦复无悔"，中以自考也。"迷复"之"凶"，反君道也。

注 释

① 复：卦名。有复返、还归之义。
② 出入无疾：出入无疾病。疾，疾病，亦有解"疾"为快速者，然以"无疾"与"无咎"对文看，当以解"疾"为疾病妥。
③ 朋来无咎：朋友来无灾害。朋，朋友。
④ 反复其道：还反其道。反，返。复，还。
⑤ 七日来复：此句古今有多种解释，主要有：一，阳气，终于《剥》，至阳气来《复》，需经七日。二，以五月《姤》卦一阴生，至十一月《复》卦，一阳生。凡经七爻，历七次变化。三，以《坎》《震》《离》《兑》四正卦，每卦六爻，每爻主一节气，其余六十卦，共三百六十爻，分主一年三百六十五又四分之一日，因而一卦主六日七分，即：$365\frac{1}{4}日 \times \frac{1}{60} = 6\frac{7}{80}$日，此近七日，即"七日"之源。四，以十月末，纯《坤》用事，《坤》卦将尽，

则《复》阳来，隔《坤》一卦六爻为六日，《复》来成《震》，一阳爻生共为七日。以上四说，似第一说为胜。

⑥ 不远复，无祗悔：失之不远就返回，没有造成过多的悔恨。祗（qí），大、多。帛书《易》"祗"作"提"。"提"为"禔"字之借，"祗""提""禔"古时通。

⑦ 休复：休止（失误）而复返（正道）。休，一说休止，一说美、喜、喜庆。此为休止。

⑧ 频复：频繁地复返。频，帛书《易》作"编"，有频繁之义。

⑨ 中行独复：行道路正中，独自复归。中行，由道路正中行走。

⑩ 敦复：敦促而复返。敦，敦促。亦有解敦厚者。当以前说为胜。

⑪ 迷复，凶，有灾眚：入迷途而求复，凶，有灾害。眚，此指灾害。

⑫ 用行师，终有大败，以其国君凶，至于十年不克征：用以行师作战，最终大败，累及其国君有凶，以至于十年之久，不能出征讨伐。以，及。不克征，不能出兵征战。

今 译

复：亨通，出入无疾病，朋友来无灾咎。返还其道，需（经）七日往者复来，（故）利有所往。

初九：行不远就返回，没有造成大的悔恨。（故）开始即吉利。

六二：休止（失误）而复返正道，吉利。

六三：频繁地复返，有危厉，无咎。

六四：由道路正中独自返回。

六五：敦促而复返，无悔恨。

上六：入迷途而求复返，凶，有灾害。用以行师作战，最终将有大败，危及国君凶，以至于十年不能出兵征战。

无妄(二十五)

经文:

☰☳ 无妄①:元亨利贞。其匪正有眚②,不利有攸往。

初九:无妄,往吉。

六二:不耕获,不菑畬③,则利有攸往。

六三:无妄之灾,或系之牛,行人之得,邑人之灾④。

九四:可贞,无咎⑤。

九五:无妄之疾,勿药有喜⑥。

上九:无妄行有眚,无攸利。

附:

《彖》曰:无妄,刚自外来而为主于内,动而健,刚中而应。大"亨"以正,天之命也。"其匪正有眚,不利有攸往",无妄之往何之矣?天命不祐,行矣哉?

《象》曰:天下雷行,物与,无妄。先王以茂对时育万物。"无妄"之"往",得志也。"不耕获",未富也。"行人得"牛,"邑人灾"也。"可贞无咎",固有之也。"无妄"之"药",不可试也。"无妄"之"行",穷之灾也。

注 释

① 无妄:卦名。先儒释"妄"为虚妄。又有释"妄"为望,为乱者,帛书《易》作"无孟","孟"有勉意,"无孟"为"无勉"。竹书《易》作

"亡忘"，阜阳《易》作"无亡"。由此而考之，释"无妄"作"无望"为妥。亦有意想不到之意。

② 其匪正有眚：（如果）不守正道则有灾异。匪，非。匪正，不守正道。眚，灾异。

③ 不耕获，不菑畬：不耕耘而收获，不开荒而有熟田。菑（zī），荒田，此为开垦。畬（yú），古三岁治田称"畬"，亦即熟田。

④ 无妄之灾，或系之牛，行人之得，邑人之灾：意想不到的灾，有人系牛于此，被行人顺手偷走，（结果）邑人有失牛之灾。邑，乡邑。

⑤ 可贞，无咎：此事可占，无灾。《象传》："'可贞无咎'，固有之也。"可证其解贞为占。

⑥ 无妄之疾，勿药有喜：意想不到的疾病，不必用药，而自愈。疾，疾病。古人指病愈为有喜。

今 译

无妄：始即亨通宜于守正。不守正道则有灾异，不宜有所往。

初九：无所冀望而往，则吉。

六二：不耕耘而有收获，不开荒而有熟田耕种，则利有所往。

六三：意想不到的灾，有人系牛于此，行人顺手偷得，邑人因此而有失牛之灾。

九四：（事情）可占问而无灾。

九五：意想不到的病，不必用药而愈。

上九：无所冀望而行则有灾眚，没有什么利。

大畜（二十六）

经文：

☰☶ 大畜①：利贞。不家食②，吉。利涉大川。

初九：有厉，利已③。

九二：舆说輹④。

九三：良马逐，利艰贞⑤，日闲舆卫⑥，利有攸往。

六四：童牛之牿⑦，元吉。

六五：豮豕之牙⑧，吉。

上九：何天之衢⑨，亨。

附：

《彖》曰：大畜，刚健笃实，辉光日新。其德刚上而尚贤，能止健，大正也。"不家食吉"，养贤也。"利涉大川"，应乎天也。

《象》曰：天在山中，大畜。君子以多识前言往行，以畜其德。"有厉利已"，不犯灾也。"舆说輹"，中无尤也。"利有攸往"，上合志也。"六四元吉"，有喜也。"六五"之"吉"，有庆也。"何天之衢"，道大行也。

注 释

① 大畜：卦名。畜有畜养、积聚之义。大畜即大的蓄积。竹书《易》作"大𢒫"。"畜"与"𢒫"韵同，通假。

② 不家食：不在家吃饭，而是食禄于朝。故《彖传》曰："'不家食吉'，养贤也。"

③ 有厉，利已：有危厉，宜停止。厉，危厉。已，停止。

④ 舆说輹：车子与车轴分离。说，即脱。

⑤ 良马逐，利艰贞：良马驰逐，宜艰难中守正。逐，追。贞，正。

⑥ 日闲舆卫：每日练习用车马防卫。日，《周易正义》及帛书《易》作"曰"。闲，练习。

⑦ 童牛之牿：童牛角上着以横木（使它无法顶人）。童牛，小牛。牿

（gù），牛角上横木。古人驯牛在牛角上系的横木，使其无法顶人。帛书《易》作"鞫"；竹书《易》作"楇"，九家易作"告"，鞫、告、牿、楇皆以同音通假。廖名春先生认为，"楇"为"梏"之异体字。

⑧ 豮豕之牙：以木桩将小猪拴起来以防跑掉。豮（fén），即豩，小猪仔。竹书《易》作"芬"，与"豮"通假。"牙"，拴猪仔的木桩。另一解"豮"为阉割小猪，此句之意为阉割小牡猪的生殖器，则牙齿虽存而不再伤人。但由经文六四爻"童牛之牿"考之，似以前说为妥。

⑨ 何天之衢：意谓肩负天之通途。何，荷。衢，四通八达之路。

今 译

大畜：利于守正，不求食于家，利于涉越大河。

初九：有危厉，宜于停止。

九二：车身与车轴分离。

九三：良马驰逐，宜艰难中守正。每日练习用车马防卫，宜有所往。

六四：施牿于童牛角上（以防抵人），始而得吉。

六五：以木桩将猪仔拴住（防止跑掉），有吉。

上九：肩负天之大道，亨通顺利。

颐（二十七）

经文：

☲☷ 颐①：贞吉。观颐，自求口实②。

初九：舍尔灵龟，观我朵颐③，凶。

六二：颠颐，拂经，于丘颐，征凶④。

六三：拂颐，贞凶⑤，十年勿用，无攸利。

六四：颠颐，吉。虎视眈眈，其欲逐逐⑥，无咎。

六五：拂经，居贞，吉。不可涉大川。

上九：由颐，厉吉⑦，利涉大川。

附：

《彖》曰：颐，"贞吉"，养正则吉也。"观颐"，观其所养也。"自求口实"，观其自养也。天地养万物，圣人养贤以及万民。颐之时大矣哉。

《象》曰：山下有雷，颐。君子以慎言语，节饮食。"观我朵颐"，亦不足贵也。"六二征凶"，行失类也。"十年勿用"，道大悖也。"颠颐"之"吉"，上施光也。"居贞"之"吉"，顺以从上也。"由颐厉吉"，大有庆也。

注 释

① 颐：卦名。颐，即腮部。食物由口入而养生，故"颐"又引申为"养"。

② 观颐，自求口实：此卦恐记录周人相面之卦。观看别人两腮（的长相），就知他能否自己挣饭吃。观颐，观察别人两腮。口实，口中之食物。

③ 舍尔灵龟，观我朵颐：舍掉你灵龟（卜出的龟兆），（全凭）观看我隆起的两腮。舍，舍弃。尔，你。灵龟，古人认为龟不食，而且长寿，因而灼其甲以卜，故称之谓"灵龟"。朵颐，两腮隆起状。亦有训"朵颐"为嚼食之貌者。

④ 颠颐，拂经，于丘颐，征凶：两腮不停摇动，又拂击其胫与背，此腮之相出征则凶。颠颐，两腮不停颠摇。颠，竹书《易》作"速"。拂，击。经，即胫丘。竹书《易》、帛书《易》作"北"。谓手不停击胫及背。

⑤ 拂颐，贞凶：击其腮，占之则有凶。贞，占。

⑥ 虎视眈眈，其欲逐逐：（两眼）虎视威猛有神，面容长得敦实厚道。

虎视眈眈，双眼威猛有神。欲，帛书《易》作"容"，由初九爻"观我朵颐"、六二爻"颠颐"、六三爻"拂颐"、上九爻"由颐"考之，皆言面容腮部，故以帛本作"容"为是。逐逐，古人解作"敦实"，指人面容长得敦实厚道。竹书《易》作"攸攸"，帛书《易》作"笛笛"，与"逐逐"通假。

⑦由颐，厉吉：从人的两腮看，虽有危厉，但可以转吉。

今 译

颐：占之则吉，观看两腮（的长相），便知（此人）自己能谋求口中之食。

初九：舍弃你灵龟（的卜兆仅凭）观看我隆起的两腮，则有凶。

六二：两腮不停摇动，（又）拂击其胫与背，此腮（之相）出征则凶。

六三：拂击腮，占之则凶，十年之久无所用。没有什么利。

六四：摆动两腮，吉。（两眼）虎视威猛有神，面容长得敦实厚道，无咎害。

六五：击胫，居而守正，则吉，不可涉越大河。

上九：由其腮看，虽有危厉，（但）有吉，利涉越大河。

大过（二十八）

经文：

☱大过①：栋桡②，利有攸往，亨。

初六：藉用白茅③，无咎。

九二：枯杨生稊，老夫得其女妻④，无不利。

九三：栋桡，凶。

九四：栋隆，吉。有它吝⑤。
九五：枯杨生华，老妇得其士夫⑥，无咎，无誉。
上六：过涉灭顶⑦，凶，无咎。

附：

《彖》曰：大过，大者过也。"栋桡"，本末弱也。刚过而中，巽而说，行。"利有攸往"，乃"亨"。大过之时大矣哉。

《象》曰：泽灭木，大过。君子以独立不惧，遁世无闷。"藉用白茅"，柔在下也。"老夫女妻"，过以相与也。"栋桡"之"凶"，不可以有辅也。"栋隆"之"吉"，不桡乎下也。"枯杨生华"，何可久也。"老妇士夫"，亦可丑也。"过涉"之"凶"，不可"咎"也。

注 释

① 大过：卦名。有大的过失之义。过，失。
② 栋桡：房屋栋梁弯曲。房屋主梁称为"栋"。桡，曲木，引申为曲折。
③ 藉用白茅：用白色茅草铺地（摆设祭品），以表示虔敬。藉，铺垫。茅，茅草。
④ 枯杨生稊，老夫得其女妻：枯萎的杨树生出小嫩芽，老夫娶得小娇妻。稊，稚。即老根长出的新芽。
⑤ 栋隆，吉。有它吝：主梁隆起，吉利。但将有其他意外悔吝。隆，隆起。有它，出现特殊意外。
⑥ 枯杨生华，老妇得其士夫：枯萎的杨树开了花，老妇又得小丈夫。华，花。"士夫"即年轻丈夫。
⑦ 过涉灭顶：（不知深浅）涉水过河，（以至于）水没头顶。灭，没。顶，首。

今 译

大过：房屋栋梁（因负重而）弯曲，宜于有所往，亨通。

初六：用白色茅草铺地（陈设祭品以示敬），无灾害。

九二：枯萎杨树发新芽，老夫又得小娇妻，（这）没有什么不利。

九三：栋梁被压弯曲，凶。

九四：栋梁隆起，则吉利；但将有意外悔吝。

九五：枯萎杨树重开花，老妇又得小丈夫，无害，亦无誉。

上六：（盲目）涉水过河，（以致水）没头顶有凶。但（因遇救）而无灾害。

坎（二十九）

经文：

䷜ 习坎[1]：有孚维心，亨，行有尚[2]。

初六：习坎，入于坎窞[3]，凶。

九二：坎有险，求小得[4]。

六三：来之坎，坎险且枕[5]。入于坎窞，勿用。

六四：樽酒簋，贰用缶，纳约自牖[6]，终无咎。

九五：坎不盈，祗既平[7]，无咎。

上六：系用徽纆，寘于丛棘，三岁不得[8]，凶。

附：

《彖》曰：习坎，重险也。水流而不盈，行险而不失其信。

"维心亨",乃以刚中也。"行有尚",往有功也。天险,不可升也;地险,山川丘陵也。王公设险,以守其国。险之时用大矣哉。

《象》曰:水涛至,习坎。君子以常德行,习教事。"习坎入坎",失道"凶"也。"求小得"未出中也。"来之坎坎",终无功也。"樽酒簋贰",刚柔际也。"坎不盈",中未大也。"上六"失道,"凶三岁"也。

注 释

① 坎:卦名。有陷、险之义。因卦体内外二经卦皆坎,故曰"习坎"。习,重复。"习坎"即重坎。有重险之意。汉帛书《易》作"习赣",古"坎""赣"二字相通。

② 有孚维心,亨,行有尚:有诚信系之于心,亨通顺利,行动受到奖赏。孚,诚信。维,维系。尚,赏。

③ 入于坎窞:入坎穴中。窞(dàn),小穴。

④ 坎有险,求小得:坎中有险,(故)其求仅有小得。

⑤ 来之坎,坎险且枕:来去皆坎,坎水险而且深。"之",往、去。枕,沈、深。

⑥ 樽酒簋,贰用缶,纳约自牖:(行祭时)樽中酒簋(中黍稷),并副之以缶,(祭时)由窗口纳勺于樽以取酒。樽(zūn),古代酒器。簋(guǐ),古代盛黍稷的竹器。贰,副。约,酌酒之勺。牖(yǒu),窗户。

⑦ 坎不盈,祇既平:坎陷未满盈,(需)安定而险自平。祇,一说安;一说为小丘。

⑧ 系用徽缠,寘于丛棘,三岁不得:用黑色绳索捆缚,又被置于监狱,三年不得出来。系,捆绑。徽缠(mò),古代捆绑罪人的黑色绳索。寘(zhì),置。丛棘,古代在狱外种的荆棘,据说有"九棘",以防罪人逃跑,犹如现在铁丝网。三岁不得,在狱中囚三年。古代疑狱三年而后断。

今 译

重重坎险,(然而)有诚系于心,亨通,行必有赏。

初六:重重坎险,入坎险穴中,凶。

九二:坎中有险(故)其求仅有小得。

六三:来去皆坎,坎险且深,入坎险穴中。(此爻占者)不可用。

六四:(祭时)樽中酒并簋(中黍稷)又副之以缶,自窗口纳勺(酌酒),终无灾。

九五:坎陷未满盈,(需)安定则险自平,无咎灾。

上六:用黑色绳索捆绑(罪人),置于监狱,(此人)被囚三年。有凶。

离(三十)

经文:

☲离①:利贞,亨。畜牝牛②,吉。

初九:履错然敬之③,无咎。

六二:黄离,元吉④。

九三:日昃之离⑤,不鼓缶而歌⑥,则大耋之嗟⑦,凶。

九四:突如其来如,焚如,死如,弃如⑧。

六五:出涕沱若,戚嗟若⑨,吉。

上九:王用出征,有嘉折首,获匪其丑⑩,无咎。

附：

《彖》曰：离，丽也。日月丽乎天，百谷草木丽乎土。重明以丽乎正，乃化成天下。柔丽乎中正，故"亨"。是以"畜牝牛吉"也。

《象》曰：明两作，离。大人以继明照于四方。"履错"之"敬"，以辟"咎"也。"黄离元吉"，得中道也。"日昃之离"，何可久也。"突如其来如"，无所容也。"六五"之"吉"，离王公也。"王用出征"，以正邦也。"获匪其丑"，大有功也。

注　释

① 离：卦名。帛书《易》作"罗"。古"离""罗"二字通，"离"古文作"𧆠"象手执网捕鸟。"罗"古文作"𦉹"象鸟入网状，故"离"有网意，引申为捕捉、分离。离又通"丽"，有附著、经历、光明等意。

② 畜牝牛：畜养母牛。畜，养。牝，母。

③ 履错然敬之：帛书《易》作"礼昔然敬之"，帛书《易》"履"作"礼""错"作"昔"，古"错""昔"二字互假。"昔"字作始解，依帛书《易》此爻指行礼开始即应崇敬。

④ 黄离，元吉：用黄色网猎取禽兽，开始即吉。离为网。商周时代尚黄色，故吉。

⑤ 日昃之离：日斜张网（捕禽兽）。昃，日过中午。

⑥ 不鼓缶而歌：不敲击缶而唱歌。缶，瓦盆，可作为乐器之用。鼓，敲打。

⑦ 大耋之嗟：老人发出叹息。耋（dié），老年人的通称。古人称老年人为"耋老"。嗟，叹息。

⑧ 突如其来如，焚如，死如，弃如：不孝之子返家，（人们因不孝）将他焚烧，置他于死地，抛弃他。突，古文作"㞸"。古文逐出不孝之子为"㞸"。来，返回家。焚、死、弃，是家人施于不孝之子的刑罚。亦有解"突"为烟囱者，然由九三爻"大耋之嗟"思之，似解"突"为不孝子为胜。突，帛书

《易》、阜阳《易》作"出"。又有不孝之子突然出现之意。

⑨ 出涕沱若,戚嗟若:泪如雨下,忧戚叹息。沱若,滂沱状。喻流泪满面如雨。若,样子。戚,忧伤。嗟,叹息。

⑩ 王用出征,有嘉折首,获匪其丑:君王用兵出征,有令嘉奖能折服首恶的人,执获的不是一般随从者。嘉,嘉奖。折,折服。匪,非。丑,同类,随从者。

今 译

离,利於守正,亨通。畜养母牛,吉。

初九:行礼开始即应崇敬,无灾咎。

六二:黄色罗网(捕捉禽兽),开始即吉。

九三:日斜张网(捉禽兽),不敲缶而唱歌,则老人发出叹息,凶。

九四:被逐的不孝之子返回,(人们将他)焚烧、治死、抛弃。

六五:泪如雨下,忧戚叹息,吉。

上九:君王用兵出征,有令嘉奖折服首恶者。执获的(俘虏)不是一般随从者,(故而)无咎。

周易下经

咸（三十一）

经文：

☱☶ 咸①：亨，利贞。取女，吉②。

初六：咸其拇③。

六二：咸其腓④，凶。居吉。

九三：咸其股，执其随⑤，往吝。

九四：贞吉，悔亡。憧憧往来，朋从尔思⑥。

九五：咸其脢⑦，无悔。

上六：咸其辅颊舌⑧。

附：

《彖》曰：咸，感也。柔上而刚下，二气感应以相与。止而说，男下女，是以"亨，利贞，取女吉"也。天地感，而万物化生；圣人感人心，而天下和平。观其所感，而天地万物之情可见矣。

《象》曰：山上有泽，咸。君子以虚受人。"咸其拇"，志在外也。虽"凶居吉"，顺不害也。"咸其股"，亦不处也。志在"随"人，所"执"下也。"贞吉悔亡"，未感害也。"憧憧往来"，未光大也。"咸其脢",志末也。"咸其辅颊舌",滕口说也。

注 释

① 咸:卦名。有感应、交感之意,引申为夫妇之道。竹书《易》、帛书《易》作"钦"。咸、钦音近可通。
② 取女,吉:娶此女,则吉利。取,娶。
③ 咸其拇:脚拇趾感应而动。拇,即脚大指。
④ 咸其腓:腿肚子感应而动。腓(fēi),腿肚子。
⑤ 咸其股,执其随:大腿感应而动,操执(身体)随之而动。执,操执。股,大腿。
⑥ 憧憧往来,朋从尔思:往来心意不定,朋友们顺从你的想法。憧憧,心意不定、往来不绝。尔,你。
⑦ 咸其脢:脊背感应而动。脢(méi),背。
⑧ 咸其辅颊舌:(此喻说话时)因感而牙床、面颊、舌头齐动。辅,牙床。颊,面颊。

今 译

咸:亨通顺利,宜于守正。娶女,吉。
初六:脚大指感应而动。
六二:腿肚子感应而动,凶。居家不出,吉。
九三:大腿感应而动,(身体)随之而动,前往则困难。
九四:占问吉,悔事消亡。来往心意不定,朋友们顺从你的想法。
九五:脊背感应而动,无悔。
上六:(说话时)因感而牙床、面颊、舌头齐动。

恒（三十二）

经文：

☷☴恒①：亨，无咎。利贞，利有攸往。
初六：浚恒，贞凶②，无攸利。
九二：悔亡③。
九三：不恒其德，或承之羞，贞吝④。
九四：田无禽⑤。
六五：恒其德，贞妇人吉，夫子凶⑥。
上六：振恒⑦，凶。

附：

《彖》曰：恒，久也。刚上而柔下，雷风相与，巽而动，刚柔皆应，恒。恒，"亨，无咎，利贞"，久于其道也。天地之道恒久而不已也。"利有攸往"，终则有始也。日月得天而能久照，四时变化而能久成，圣人久于其道而天下化成。观其所恒，而天地万物之情可见矣。

《象》曰：雷风，恒。君子以立不易方。"浚恒"之"凶"，始求深也。"九二悔亡"，能久中也。"不恒其德"，无所容也。久非其位，安得"禽"也。"妇人贞吉"，从一而终也。"夫子"制义，从妇"凶"也。"振恒"在上，大无功也。

注 释

①恒：卦名，长久的意思。

② 浚（jùn）恒，贞凶：求之太久，占问则有凶。帛书《易》之"浚恒"与上六爻"振恒"皆作"复恒"。复，古人解作"求"。此正与《象传》"'浚恒'之凶，始求深也"相符，由此而考之，"浚""振""复"皆以音近通假，故皆可作"求"解。即求之太久，占之则凶。
③ 悔亡：无悔事。亡，无。
④ 不恒其德，或承之羞，贞吝：不能恒守其德，因而蒙受羞辱，占问有吝。承，蒙受。
⑤ 田无禽：（此占）田中无禽兽。
⑥ 恒其德，贞妇人吉，夫子凶：恒守其德，占问妇人吉，（而）男人则凶。夫子，指男人。
⑦ 振恒：恒久而求。

今 译

恒：亨通，无咎，宜于守正，利有所往。
初六：恒久而求，占问则凶，没有什么利。
九二：无悔事。
九三：不能恒守其德，因而蒙受羞辱，占问有吝。
九四：田中无禽兽。
六五：恒守其德，占问妇人吉，（而）男人则凶。
上六：恒久而求，凶。

遯（三十三）

经文：

遯①：亨小，利贞②。
初六：遯尾，厉③，勿用有攸往。
六二：执之用黄牛之革，莫之胜说④。

九三：系遯，有疾厉⑤；畜臣妾⑥，吉。
九四：好遯，君子吉，小人否⑦。
九五：嘉遯，贞吉⑧。
上九：肥遯⑨，无不利。

附：

《彖》曰：遯，"亨"，遯而亨也。刚当位而应，与时行也。"小利贞"，浸而长也。遯之时义大矣哉。

《象》曰：天下有山，遯。君子以远小人，不恶而严。"遯尾"之"厉"，不往何灾也。"执用黄牛"，固志也。"系遯"之"厉"，有疾惫也。"畜臣妾吉"，不可大事也。"君子好遯，小人否"也。"嘉遯贞吉"，以正志也。"肥遯无不利"，无所疑也。

注释

① 遯（dùn）：卦名。又作"遂""遁"。竹书《易》作"㹠"，帛书《易》作"掾"，古人多解作逃避、隐退。然初六爻曰"遯尾"，六二爻称"执之"，九三爻有"系遯"，九四、九五、上九爻又有"好遯""嘉遯""肥遯"之辞，由此而考之，卦中"遯"字之义，恐如高亨先生所解，"遯"乃"豚"，谓小猪。

② 亨小，利贞：少有亨通，宜于占问。

③ 遯尾，厉：猪尾有被割断之险。

④ 执之用黄牛之革，莫之胜说：用黄牛皮捆缚它，不能挣脱。执，缚。革，皮。说，脱。

⑤ 系遯，有疾厉：捆绑小猪，使（小猪）有疾病而危厉。

⑥ 畜臣妾：畜养奴隶。古者称男奴隶为臣，女奴隶为妾。

⑦ 好遯，君子吉，小人否：小猪惹人喜爱，君子吉利，小人不吉利。好，喜爱。

⑧嘉遯，贞吉：小猪受到赞美，占问则吉利。嘉，赞美。
⑨肥遯：小猪被养肥（利于作祭品）。

今 译

遯：少有亨通，宜于占问。

初六：猪尾有被割之险，故不要有所往。

六二：用黄牛皮捆缚它，不能挣脱。

九三：捆绑小猪，而有疾病，危险；畜养奴隶而吉利。

九四：小猪惹人喜爱，君子吉利，小人不吉利。

九五：小猪受到赞美，占问则吉利。

上九：小猪被养肥，（利于作祭品），没有什么不利的。

大壮（三十四）

经文：

䷡大壮：利贞①。

初九：壮于趾，征凶，有孚②。

九二：贞吉。

九三：小人用壮，君子用罔③，贞厉。羝羊触藩，羸其角④。

九四：贞吉，悔亡。藩决不羸，壮于大舆之輹⑤。

六五：丧羊于易⑥，无悔。

上六：羝羊触藩，不能退，不能遂⑦，无攸利。艰则吉。

附：

《彖》曰：大壮，大者壮也。刚以动，故壮。大壮"利贞"，大者正也。正大，而天地之情可见矣。

《象》曰：雷在天上，大壮。君子以非礼弗履。"壮于趾"，其"孚"穷也。"九二贞吉"，以中也。"小人用壮，君子罔"也。"藩决不羸"，尚往也。"丧羊于易"，位不当也。"不能退，不能遂"，不详也。"艰则吉"，咎不长也。

注　释

① 大壮：卦名，有盛大、上进之意，又有伤之意。贞即正，《彖传》曰："大壮'利贞'，大者正也。"显然解"贞"为正。

② 壮于趾，征凶，有孚：伤着脚趾，出征有凶。（但是）有诚信。壮，伤。趾，脚趾，帛书《易》作"止"。古趾、止通假。

③ 小人用壮，君子用罔：小人以盛大骄人，君子用无为处世。壮，盛。罔，即"无"。无所作为，又有解作"网"者。

④ 羝羊触藩，羸其角：公羊去触藩篱，（结果）被绳索缠住了角。羝（dī）羊，牡羊。藩，篱。羸（léi），大绳索，又解为困。

⑤ 藩决不羸，壮于大舆之輹：藩篱（被公羊触）裂，不再受绳索束缚。并触坏大车之辐。壮，伤。舆，车。輹（fù），辐。

⑥ 丧羊于易：羊丧失在场园。"易"字本意，按《说文》为蜥易蝘蜓守宫，甲骨文中"易"字写作㇀、㇁，象双手捧壶向杯中倒酒或水之状，以示易换。卜辞中"易日"即今日、变日。"周易"之"易"也是此意，此爻中"易"通场，即今天农村中的场园。用以晒粮、扬谷，即此俗之沿袭。

⑦ 羝羊触藩，不能退，不能遂：公羊以角触藩篱，（角被挂住）既不能退，又不能进。遂，进。

今 译

大壮：利于守正。

初九：伤着脚趾，出征有凶；但有诚信。

九二：守正吉。

九三：小人以盛壮骄人，君子用无为处世。占之危厉。公羊触藩篱，被绳索缠住了角。

九四：守正则吉，悔事消亡。藩篱（被公羊触）裂，不再受绳索捆缚，并触坏大车之辐。

六五：场中丧失羊，无悔。

上六：公羊触藩篱（角被挂住）既不能退，也不能进，无所利，（预示经历）艰难才能得吉。

晋（三十五）

经文：

☷☲晋①：康侯用锡马蕃庶②，昼日三接③。

初六：晋如摧如，贞吉④。罔孚，裕无咎⑤。

六二：晋如愁如，贞吉⑥。受兹介福于其王母⑦。

六三：众允，悔亡⑧。

九四：晋如鼫鼠⑨，贞厉。

六五：悔亡，失得勿恤⑩，往吉，无不利。

上九：晋其角，维用伐邑⑪，厉吉，无咎，贞吝。

附:

《彖》曰:晋,进也。明出地上,顺而丽乎大明,柔进而上行。是以"康侯用锡马蕃庶,昼日三接"也。

《象》曰:明出地上,晋。君子以自昭明德。"晋如摧如",独行正也。"裕无咎",未受命也。"受兹介福",以中正也。"众允"之,志上行也。"鼫鼠贞厉",位不当也。"失得勿恤",往有庆也。"维用伐邑",道未光也。

注　释

① 晋:卦名,有进意,帛书《易》作"溍",古"晋""溍"互通。

② 康侯用锡马蕃庶:康侯得到王赏赐的马很多。康侯,一说泛指安康的侯爵;一说为周武王的弟弟卫康叔。似以前者为是。锡,赐。蕃庶,繁育,在此有众多之义。

③ 昼日三接:一日之内三次接见。

④ 晋如摧如,贞吉:前进受阻,守正则吉。晋,进。摧,挫折、受阻、毁坏,又说为忧愁。

⑤ 罔孚,裕无咎:无诚信,宽容处之方能无咎。罔,无。裕,宽容。

⑥ 晋如愁如,贞吉:前进、忧愁,守正则吉。

⑦ 受兹介福于其王母:从祖母那里受此大福。兹,此。介,大。王母,祖母。

⑧ 众允,悔亡:众人信任,悔事消亡。允,信。亡,无。

⑨ 晋如鼫鼠:进如大鼠。高亨先生以为此"如"应作"似"解,甚妥。鼫(shí)鼠,硕鼠,即大鼠。

⑩ 悔亡,失得勿恤:悔事消亡,誓必有得,勿虑。失,帛书《易》作"矢"有誓之意。恤,忧虑。

⑪ 晋其角,维用伐邑:进其锐角,用来讨伐城邑。邑,城邑。

今 译

晋：康侯享用（王）赏赐的马很多，一日之内三次接见。

初六：前进受阻，守正吉。（此人）无诚信，宽容处之方能无咎。

六二：前进忧愁，守正吉。从祖母那里受此大福。

六三：众人信任，悔事消亡。

九四：进如大鼠，占问有危厉。

六五：悔事消亡，誓必有得，忽忧愁，前往则吉，无所不利。

上九：进其锐角，用来讨伐城邑，虽危厉而可得吉，无灾，占问将有羞吝。

明夷（三十六）

经文：

☷☲明夷①：利艰贞。

初九：明夷于飞，垂其翼②；君子于行，三日不食③。有攸往，主人有言④。

六二：明夷，夷于左股，用拯马壮⑤，吉。

九三：明夷于南狩，得其大首，不可疾贞⑥。

六四：入于左腹，获明夷之心，于出门庭⑦。

六五：箕子之明夷⑧，利贞。

上六：不明晦，初登于天，后入于地⑨。

附：

《彖》曰：明入地中，明夷。内文明而外柔顺，以蒙大难，文王以之。"利艰贞"，晦其明也。内难而能正其志，箕子以之。

《象》曰：明入地中，明夷。君子以莅众用晦而明。"君子于行"，义"不食"也。"六二"之"吉"，顺以则也。"南狩"之志，乃大得也。"入于左腹"，获心意也。"箕子"之"贞"，"明"不可息也。"初登于天"，照四国也。"后入于地"，失则也。

注　释

① 明夷：卦名。夷，通"痍"，为伤。离为日为明。明夷即光明损伤。此指日蚀。

② 明夷于飞，垂其翼：明夷鸟飞时，垂下左翼。由"明夷于飞"与"君子于行"对文看，"明夷"显然是一种鸟。古代认为日中有三足鸟，马王堆帛画中就有类似的日上飞鸟。此飞鸟是否与"明夷于飞"有关？由经文中出现"飞""翼"字眼考，"明夷"指一种飞鸟无疑。飞，帛书《易》作"蜚"，又，帛书《易》中有"左"字，为"垂其左翼"。由六二爻"夷于左股"、六四爻"入于左腹"考之，当以帛书《易》为是。

③ 君子于行，三日不食：君子外行，三日吃不到饭。

④ 主人有言：遭主人责备。言，即责备。

⑤ 明夷，夷于左股，用拯马壮：日蚀时伤了左腿，要用强壮的马拯救。夷，伤，又作"睇""眱"，即旁视之状。股，腿。亦有解"股"为般，指旋者。拯，拯救。帛书《易》作"撜"，另有古本作"抍"。"拯""撜""抍"三字古皆通。

⑥ 明夷于南狩，得其大首，不可疾贞：日蚀时，到正南方放火烧草狩猎。南面为"离"位，放火烧草狩猎于离位——此恐当时日蚀时一种驱灾的仪式。结果得到一匹踏雪马。不可急于训正使用。于，往。狩，放火烧草而猎。首，古人称四蹄皆白的马曰"首"，俗称"踏雪马"。疾，急。

⑦ 入于左腹，获明夷之心，于出门庭：此爻古人多解，估计也是日蚀

时人们驱灾的一种仪式,认为明夷神鸟进入左腹,这样在左腹处获明夷神鸟的心,又象征性地将此心送至门庭之外。

⑧ 箕子之明夷:箕子在发生日蚀时。箕子,商纣贤臣,一说"箕"作"荄"。

⑨ 不明晦,初登于天,后入于地:(发生日蚀时)天空变得晦暗不明,开始日升上天,后来又进入地中。晦,不明。登,升。

今 译

明夷:宜于艰难中守正。

初九:明夷神鸟飞时垂下了左翼。君子路上行时,三日吃不到饭,(虽)有所往,但受到主人责备。

六二:日蚀时伤了左腿,用强壮的马才能救之而有吉。

九三:日蚀时到南郊放火烧草狩猎,得到一匹踏雪马,不可急于训正(使用)。

六四:在左腹获明夷(神鸟)之心。并送出门庭。

六五:箕子在发生日蚀时,宜于守正。

上六:(日蚀时)天空晦暗不明,开始日升于天,后入于地中。

家人(三十七)

经文:

☲ 家人①:利女贞②。

初九:闲有家③,悔亡。

六二:无攸遂,在中馈④,贞吉。

九三:家人嗃嗃⑤,悔厉,吉。妇子嘻嘻⑥,终吝。

六四：富家，大吉⑦。

九五：王假有家，勿恤⑧，吉。

上九：有孚威如⑨，终吉。

附：

《彖》曰：家人，女正位乎内，男正位乎外。男女正，天地之大义也。家人有严君焉，父母之谓也。父父、子子、兄兄、弟弟、夫夫、妇妇，而家道正。正家而天下定矣。

《象》曰：风自火出，家人。君子以言有物，而行有恒。"闲有家"，志未变也。"六二"之"吉"，顺以巽也。"家人嗃嗃"，未失也。"妇子嘻嘻"，失家节也。"富家大吉"，顺在位也。"王假有家"，交相爱也。"威如"之"吉"，反身之谓也。

注 释

① 家人：卦名。一家之人。此卦乃反映家庭关系的最古文献资料。

② 利女贞：利于女人守正。贞，正。

③ 闲有家：家中有防备。闲，防。亦有作"习"者。

④ 无攸遂，在中馈：（女人）无所抱负，只在家中做饭。遂，目的、愿望。馈，做饮食以侍候人。中馈，内馈、家中馈。

⑤ 家人嗃嗃：家人经常受到嗃嗃严叱。嗃嗃（hè），严厉叱责声，喻治家严厉。

⑥ 妇子嘻嘻：妇人和孩子整天骄佚喜笑。喻家道不严。嘻嘻：骄佚喜笑之貌。

⑦ 富家，大吉：使家庭富裕是最大的吉利。

⑧ 王假有家，勿恤：王到其家，忽忧愁。假（gè），至。帛书《易》作"暇"。"假""暇"古通用。

⑨ 有孚威如：有诚信而又威严。威，威严。

今 译

家人：宜于女人守正。

初九：家中有备，悔事可消亡。

六二：无所抱负，在家中做饭、占问则吉。

九三：家人经常受到严厉斥责。（使人）悔而危厉，（最终）吉。妇女孩子嘻嘻笑笑，最终导致羞吝。

六四：使家庭富裕，大吉利。

九五：王到其家，勿忧愁。有吉。

上九：有诚信而又威严，最终得吉。

睽（三十八）

经文：

䷥睽①：小事吉。

初九：悔亡。丧马勿逐，自复，见恶人，无咎②。

九二：遇主于巷③，无咎。

六三：见舆曳，其牛掣④，其人天且劓⑤。无初，有终⑥。

九四：睽孤遇元夫，交孚⑦，厉，无咎。

六五：悔亡。厥宗噬肤，往何咎⑧。

上九：睽孤见豕负涂，载鬼一车⑨。先张之弧，后说之弧⑩，匪寇婚媾。往遇雨则吉。

附：

《彖》曰：睽，火动而上，泽动而下。二女同居，其志不同行。说而丽乎明，柔进而上行，得中而应乎刚，是以"小事吉"。天地睽而其事同也，男女睽而其志通也，万物睽而其事类也。睽之时用大矣哉！

《象》曰：上火下泽，睽。君子以同而异。"见恶人"，以辟"咎"也。"遇主于巷"，未失道也。"见舆曳"，位不当也。"无初有终"，遇刚也。"交孚无咎"，志行也。"厥宗噬肤"，"往"有庆也。"遇雨"之"吉"，群疑亡也。

注释

① 睽（kuí）：卦名。原义为目不相视，引申为违背、乖异、隔膜。竹书《易》作"揆"，帛书《易》作"乖"。

② 丧马勿逐，自复，见恶人，无咎：丧失马匹不必追寻，自己就会返回。见到恶人也无咎害。逐，追。帛书《易》作"遂"，古逐、遂通假。恶，帛书《易》作"亚"，"亚"当为"恶"字之借。

③ 遇主于巷：在小巷中遇见了主人。巷，里中小道。

④ 见舆曳，其牛掣：见车被牵引，牛双角竖起。舆，车。曳（yè），牵引。掣（chè），通"觢"，两角竖起。

⑤ 其人天且劓：赶车人受墨刑和劓刑。在罪人额头上刺字曰"天"，周朝叫"墨刑"。劓（yì），割掉罪人的鼻子，称"劓刑"。

⑥ 无初，有终：起初无利，最终有好的结果。无初，起初受刑没有利。

⑦ 睽孤遇元夫，交孚：乖异而孤独之际，遇到善人，以诚相交。元，善。夫，人。孚，诚信。

⑧ 厥宗噬肤，往何咎：其与宗人吃肉，前往有什么咎害。厥，其。噬，吃。肤，柔软的肉。

⑨ 睽孤见豕负涂，载鬼一车：乖异孤独之时，看见猪背上沾满泥，又有一车鬼。豕，猪。涂，泥土。

⑩ 先张之弧，后说之弧：先张弓射箭，后喜悦置酒相庆。"先张之弧"的"弧"为弓。"后说之弧"的"弧"为壶。帛书《易》作"壶"。说，悦、喜庆。

今 译

睽：小事吉利。

初九：悔事消亡，丧失的马不必追寻，自己会返回，见到恶人无咎害。

九二：在小巷中遇见主人，没有咎害。

六三：看见车被牵引，牛的双角竖起，赶车人又受到墨刑和劓刑。最初虽有磨难，最终有好的结果。

九四：乖异孤独之际，遇到善人，交之以诚信，虽危厉，无咎害。

六五：悔事消亡，与其宗人吃肉，前往有何灾害。

上九：乖异孤独之时，见猪满身泥土，又有一车鬼。先张弓欲射，后喜悦置酒相庆，不是盗寇，是求婚的。前往遇雨则吉利。

蹇（三十九）

经文：

䷦蹇①：利西南，不利东北②。利见大人，贞吉。

初六：往蹇，来誉③。

六二：王臣蹇蹇，匪躬之故④。

九三：往蹇，来反⑤。

六四：往蹇，来连⑥。
九五：大蹇，朋来⑦。
上六：往蹇，来硕⑧，吉。利见大人。

附：

《彖》曰：蹇，难也，险在前也。见险而能止，知矣哉。蹇，"利西南"，往得中也。"不利东北"，其道穷也。"利见大人"，往有功也。当位"贞吉"，以正邦也。蹇之时用大矣哉！

《象》曰：山上有水，蹇。君子以反身修德。"往蹇来誉"，宜待也。"王臣蹇蹇"，终无尤也。"往蹇来反"，内喜之也。"往蹇来连"，当位实也。"大蹇朋来"，以中节也。"往蹇来硕"，志在内也。"利见大人"，以从贵也。

注 释

① 蹇：卦名。蹇（jiǎn），原义为跛，引申为行动不便，有险难之意。蹇，竹书《易》作"訐"，通假字。

② 利西南，不利东北：往西南去有利，往东北去不利。古人以为新月产生在西南，残月消失在东北，故以西南有利，东北不利。

③ 往蹇，来誉：往遇险难，得来荣誉。

④ 王臣蹇蹇，匪躬之故：王的臣子，历尽重重险难，并不是为了自身的缘故。蹇蹇，竹书《易》作"訐訐"，通假字。匪，非。躬，自身。

⑤ 往蹇，来反：往遇险难，（不如）返回来。反，返。

⑥ 往蹇，来连：往遇险难，来亦险难。"连"通"辇"，有险难之意。

⑦ 大蹇，朋来：大难中，朋友来助。

⑧ 往蹇，来硕：往遇险难，来则从容。硕，大。在此有从容以待之意。

今 译

蹇：利西南，不利东北。利于见大人，占问则吉。

初六：往遇险阻，却得来荣誉。

六二：王的臣子，历尽重重艰险，不是为了自身的缘故。

九三：往遇险难，（不如）返回来。

六四：往遇险难，来亦险难。

九五：大难中朋友来助。

上六：往遇险难，来则从容，吉。宜于见大人。

解（四十）

经文：

䷧解①：利西南。无所往，其来复，吉。有攸往，夙吉②。

初六：无咎。

九二：田获三狐，得黄矢③，贞吉。

六三：负且乘，致寇至④，贞吝。

九四：解而拇，朋至斯孚⑤。

六五：君子维有解⑥，吉。有孚于小人⑦。

上六：公用射隼于高墉之上⑧，获之，无不利。

附：

《彖》曰：解，险以动，动而免乎险，解。解，"利西南"，往得众也。"其来复吉"，乃得中也。"有攸往夙吉"，往有功也。

天地解而雷雨作。雷雨作，而百果草木皆甲坼，解之时大矣哉。

《象》曰：雷雨作，解。君子以赦过宥罪。刚柔之际，义"无咎"也。"九二贞吉"，得中道也。"负且乘"，亦可丑也。自我致戎，又谁咎也。"解而拇"，未当位也。"君子有解"，"小人"退也。"公用射隼"，以解悖也。

注　释

① 解：卦名。其原义为一神兽，此为解除、缓解之义。
② 有攸往，夙吉：有所往，（行动）早吉。攸，所。夙，早。
③ 田获三狐，得黄矢：田猎获三只狐狸，又得到金色箭头。田，田猎。黄矢，金色箭头的箭。
④ 负且乘，致寇至：肩负东西而又乘车，招致盗寇来（打劫）。负，肩负。
⑤ 解而拇，朋至斯孚：解开被束缚的拇指，朋友至此相信。拇，古人指手与脚的大拇指。斯，此。
⑥ 君子维有解：君子被缚而又解脱。维，帛书作"唯"，指捆缚。
⑦ 有孚于小人：取得了小人的相信。
⑧ 公用射隼于高墉之上：王公射鹗鸟于高墙之上。公，职称，古代分公、侯、伯、子、男五等。隼（sǔn），鹗鸟，又说为鹞，苍鹰之属。墉，城墙。

今　译

解：宜于西南，无可往之处，（只能）回到原处，吉。（若）有所往（行动）早吉。

初六：无灾害。

九二：田猎获三只狐狸，（又）得金色箭头，占之吉。

六三：肩负东西而又乘车，招致了盗寇来（打劫），占之羞吝。

九四：解开被缚的拇指，朋友至此才会诚信。
六五：君子被捆缚又得解脱，吉利。得到小人相信。
上六：王公射鹰隼于城墙之上，获得它，无所不利。

损（四十一）

经文：

䷨损①：有孚，元吉，无咎，可贞，利有攸往。曷之用？二簋可用享②。

初九：已事遄往，无咎；酌损之③。

九二：利贞，征凶，弗损，益之④。

六三：三人行则损一人，一人行则得其友⑤。

六四：损其疾，使遄有喜⑥，无咎。

六五：或益之十朋之龟，弗克违⑦，元吉。

上九：弗损益之，无咎，贞吉，利有攸往。得臣无家⑧。

附：

《彖》曰：损，损下益上，其道上行。损而"有孚，元吉，无咎，可贞，利有攸往，曷之用二簋可用享"。二簋应有时，损刚益柔有时，损益盈虚，与时偕行。

《象》曰：山下有泽，损。君子以惩忿窒欲。"已事遄往"，尚合志也。"九二利贞"，中以为志也。"一人行"，"三"则疑也。"损其疾"，亦可"喜"也。"六五元吉"，自上祐也。"弗损益之"，大得志也。

注　释

①损：卦名。有减损之义。

②曷之用？二簋可用享：用什么？用二簋食品可以享祀鬼神。曷，何。又通"遏"，有"止"意。簋（guǐ），古代盛黍稷的方形器具。享，祭祀鬼神。

③已事遄往，无咎；酌损之：治病之事要速往，不会有灾，但要适当减省。已，前人多释为祭祀。古语"止疾"曰"已"，此指治病之事应速往。遄（chuán），速。帛书《易》作"端"。古"端""遄"通用。

④弗损，益之：不要减少，而要增加。弗，不。

⑤三人行则损一人，一人行则得其友：三人出行（因互相猜疑）而一人离去，一人独行则可得到友人（结伴同行）。

⑥损其疾，使遄有喜：减轻疾病的事要速办（方可）有喜。疾，疾病。使，帛书《易》作"事"，此正与初爻"已事遄往"对应，故以帛书《易》为是。

⑦或益之十朋之龟，弗克违：或得到价值十朋的宝龟，但不能违背推辞。或，或许。益，增加、得到。十朋之龟，价值十朋的宝龟。朋，贝币两枚，即两贝为朋，也有说十贝为"朋"的。古代龟甲也可作为货币，又可用于占卜。

⑧得臣无家：王得到贤臣辅佐，忘记家事。臣，贤臣。

今　译

损：有诚信，开始即吉，无咎害，可以守正。宜有所往，用什么（祭祀鬼神）？二簋食品即可用于享祀。

初九：治病的事要速往，不会有咎害。但要酌情减省。

九二：宜于守正，征讨则凶，不要损减，而要增益。

六三：三人一出行（因不能同心）则一人离去，一人独行（则可）得到朋友。

六四：减轻疾病的事要速办（方可）有喜，无咎害。

六五：或得到价值十朋的宝龟，不可违背（推辞），开始即吉。

上九：不要减损而要增益，无咎害。占问则吉，宜有所往。得到贤臣辅佐，忘记家事。

益（四十二）

经文：

䷩益①：利有攸往，利涉大川。

初九：利用为大作②，元吉，无咎。

六二：或益之十朋之龟，弗克违③，永贞吉④。王用享于帝⑤，吉。

六三：益之用凶事⑥，无咎。有孚中行，告公用圭⑦。

六四：中行告公从，利用为依迁国⑧。

九五：有孚惠心，勿问元吉⑨，有孚惠我德⑩。

上九：莫益之，或击之，立心勿恒⑪，凶。

附：

《彖》曰：益，损上益下，民说无疆，自上下下，其道大光。"利有攸往"，中正有庆。"利涉大川"，木道乃行。益动而巽，日进无疆。天施地生，其益无方。凡益之道，与时偕行。

《象》曰：风雷，益。君子以见善则迁，有过则改。"元吉无咎"，下不厚事也。"或益之"，自外来也。"益用凶事"，固有之也。"告公从"，以益志也。"有孚惠心"，"勿问"之矣。"惠我德"，大得志也。"莫益之"，偏辞也。"或击之"，自外来也。

注 释

① 益：卦名。有增益、收获、富裕之义。
② 利用为大作：宜用于耕种。大作，大事，指耕种之事。
③ 或益之十朋之龟，弗克违：或得到十朋的宝龟，不要违背推辞。（详见《损》六五）
④ 永贞吉：永远守正则吉。永，永远。贞，正。
⑤ 王用享于帝：王享祭于上帝。享，享祭。
⑥ 益之用凶事：把增益用之于凶事。凶事，古人指饥馑、战乱、灾疫等事。
⑦ 有孚中行，告公用圭：心存诚敬中道而行，执玉圭而告公。孚，诚信。圭，用玉制成，方正有棱角。古代国家发生凶事时求援的使者带着玉圭前往告急。
⑧ 中行告公从，利用为依迁国：从道路正中行，告诉王公以得到他的认从。利用（这种认从）作为依赖完成迁移国家之大事。从，认从、支持。为依迁国，指迁移国家。古时若遇到战乱灾害，则举国迁移，以避其害。依，帛书《易》作"家"，当以帛本为是。
⑨ 有孚惠心，勿问元吉：有诚信而惠施于心，勿需问，开始即吉。惠，仁爱、恩赐、和顺。
⑩ 有孚惠我德：有诚信惠施于我，必有所得。德，得。
⑪ 莫益之，或击之，立心勿恒：得不到增益，受到人攻击，立心无恒常。莫，无、得不到。或，有、有人。恒，恒常。

今 译

益：宜有所往，宜涉越大河。

初九：宜于用耕种，开始即吉，无灾咎。

六二：得到了价值十朋的宝龟，不要推辞，永远守正则吉，王用此享祭上帝，吉。

六三：把增益施用于凶事，无灾咎。（当发生凶事时）应心存诚信,中道而行,执玉圭告急于王公。

六四:中道而行,告急王公以得到他的认从支持,利用这种支持为依赖,完成举国迁移大事。

九五:有诚信惠施于心,不必占问开始即吉。有诚信且惠施于我,必有所得。

上九:得不到增益,(反而)受到人攻击,立心无恒常,凶。

夬(四十三)

经文:

䷪夬①:扬于王庭,孚号有厉②。告自邑,不利即戎③,利有攸往。

初九:壮于前趾,往不胜④,为咎。

九二:惕号,莫夜有戎⑤,勿恤。

九三:壮于頄⑥,有凶。君子夬夬⑦,独行遇雨若濡,有愠⑧,无咎。

九四:臀无肤,其行次且⑨。牵羊悔亡,闻言不信⑩。

九五:苋陆夬夬⑪。中行无咎。

上六:无号,终有凶⑫。

附:

《彖》曰:夬,决也,刚决柔也。健而说,决而和。"扬于王庭",柔乘五刚也。"孚号有厉",其危乃光也。"告自邑,不利即戎",所尚乃穷也。"利有攸往",刚长乃终也。

《象》曰:泽上于天,夬。君子以施禄及下,居德则忌。"不胜"而"往","咎"也。"有戎勿恤",得中道也。"君子夬夬",终"无咎"也。"其行次且",位不当也。"闻言不信",聪不明也。"中行无咎",中未光也。"无号"之"凶",终不可长也。

注　释

① 夬：卦名。有决断之意。

② 扬于王庭，孚号有厉：在王朝庭上宣扬公布事情，竭诚疾呼有危险。扬，宣扬、张扬。

③ 告自邑，不利即戎：告诫自己封邑内的人，不宜立即动武。邑，城邑。戎，兵，此引申为用兵。

④ 壮于前趾，往不胜：前脚趾受伤，前往不胜。壮，伤。

⑤ 惕号，莫夜有戎：因恐惧而大呼，黑夜里有敌情。惕，恐惧。莫，即暮。戎，兵戎。

⑥ 壮于頄：伤了脸面。頄（kuí），颧。即脸面。

⑦ 君子夬夬：君子决然而去。夬夬，决然而去之状。又说借为趹，为行疾之貌。帛书《易》作"缺"。"缺"古人解作"去"，以文观之当以帛书《易》为是。

⑧ 独行遇雨若濡，有愠：独行遇雨而被淋湿，生了一肚子气。若，而。濡，沾湿。愠（yùn），怒、恨。

⑨ 臀无肤，其行次且：臀部无皮，行动赵趄困难。臀，臀部。次且，即赵趄，行动不便状。竹书《易》作"䅻疋"。

⑩ 牵羊悔亡，闻言不信：牵羊而行可无悔事，闻此言却不相信。悔亡，即亡悔。亡，无。

⑪ 苋陆夬夬：山羊健行决断不滞。苋（xiàn）陆，古人多解。有说"苋陆"为草名者，有说兽名者，有说"苋"作"莞"。陆，作和睦者等。依《说文》解"苋"为"山羊细角者"。元、明讲《易》者多从之，今亦依此说。

⑫ 无号，终有凶：无呼号，最终有凶。

今 译

夬：在王朝庭上宣扬，竭诚疾呼将有危险。告诫自己封邑内的人，不宜于立即动武，利有所往。

初九：脚前趾受伤，前往不胜，为有灾咎。

九二：惊惧大呼，黑夜有敌情，（但）不必忧愁。

九三：脸面受伤，有凶。君子决然而去，独行遇雨而被淋湿，虽然气愤，却无咎害。

九四：臀部无皮，行动趑趄困难，牵羊而行则悔事消亡，听者不信。

九五：山羊健行而去，由道正中行之无咎害。

上六：无呼号，最终有凶。

姤（四十四）

经文：

☰☴ 姤①：女壮，勿用取女②。

初六：系于金柅③，贞吉。有攸往，见凶。羸豕孚蹢躅④。

九二：包有鱼，无咎。不利宾⑤。

九三：臀无肤，其行次且⑥，厉，无大咎。

九四：包无鱼，起凶。

九五：以杞包瓜⑦，含章，有陨自天⑧。

上九：姤其角⑨，吝，无咎。

附:

《彖》曰：姤，遇也。柔遇刚也。"勿用取女"，不可与长也。天地相遇，品物咸章也。刚遇中正，天下大行也。姤之时义大矣哉！《象》曰：天下有风，姤。后以施命诰四方。"系于金柅"，柔道牵也。"包有鱼"，义不及"宾"也。"其行次且"，行未牵也。"无鱼"之"凶"，远民也。"九五含章"，中正也。"有陨自天"，志不舍命也。"姤其角"，上穷"吝"也。

注 释

① 姤（gòu）：卦名。亦有作"遘"者，竹书《易》作"敂"，帛书《易》作"狗"，有相遇之义。卦象一阴五阳，一女而遇五男，故名为姤。

② 女壮，勿用取女：女人壮健（伤男），勿娶此女（为妻）。壮，健壮，又解作伤。取，娶。

③ 系于金柅：牵引车闸，控制车辆行止。系，帛书《易》作"击"，有牵引之义。"柅"（ní）又作"称"、"抳"、"尼"，帛书《易》作"梯"。"柅"字古人多解，有说"织绩之器"者，有说车闸者，有说碍止之意者等。由《象传》称"'系于金柅'，柔道牵也"，及帛书《易》作"击"思之，当以解"柅"为车闸为是。

④ 羸豕孚蹢躅：猪被捆绑竭力挣扎的样子。羸豕，以绳捆缚猪。"蹢躅"（zhí zhú）古文作"蹄躔"。竹书《易》作"是蜀"，帛书《易》作"適属"，通假字。挣扎跃动之状。

⑤ 包有鱼，无咎，不利宾：厨房有鱼，无咎害，（但）不宜于招待宾客。包，即庖，乃厨房。帛书《易》作"枹"。

⑥ 臀无肤，其行次且：臀部无皮，行动困难。（详见《夬》九四）

⑦ 以杞包瓜：用柳条之器盛瓜。杞（qǐ），杞柳。

⑧ 含章，有陨自天：包含章美，白天而降。章，章美，亦可能作光明。陨，降落。此爻我们虽以前人之说解之，但笔者疑此爻恐记录了一个古代故事。人们看到一个盛瓜的柳条器似的物体，包含着光明，白天而降。南爻辞

记录的内容看，很像是对一次不明飞行物的记录。

⑨ 姤其角：遇其角挨了抵。

今 译

姤：（此）女壮健（伤男），勿娶该女为妻。

初六：牵动铜车闸（煞车），占问则吉，（如果）有所往，则出现凶。猪被捆绑竭力挣扎。

九二：厨房里有鱼，无灾咎，但不宜于（招待）宾客。

九三：臀部无皮，行动困难，有危厉，无大灾。

九四：厨房里无鱼，（惹）起凶事。

九五：以杞柳器盛瓜。含有章美，由天而降。

上九：遇其角（被抵），有悔吝，无灾咎。

萃（四十五）

经文：

☱☷ 萃①：亨，王假有庙②，利见大人，亨，利贞。用大牲吉③，利有攸往。

初六：有孚不终，乃乱乃萃④。若号，一握为笑⑤。勿恤，往无咎。

六二：引吉，无咎⑥。孚乃利用禴⑦。

六三：萃如嗟如⑧，无攸利，往无咎，小吝。

九四：大吉，无咎。

九五：萃有位，无咎⑨。匪孚，元永贞，悔亡⑩。

上六：赍咨涕洟⑪，无咎。

附：

《彖》曰：萃，聚也。顺以说，刚中而应，故聚也。"王假有庙"，致孝享也。"利见大人，亨"，聚以正也。"用大牲吉，利有攸往"，顺天命也。观其所聚，而天地万物之情可见矣。

《象》曰：泽上于地，萃。君子以除戎器，戒不虞。"乃乱乃萃"，其志乱也。"引吉无咎"，中未变也。"往无咎"，上巽也。"大吉无咎"，位不当也。"萃有位"，志未光也。"赍咨涕洟"，未安上也。

注　释

① 萃：卦名。竹书《易》作"䣈"，帛书《易》作"卒"。有聚集之意，又通"瘁"，有病意。

② 王假有庙：大王至宗庙祭祀。假，至。

③ 用大牲吉：用大的牺牲来祭祀则吉。大的牺牲，指祭祀用牛羊等。

④ 有孚不终，乃乱乃萃：有诚但不能至终，（因而）又乱又病。"萃"即瘁，指病。

⑤ 若号，一握为笑：于是号哭，占卦时得"一握"之数，又破涕为笑。若，乃。号，号哭。"一握"是古人演算的术语，指在此不吉情况下，占卦时得"一握"乃吉卦之数，于是破啼为笑。帛书《易》"握"作"屋"。

⑥ 引吉，无咎：迎吉无咎。引，迎。

⑦ 孚乃利用禴：有诚，因而可利用夏祭（求福）。禴（yuè），帛书《易》作"濯"，又本作"躍""爚"。"濯""躍""禴""爚"古皆通。殷代的春祭与周代夏祭都称"禴"。

⑧ 萃如嗟如：相聚而又叹息。嗟：叹息。

⑨ 萃有位，无咎：聚会而各有其位，无咎害。

⑩ 匪孚，元永贞，悔亡：不诚，开始恒守正道，悔事消亡。匪，非。

⑪ 赍咨涕洟：钱财丢失（急得）眼泪鼻涕一齐流。赍（jī）咨：钱财丧失。"赍"作丧财。"咨"作资。又说"赍咨"为叹息之词。涕洟（yí），眼

泪、鼻涕。

今 译

萃：亨通，王至宗庙。（此占）宜于见有权势的人，亨通，宜于守正。用大的牲畜祭祀吉，利于有所往。

初六：有诚而不终，（因而）又乱又病。于是号哭，（占卦遇）"一握"又破啼为笑。勿要忧虑，前往无咎。

六二：迎吉无咎，诚乃利用夏祭（求福）。

六三：聚集叹息，没有什么利，前往无咎，稍有吝难。

九四：大吉，无咎。

九五：聚而有其位，无咎害，（虽）不诚（但是）开始即恒守正道，可无悔事。

上六：财钱丢失急得泪涕满面，无咎害。

升（四十六）

经文：

䷭升①：元亨，用见大人，勿恤，南征吉②。

初六：允升，大吉③。

九二：孚乃利用禴，无咎。

九三：升虚邑④。

六四：王用亨于岐山⑤，吉，无咎。

六五：贞吉，升阶⑥。

上六：冥升，利于不息之贞⑦。

附：

《彖》曰：柔以时升，巽而顺，刚中而应，是以大亨。"用见大人勿恤"，有庆也。"南征吉"，志行也。

《象》曰：地中生木，升。君子以顺德，积小以高大。"允升大吉"，上合志也。"九二"之"孚"，有喜也。"升虚邑"，无所疑也。"王用亨于岐山"，顺事也。"贞吉升阶"，大得志也。"冥升"在上，消不富也。

注　释

① 升：卦名。阜阳《易》、帛书《易》作"登"，有上升、登高之意。
② 南征吉：向南出征则吉。
③ 允升，大吉：进升，大吉。允，古本作"㳙"，并释"允"为进。
④ 升虚邑：登上高丘之邑。升，登。虚，丘。
⑤ 王用亨于岐山：大王祭祀于岐山。亨，祭祀。岐山，地名，位置在陕西岐山县东北方向。
⑥ 贞吉，升阶：守正则吉，登阶而上。阶，台阶。
⑦ 冥升，利于不息之贞：冥中登高，宜不停息地依正道（而行）。冥，昏冥。贞，守正。

今　译

升：开始即亨通，宜见有权势的人，不要忧虑，往南出征则吉。

初六：进而登高，大吉。

九二：有诚因而宜于夏祭（求福），无咎害。

九三：登上高丘城邑。

六四：大王祭祀于岐山，吉，无咎害。

六五：守正则吉，登阶而上。

上六：冥中之登，宜于不停止依守正道。

困（四十七）

经文：

䷮困①：亨，贞，大人吉，无咎。有言不信②。

初六：臀困于株木③，入于幽谷，三岁不觌④。

九二：困于酒食，朱绂方来⑤，利用享祀。征凶，无咎。

六三：困于石，据于蒺藜⑥。入于其宫，不见其妻⑦，凶。

九四：来徐徐，困于金车⑧，吝，有终。

九五：劓刖，困于赤绂⑨。乃徐有说⑩，利用祭祀。

上六：困于葛藟，于臲卼⑪，曰动悔⑫，有悔，征吉。

附：

《彖》曰：困，刚揜也。险以说，困而不失其所，"亨"，其唯君子乎！"贞大人吉"，以刚中也。"有言不信"，尚口乃穷也。

《象》曰：泽无水，困。君子以致命遂志。"入于幽谷"，幽不明也。"困于酒食"，中有庆也。"据于蒺藜"，乘刚也。"入于其宫，不见其妻"，不祥也。"来徐徐"，志在下也。虽不当位，有与也。"劓刖"，志未得也。"乃徐有说"，以中直也。"利用祭祀",受福也。"困于葛藟",未当也。"动悔有悔","吉"行也。

注 释

① 困:卦名。在此有穷困、窘迫之意。
② 有言不信:(在穷困之际)虽有言相说而人皆不信。信,相信。
③ 臀困于株木:困坐在树干上。株,先儒有解为枯木者,或为根者,或为树干者。由爻意观之,似树干为胜。
④ 三岁不觌:三年不见面。岁,年。觌(dí),见。
⑤ 困于酒食,朱绂(fú)方来:吃醉酒,红色的祭服刚被送来。"困于酒食"指醉酒。朱绂,一曰宗庙祭服;一曰君王之服,古时天子三公九卿"朱绂",诸侯"赤绂"。
⑥ 困于石,据于蒺藜:乱石挡道,又有蒺藜占据于其上。困于石,指乱石挡道。据,占据。
⑦ 人于其宫,不见其妻:进入宫室,见不到妻子。宫,宫室。
⑧ 来徐徐,困于金车:缓缓而来,被困于金车中。徐徐,舒缓安行之状。困于金车,指金车遇险出了麻烦。
⑨ 劓刖,困于赤绂:割鼻断足,此窘困在于穿了赤绂(带来的麻烦)。劓刖(yuè),是古代割鼻断足之刑。割鼻称"劓",断足称"刖"。又有人训"劓刖"为"臲卼",为不安貌。"赤绂"解见上。
⑩ 乃徐有说:于是徐徐脱下。乃,于是。徐,缓慢。说即脱。
⑪ 困于葛藟,于臲卼:被困于草莽,慌惑不安。葛藟(lěi),葛藤缠绕之草。臲卼(niè wù),惶惑不安之貌。
⑫ 曰动悔:思谋动则有后悔。"曰",思谋之辞。悔,后悔。有训"悔"为"晦"者,晦为迟,帛书《易》作"曰悔夷有悔"。

今 译

困:亨通,占问大人则吉,无灾咎。困境中,虽有言相说而人皆不信。

初六:困坐在树干上,在幽暗的山谷中,三年不能与人见面。

九二：吃醉了酒，红色祭服刚被送来，正好用于祭祀。（此爻）出征则有凶，但无咎害。

六三：乱石挡道，又有蒺藜据于其上。入于宫室而看不到妻子，凶。

九四：缓缓安行而来，困窘于金车（遇险），虽有吝难，却有好的结果。

九五：割鼻断足之刑，困窘因赤绂而起，于是徐徐脱下（赤绂），宜于祭祀。

上六：困于草莽，惶惑不安，思谋动则悔。（虽然）有悔，出征则吉。

井（四十八）

经文：

☷☴ 井①：改邑不改井②，无丧无得。往来井井③，汔至，亦未繘井④，羸其瓶⑤，凶。

初六：井泥不食，旧井无禽⑥。

九二：井谷射鲋，瓮敝漏⑦。

九三：井渫不食⑧，为我心恻，可用汲⑨，王明，并受其福⑩。

六四：井甃⑪，无咎。

九五：井洌，寒泉食⑫。

上六：井收勿幕⑬，有孚元吉⑭。

附：

《彖》曰：巽乎水而上水，井。井养而不穷也。"改邑不改井"，乃以刚中也。"汔至亦未繘井"，未有功也。"羸其瓶"，是以凶也。

《象》曰：木上有水，井。君子以劳民劝相。"井泥不食"，下也。"旧井无禽"，时舍也。"井谷射鲋"，无与也。"井渫不食"，行"恻"也。求"王明"，"受福"也。"井甃无咎"，修井也。"寒泉"之"食"，中正也。"元吉"在"上"，大成也。

注 释

① 井：卦名。指水井，古时掘地为井。"井"字篆书为"井"，其井为框，其中一点为吊桶。井又是社会组织单位，古时八家为一井，四井为一邑。

② 改邑不改井：村邑变迁，井不会变动。改，变动。

③ 往来井井：来来往往从井中取水。第一个"井"字作动词用，即从井中取水。

④ 汔至，亦未繘井：井干涸了，也不挖井，汔（qì），水干涸。"繘"（jú）乃"甬"字之借。甬，穿也，亦有解作取水之绳索。以爻意观之，当以作"穿"为是。

⑤ 羸其瓶：毁坏了瓶。羸（léi）竹书《易》作"羸"，帛书《易》作"景"，毁缺，又作"累"。瓶，古代汲水的器具。

⑥ 旧井无禽：古时井旁种树，树长木果，禽来食之，井废树死，飞鸟不至。另有说鸟类有用废井做巢的习惯，此爻乃指旧井中没有鸟巢，故飞鸟不至。二说似后说为胜。

⑦ 井谷射鲋，瓮敝漏：射井底小鱼，瓮罐破漏。古有射鱼之俗。谷，底。鲋（fù），小鱼。瓮，古代汲水的罐子。帛书《易》作"井渎射付唯敝句"。所谓"敝句"即"敝笱"，曲竹捕鱼之器，帛书《易》此爻与今本之文稍有不同，但大意一致。

⑧井渫不食：井修治好，却不食用。渫（xiè），治。治污秽称"渫"。

⑨为我心恻，可用汲：使我心中悲伤，可以用此井汲水。恻，悲。

⑩王明，并受其福：大王的英明，使天下都受到福泽。明，英明、贤明。

⑪井甃：修治其井。甃（zhòu），竹书《易》作"鼸"，帛书《易》作"椒"，其意为修治保护。又说为以砖瓦垒井壁。

⑫井洌，寒泉食：井水清洌，冰冷的井水可以食用。洌，清沏、冰冷。寒泉，冰冷的井水。古人以为井乃泉自下出。

⑬井收勿幕：井水取上来，不必在井口上加盖。收，谓以轳提取井水。幕，盖。

⑭有孚元吉：井修复了，始而得吉。孚，即恢复。帛书《易》作"复"。

今 译

井：村邑搬迁，井不会变动。因而（对于井来说）无得无失。（人们）来来往往从井中取水，井干涸了，也不挖井，结果毁坏了（取水的）瓶，有凶。

初六：井中只有泥，（已经）不能取水食用，这旧井连飞鸟也不来。

九二：井底射鱼，（致使取水）瓮罐破漏。

九三：井已修治好，却不被食用，使我心悲切。可用此井汲水，乃大王英明，（人人）都受其福泽。

六四：修治井，无咎害。

九五：井水清洌，冰冷的井水可以食用。

上六：井水收取上来，不必在井口加盖。（井）修复了，始而得吉。

革（四十九）

经文：

☱☲ 革①：巳日乃孚②。元亨利贞，悔亡。

初九：巩用黄牛之革③。

六二：巳日乃革之④，征吉，无咎。

九三：征凶，贞厉。革言三就⑤，有孚。

九四：悔亡。有孚，改命吉⑥。

九五：大人虎变。未占有孚⑦。

上六：君子豹变，小人革面⑧，征凶。居贞吉。

附：

《彖》曰：革，水火相息，二女同居，其志不相得曰革。"巳日乃孚"，革而信之。文明以说，大"亨"以正。革而当，其"悔"乃"亡"。天地革而四时成，汤武革命，顺乎天而应乎人。革之时大矣哉！

《象》曰：泽中有火，革。君子以治历明时。"巩用黄牛"，不可以有为也。"巳日革之"，行有嘉也。"革言三就"，又何之矣。"改命"之"吉"，信志也。"大人虎变"，其文炳也。"君子豹变"，其文蔚也。"小人革面"，顺以从君也。

注　释

① 革：卦名。既有去故更新、改革变化之意，又有改朝换代之意，故《彖传》称"汤武革命，顺乎天而应乎人"。

②巳日乃孚:"巳"即"己",乃天干中的第六干,因"己日"在天干十日中已过半,盛极而衰,正是革命变革的时刻。巳,竹书《易》作"改"。

③巩用黄牛之革:用黄牛皮革牢同地捆缚。巩,固。革,皮革。

④巳日乃革之:到己日就革命变革。

⑤革言三就:革命变革必须慎重,需经三次讨论才能行动。言,言论、讨论。就,成、合计。亦有释"就"为处者。

⑥有孚,改命吉:有诚,改天命则吉。改命,改天命,此指改朝换代。

⑦大人虎变,未占有孚:革命变革之际大人像老虎般威猛,不必占筮可知有诚。变,亦有说指野兽夏季脱毛,冬季毛又变厚。虎变,乃像老虎换毛一样。

⑧君子豹变,小人革面:革命变革时,君子像豹子般迅疾,小人被迫革除本来的面目。豹变,如豹之变化。此"君子"比"大人"次一等,故大人被喻为虎,君子被喻为豹。豹比老虎次一等。

今 译

革:到己日才有革命(变革)的诚心,(这时)开始即亨通,宜于守正,悔事消亡。

初九:用黄牛皮革牢固地捆缚。

六二:到己日才能施行革命变革的大计,出征吉,无咎灾。

九三:出征凶,占问有危厉,(革命变革)言论须经三次(合计)才成。要有诚心。

九四:悔事消亡,有诚,改天命(立新朝)吉。

九五:(革命时)大人像老虎一样威猛,未占则有诚。

上六:(革命时)君子像豹子般迅疾,小人也改变了昔日面貌。出征有凶,居而不动,占之则吉。

鼎（五十）

经文：

☲☴ 鼎①：元吉，亨。

初六：鼎颠趾，利出否②，得妾以其子③，无咎。

九二：鼎有实，我仇有疾，不我能即④，吉。

九三：鼎耳革，其行塞⑤，雉膏不食，方雨亏悔⑥，终吉。

九四：鼎折足，覆公𫗧，其形渥⑦，凶。

六五：鼎黄耳，金铉⑧，利贞。

上九：鼎玉铉，大吉⑨，无不利。

附：

《彖》曰：鼎，象也。以木巽火，亨饪也。圣人亨以享上帝，而大亨以养圣贤。巽而耳目聪明，柔进而上行，得中而应乎刚，是以"元亨"。

《象》曰：木上有火，鼎。君子以正位凝命。"鼎颠趾"，未悖也。"利出否"，以从贵也。"鼎有实"，慎所之也。"我仇有疾"，终无尤也。"鼎耳革"，失其义也。"覆公𫗧"，信如何也。"鼎黄耳"，中以为实也。"玉铉"在"上"，刚柔节也。

注　释

① 鼎：卦名。鼎是古代烹饪之器，一般三足两耳，青铜制成，盛行于商周时代，象征王权。此卦卦画像"鼎"：初爻象鼎的足，五爻象鼎之耳，

上爻象鼎之铉。下卦巽为木，上卦离为火，亦象燃木煮物的"鼎"。

② 鼎颠趾，利出否：鼎颠覆，足向上，（这象征）宜斥逐而出其妇。"利出否"古人多解，所谓"利出否"即利逐其妇，"出妇"正与"得妾"对文。帛书《易》之《否》卦作"妇"，可证古"妇""否"二字互通。出，斥逐。

③ 得妾以其子：将得妾及获子。以，及。

④ 鼎有实，我仇有疾，不我能即：鼎中有食物，我妻子有病，不能接近我。实，充实。仇，匹、配、妻子。即，接近。

⑤ 鼎耳革，其行塞：鼎耳失去，移动（鼎）困难。革、去。塞、闭塞，此指移动困难。

⑥ 雉膏不食，方雨亏悔：美味的雉膏不能食，天刚下雨阴云又散去。雉膏，用雉肉做的美味的食品。方，一会儿、刚刚。亏、毁、少。悔、晦、阴云。"亏悔"指阴云散去。

⑦ 鼎折足，覆公餗，其形渥：鼎足折断，将王公的八珍菜粥倾倒出来，沾濡了四周。餗（sù），是一种糁与笋做成的八珍菜粥。形渥（wó），沾濡之貌，亦有说"刑剭"，指大刑。

⑧ 鼎黄耳，金铉：鼎有黄耳，金铉。黄耳，黄铜作的鼎耳。金铉，用青铜作的鼎耳上吊环。

⑨ 鼎玉铉，大吉：鼎有用玉作的铉，大吉。玉铉，用玉石作成的铉。

今 译

鼎：开始即吉，亨通顺利。

初六：鼎颠倒其足，宜斥逐其妇。得妾及子，无咎灾。

九二：鼎中有食，我妻有病，不能接近我，吉利。

九三：鼎耳丢失，移动困难，美味的雉膏不能食用，天刚下雨点，阴云又散去，终将得吉。

九四：鼎足折断，八珍菜粥倾倒出来，沾濡了四周，凶。

六五：鼎有黄耳，金铉，利于守正。

上九：鼎有玉铉，大吉，无不利。

震（五十一）

经文：

☳震①：亨，震来虩虩，笑言哑哑②，震惊百里，不丧匕鬯③。

初九：震来虩虩，后笑言哑哑，吉。

六二：震来厉，亿丧贝④。跻于九陵，勿逐，七日得⑤。

六三：震苏苏，震行无眚⑥。

九四：震遂泥⑦。

六五：震往来厉，亿无丧，有事。

上六：震索索，视矍矍⑧，征凶。震不于其躬，于其邻⑨，无咎。婚媾有言⑩。

附：

《彖》曰：震，"亨，震来虩虩"，恐致福也。"笑言哑哑"，后有则也。"震惊百里"，惊远而惧迩也。〔"不丧匕鬯"，〕出可以守宗庙社稷，以为祭主也。

《象》曰：洊雷，震。君子以恐惧修省。"震来虩虩"，恐致福也。"笑言哑哑"，"后"有则也。"震来厉"，乘刚也。"震苏苏"，位不当也。"震遂泥"，未光也。"震往来厉"，危行也。其事在中，大"无丧"也。"震索索"，中未得也。虽"凶""无咎"，畏邻戒也。

注 释

① 震：卦名。帛书《易》作"辰"。为霹雳雷电，引申为震动。

② 震来虩虩，笑言哑哑：雷电袭来，令人哆嗦，（但主祭者）谈笑自如。虩虩（xì），恐惧貌。又作"诉诉"。哑哑，笑声。

③ 震惊百里，不丧匕鬯：霹雳声震百里，（然而）主祭人没有失落匙中的香酒。丧，丢失。匕，匙，以棘木为柄，祭祀时主祭人用它从鼎中将烹好的牛羊肉盛人俎中，以供大典之用。鬯（chàng），一种用黑黍酒和郁金草合成的香酒，专供宗庙祭祀之用。"匕鬯"即指盛在棘匙中的香酒。匕鬯，帛书《易》作"钆觞"，"觞"与"鬺"通，"鬺"即"臇"，乃肉汁，指匙中的肉汁，与今本之义稍有不同。

④ 震来厉，亿丧贝：战雷来势猛厉，（不是好兆头）估计是要丧失财贝。厉，危险。亿，帛书作"意"，即想到、估计。贝，古代货币。

⑤ 跻于九陵，勿逐，七日得：登上九陵高山，勿追索（失去的钱财），过七日将会自得。跻，登上。九陵，九重山陵。

⑥ 震苏苏，震行无眚：战雷令人发苏，雷中行走无危险。苏苏，惧貌；有说不安躁动。眚，灾难、危险。

⑦ 震遂泥：霹雳坠入泥中。遂，坠、止。

⑧ 震索索，视矍矍：战雷令人嗦嗦发抖，电光使人不敢看。索索，恐惧不安。矍矍（jué），不敢正眼看。

⑨ 震不于其躬，于其邻：战雷不击其身，而击邻人。躬，身。邻，邻近之人。

⑩ 婚媾有言：婚姻上有闲言。言，斥责的话，闲言碎语。

今 译

震：亨通，雷电袭来令人哆嗦，（主祭者）却谈笑自如。雷声惊动百里，（主祭人却）没有失落匙中的香酒。

初九：雷电袭来令人哆嗦，过后却谈笑自如，有吉。

六二：战雷来势猛厉，怕是要丧失财帛。登上九陵高山，勿追索（失去钱财），七天自会复得。

六三：战雷令人发苏，雷电中行走无灾。

九四：霹雳坠入泥中。

六五：雷电来往猛厉，恐怕无大的损失，将要发生事情。

上六：雷声令人恐惧不安，（电光）使人不敢正视，出征有凶。战雷不击其身，而击邻人，无灾眚。（但）在婚姻上有闲言。

艮（五十二）

经文：

☶艮①：艮其背，不获其身②，行其庭，不见其人③。无咎。

初六：艮其趾④，无咎，利永贞。

六二：艮其腓⑤，不拯其随⑥，其心不快⑦。

九三：艮其限⑧，列其夤⑨，厉熏心⑩。

六四：艮其身，无咎。

六五：艮其辅，言有序⑪，悔亡。

上九：敦艮⑫，吉。

附：

《彖》曰：艮，止也。时止则止，时行则行，动静不失其时，其道光明。艮其止，止其所也。上下敌应，不相与也。是以"不获其身，行其庭，不见其人，无咎"也。

《象》曰：兼山，艮。君子以思不出其位。"艮其趾"，未失正也。"不拯其随"，未退听也。"艮其限"，危"熏心"也。"艮其身"，止诸躬也。"艮其辅"，以中正也。"敦艮"之"吉"，以厚终也。

注　释

① 艮：卦名。帛书《易》作"根"与"艮"通假，有止之意。

② 艮其背，不获其身：背不能动，整个身体就不能动。其，代词。背，竹书《易》作"怀"，帛书《易》作"北"。

③ 行其庭，不见其人：在庭院中行走而见不到人。庭，庭院。

④ 艮其趾：脚趾不能动。趾，脚趾，帛书《易》作"止"。趾、止通。

⑤ 艮其腓：小腿肚子不能动。腓，小腿肚子。

⑥ 不拯其随：不能抬腿。拯，举。随，腿。另有解作跟随者、脚趾者等。

⑦ 其心不快：心里不痛快。

⑧ 艮其限：腰不能动了。限，腰胯，腰带处。

⑨ 列其夤：脊肉撕裂。列，裂。帛书《易》作"戾"。夤（yín），有作"胂""肾""朋""胰"等，指夹脊肉。竹书《易》作"衡"，帛书《易》作"肥"。

⑩ 厉熏心：危厉而心急如焚。厉，危急。熏，烧灼，竹书《易》作"同"，恐转抄之误。

⑪ 艮其辅，言有序：面颊两旁不动，说话井井有序。辅，面颊两旁。序，有序。

⑫ 敦艮：敦厚知止。敦，敦厚。

今　译

艮：止其背，整个身体则不能动。在庭院中行走，却见不到人，无咎害。

初六：脚趾止而不动，无咎灾，利于永远守正。

六二：小腿肚子止而不动，无法抬腿，心里不痛快。

九三：腰止而不能动，脊肉被撕裂，危厉中心急如焚。
六四：止其身（不妄动），无咎。
六五：面颊两旁不动，说话井井有序，无后悔之事。
上九：敦厚知止，则有吉。

渐（五十三）

经文：

䷴渐①：女归②，吉，利贞。
初六：鸿渐于干③，小子厉，有言④，无咎。
六二：鸿渐于磐，饮食衎衎⑤，吉。
九三：鸿渐于陆，夫征不复⑥，妇孕不育，凶。利御寇⑦。
六四：鸿渐于木，或得其桷⑧，无咎。
九五：鸿渐于陵⑨，妇三岁不孕，终莫之胜⑩，吉。
上九：鸿渐于陆，其羽可用为仪⑪，吉。

附：

《彖》曰：渐之进也，"女归吉"也，进得位，往有功也。进以正，可以正邦也。其位刚得中也。止而巽，动不穷也。

《象》曰：山上有木，渐。君子以居贤德善俗。"小子"之"厉"，义"无咎"也。"饮食衎衎"，不素饱也。"夫征不复"，离群丑也。"妇孕不育"，失其道也。"利用御寇"，顺相保也。"或得其桷"，顺以巽也。"终莫之胜吉"，得所愿也。"其羽可用为仪吉"，不可乱也。

注 释

① 渐：卦名，有进之义。《咸》为娶女之占,《渐》是嫁女之卦。
② 女归：女子出嫁。归，嫁。
③ 鸿渐于干：鸿雁进息于河岸。鸿，大雁。干，河岸。亦有解作河涧者，谓小水从山流下称"干"。
④ 小子厉，有言：小子危厉，有闲言非难。厉，危厉。言，口舌非难。
⑤ 鸿渐于磐，饮食衎衎：鸿进息于大石，饮食喜乐。磐，古文作"般"。帛书《易》作"坂"，指大石。衎衎（kàn），和乐、高兴。
⑥ 鸿渐于陆，夫征不复：鸿雁进息于高地，（占得此爻）男人出征不复返。陆，高平之地叫陆。
⑦ 妇孕不育，凶，利御寇：妇女怀孕不生育，有凶，但利于防御盗寇。御，防御。
⑧ 鸿渐于木，或得其桷：鸿雁进息于树木，有的栖息在方木桷上。或，有的。桷（jué），椽。秦曰"榱"，周谓"椽"，齐鲁谓"桷"。
⑨ 鸿渐于陵：鸿雁进息于丘陵。陵，丘陵、大阜。
⑩ 终莫之胜：最终没有得胜。莫，没有、不能。
⑪ 其羽可用为仪：它的羽毛可用于装饰。仪，装饰。

今 译

渐：女子出嫁，吉，利于守正。

初六：鸿雁进息于河岸，（此象预示）小子有危厉，遭人指责。无灾咎。

六二：鸿雁进息于磐石，饮食而喜乐。吉。

九三：鸿雁进息于高地，（此象预示）丈夫出征不返回，妇女怀孕不生育，凶。利于防御盗寇。

六四：鸿雁进息于树木，有的在方木桷上歇息，无灾咎。

九五：鸿雁进息于丘陵，妇人三年不怀孕，最终不能得成。吉。

上九：鸿雁栖息于高地，它的羽毛可用于装饰。吉。

归妹（五十四）

经文：

☳☱ 归妹①：征凶，无攸利。

初九：归妹以娣，跛能履②，征吉。

九二：眇能视，利幽人之贞③。

六三：归妹以须，反归以娣④。

九四：归妹愆期，迟归有时⑤。

六五：帝乙归妹，其君之袂不如其娣之袂良⑥。月几望⑦，吉。

上六：女承筐无实⑧，士刲羊无血⑨。无攸利。

附：

《彖》曰：归妹，天地之大义也。天地不交，而万物不兴。归妹，人之终始也。说以动，所以归妹也。"征凶"，位不当也。"无攸利"，柔乘刚也。

《象》曰：泽上有雷，归妹。君子以永终知敝。"归妹以娣"，以恒也。"跛能履吉"，相承也。"利幽人之贞"，未变常也。"归妹以须"，未当也。"愆期"之志，有待而行也。"帝乙归妹"，"不如其娣之袂良"也。其位在中，以贵行也。"上六无实"，"承"虚"筐"也。

注　释

① 归妹：卦名。古人称女子嫁人曰"归"，少女谓"妹"。《归妹》为婚姻卦。

② 归妹以娣，跛能履：少女出嫁，其妹从嫁，跛脚的人能走路。"娣"（dì）指出嫁者的妹妹，古时一夫多妻，妹妹可随姐姐同嫁一夫，侄女也可随姑姑同嫁一夫。妹妹从姐姐出嫁称"娣"。春秋时仍然保留了这种风俗。

③ 眇能视，利幽人之贞：偏盲也能看，宜于囚人之占。（详释可以参考《履》卦卦辞）

④ 归妹以须，反归以娣：少女出嫁，姐姐从嫁，回娘家时，变成妹妹从嫁。"须"古本作"嬬"，帛书《易》也作"嬬"。嬬，妾。然"须"又通"娞"。楚人谓姊曰"娞"。自夫家回娘家曰"反"，又叫"来归"。

⑤ 归妹愆期，迟归有时：少女出嫁延期，迟嫁因有所待。愆，帛书作"衍"，延误。迟，晚。时，通伺。

⑥ 其君之袂不如其娣之袂良：其君夫人的衣饰不如随她陪嫁的妹妹衣饰好看。袂（mèi）：衣袖。此指衣饰。

⑦ 月几望：每月十六日为既望。

⑧ 女承筐无实：女子陪嫁没有奁具。"女"指未婚少女。"筐"是新娘盛陪嫁的奁具。

⑨ 士刲羊无血：男子在婚礼仪式中，刺羊而未出血。恐当时风俗。士，指青年男子。刲（kuí），割、刺。

今　译

归妹：出征凶，无所利。

初九：少女出嫁，妹妹从嫁，跛脚能走，出征则吉。

九二：偏盲能看，宜于囚人之占。

六三：少女出嫁，姐姐从嫁，回娘家时，变成妹妹从嫁。

九四：少女出嫁延期，迟嫁因有所待。

六五：帝乙嫁女，其君夫人的衣饰不如随嫁妹妹衣饰好看。

（成亲）选在既望日则吉。

上六：少女盛奁具的筐里没有东西，新郎刺羊也没能放出血来。无所利。

丰（五十五）

经文：

☳☲ 丰①：亨，王假之②，勿忧，宜日中③。

初九：遇其配主④，虽旬无咎，往有尚⑤。

六二：丰其蔀，日中见斗⑥。往得疑疾，有孚发若⑦。吉。

九三：丰其沛，日中见沫⑧，折其右肱⑨，无咎。

九四：丰其蔀，日中见斗，遇其夷主⑩，吉。

六五：来章，有庆誉⑪，吉。

上六：丰其屋，蔀其家⑫，窥其户，阒其无人⑬，三岁不觌⑭，凶。

附：

《彖》曰：丰，大也。明以动，故丰。"王假之"，尚大也。"勿忧，宜日中"，宜照天下也。日中则昃，月盈则食，天地盈虚，与时消息，而况于人乎，况于鬼神乎？

《象》曰：雷电皆至，丰。君子以折狱致刑。"虽旬无咎"，过旬灾也。"有孚发若"，信以发志也。"丰其沛"，不可大事也。"折其右肱"，终不可用也。"丰其蔀"，位不当也。"日中见斗"，幽不明也。"遇其夷主"，"吉"行也。"六五"之"吉"，"有庆也。"丰其屋",天际翔也。"闚其户,闃其无人",自藏也。

注 释

① 丰:卦名。有丰厚光大之意。

② 亨,王假之:举行祭祀,大王亲至。亨,享、祭祀。假,至。帛书《易》作"叚"。

③ 勿忧,宜日中:勿忧虑,宜在中午进行。日中,中午。

④ 遇其配主:遇到了肥族的首领。"配主"古人多解,有说为嘉耦者,有说为匹配者。皆误。案帛书《易》作"肥",九四爻有"夷主","配主"正与"夷主"对文。肥,春秋时属白狄族一支,分布今山西、河北一带,亦少数民族首领之称。

⑤ 虽旬无咎,往有尚:虽有十天无咎,前往会得到奖赏。虽,帛书《易》作"唯",即只有一"旬"。十日为旬。尚,赏。

⑥ 丰其蔀,日中见斗:(光明)大片地被遮盖住,以致中午出现星斗。丰,大。蔀(pōu),遮光物。斗,星斗。

⑦ 往得疑疾,有孚发若:前往得疑病,有诚可去病。发,去。若,助词。

⑧ 丰其沛,日中见沫:天空大暗,中午变得昏黑无光。此爻恐是古人对日全蚀的记录。沛,竹书《易》作"芾",帛书《易》作"蘋",暗而无光。沫,昧、昏暗。竹书《易》作"芾",帛书《易》作"茉"。

⑨ 折其右肱:折断了右臂。肱(gōng),臂。

⑩ 遇其夷主:遇到西戎之主。夷,少数民族。

⑪ 来章,有庆誉:重现光明,人们庆祝赞美。章,光明。

⑫ 丰其屋,蔀其家:屋子宽大,但家被遮蔽。

⑬ 窥其户,闃其无人:窥视其门户,则静悄悄空无一人。窥,窥视、小视。闃(qù),帛书《易》作"䦧",有静、空之意。

⑭ 三岁不觌:三年什么也没有见。觌,见。帛书《易》作"遂",按竹书《易》也作"覿",故以今本为是。

今 译

丰：举行祭祀，大王亲至。勿忧虑。宜在中午进行。

初九：遇到肥族首领，唯于十天内无灾，前往有奖赏。

六二：（光明）大片被遮住，中午出现星斗。前往得疑病，有诚可去其病。吉利。

九三：（天）越来越暗，中午出现昏黑，（黑暗中）折断了右臂，（但）无咎灾。

九四：（光明）大片被遮住，中午出现星斗。遇见了西戎族首领，吉利。

六五：重现光明，人们欢庆赞美。吉利。

上六：宽大的屋子，阴影遮蔽了家，窥视其门户，静悄悄空无人迹，三年什么也没有见到，凶。

旅（五十六）

经文：

☷☲ 旅①：小亨，旅，贞吉。

初六：旅琐琐②，斯其所取灾③。

六二：旅即次，怀其资④，得童仆贞⑤。

九三：旅焚其次⑥，丧其童仆贞，厉。

九四：旅于处，得其资斧⑦，我心不快。

六五：射雉，一矢亡⑧，终以誉命⑨。

上九：鸟焚其巢，旅人先笑后号咷⑩，丧牛于易⑪，凶。

附:

《彖》曰:旅,"小亨",柔得中乎外而顺乎刚,止而丽乎明,是以"小亨,旅贞吉"也。旅之时义大矣哉。

《象》曰:山上有火,旅。君子以明慎用刑,而不留狱。"旅琐琐",志穷"灾"也。"得童仆贞",终无尤也。"旅焚其次",亦以伤矣。以旅与下,其义"丧"也。"旅于处",未得位也。"得其资斧","心"未"快"也。"终以誉命",上逮也。以"旅"在"上",其义"焚"也。"丧牛于易",终莫之闻也。

注　释

① 旅:卦名。其意古人有二解,一曰旅行,二曰军旅。
② 旅琐琐:旅途中猥琐卑贱。琐琐,猥琐卑贱。
③ 斯其所取灾:此其所取灾。斯,此。
④ 旅即次,怀其资:(旅人)住进旅馆,身上有钱财。即,就、住下。次,旅舍。怀,指身上。资,钱财。
⑤ 得童仆贞:得到忠贞的童仆。童仆,即奴仆,有"童"作"僮"者,古代二者相通。
⑥ 旅焚其次:旅人焚烧旅舍。焚,焚烧。
⑦ 旅于处,得其资斧:旅途中受阻,得到了斋斧。处,止。"资斧"汉人解作"齐斧",古"齐""斋"通,乃斋戒人庙而受斧,出师作战,至军罢师旋,需告庙还斧于君,故"斋斧"当是君王授权的象征。
⑧ 射雉,一矢亡:射野鸡,丢了一只箭。雉,野鸡。亡,失。
⑨ 终以誉命:最终得荣誉受爵命。命,爵命。
⑩ 旅人先笑后号咷:旅人先笑而后号哭。号咷,呼号哭泣。
⑪ 丧牛于易:在场中丢了牛。易,场。

今 译

旅：小事亨通，旅途中守正则吉。

初六：旅途中，猥琐卑贱，此其所以取灾。

六二：旅人住进旅馆，身上带有钱财。得到童仆的忠贞（侍候）。

九三：旅人焚烧旅馆，丧失忠贞的奴仆，十分危厉。

九四：因旅途受阻，（从而）得到斋斧，（使）我心中十分不快。

六五：射野鸡，丢了一只箭，最终得荣誉而受爵命。

上九：鸟巢被焚，旅人先笑后哭号，丧牛于场，凶。

巽（五十七）

经文：

䷸巽①：小亨，利有攸往，利见大人。

初六：进退，利武人之贞②。

九二：巽在床下，用史巫纷若③，吉，无咎。

九三：频巽④，吝。

六四：悔亡，田获三品⑤。

九五：贞吉，悔亡，无不利，无初有终⑥。先庚三日，后庚三日⑦，吉。

上九：巽在床下，丧其资斧⑧，贞凶。

附：

《彖》曰：重巽以申命。刚巽乎中正而志行。柔皆顺乎刚，是以"小亨，利有攸往，利见大人"。

《象》曰：随风，巽。君子以申命行事。"进退"，志疑也。"利武人之贞"，志治也。"纷若"之"吉"，得中也。"频巽"之"吝"，志穷也。"田获三品"，有功也。"九五"之"吉"，位正中也。"巽在床下"，上穷也。"丧其资斧"，正乎"凶"也。

注 释

① 巽：卦名，其意众说不一。依传统注解，一说号令、命令，一说入、顺等。依帛书《易》，"巽"作"筭"，可知通"筭"，为筮卦之用，故《彖传》称："重巽以申命。"《象传》称："巽，君子以申命行事。"通过算以申天命的意思，故应依帛书《易》解"巽"作"算"为是，即计算的工具。

② 进退，利武人之贞：进退不定，（此卦）宜武人守正。武人，勇猛的军人。

③ 巽在床下，用史巫纷若：筮人在床下占算，又用很多祝史、巫觋为之祈福驱灾。巽，演算。史，祝史，专门从事祭祀活动。巫，巫觋，从事降神驱灾活动。纷若，盛多之貌。

④ 频巽：多次占筮。频，帛书《易》作"编"，频、编，古通用。也有将"频"解为频蹙忧戚之容者。

⑤ 田获三品：田猎获兽得了三品。田，田猎。三品，先儒有几说。有说"三品"指三种野兽，以狼、豕、雉为三品；有说以鸡、羊、雉为三品者；亦有以羊、牛、豕为三品者。另有解"三品"为"上杀""中杀""下杀"。古代天子诸侯打猎，猎取的野兽分三等：射中心脏的是"上杀"，晒干后作为祭品；射中腿的是"中杀"，可供宾客享用；射中腹的为"下杀"，供自己食用。以此表示尊神敬宾。据爻辞文意断之，"三品"似以后解为妥。

⑥ 无初有终：虽无（甲日以明）其初，但有（癸日以成）其终。初，天干中的甲日。终，天干中的癸日。

⑦ 先庚三日，后庚三日：依天干顺序，"庚"前三日为"丁"日，"庚"后三日为"癸"日。

⑧ 丧其资斧：丢失了斋斧。资斧，帛书《易》作"潘斧"。

今 译

巽：小事亨通，利于有所往，宜于见大人。

初六：进退不决，宜于武人守正。

九二：筮者在床下演算，又用很多祝史、巫觋为之祈福驱邪，结果为吉，且无灾咎。

九三：频繁地占筮，则有难。

六四：后悔消失，田猎时获兽三品。

九五：守正则吉，悔事消亡没有不利的。虽无（甲日以明）其初，但有（癸日以成）其终，庚日前丁日，庚日后癸日为吉日。

上九：在床下占筮，丧失了斋斧，占问有凶。

兑（五十八）

经文：

☱ 兑①：亨，利贞。

初九：和兑②，吉。

九二：孚兑③，吉。悔亡。

六三：来兑④，凶。

九四：商兑未宁⑤，介疾有喜⑥。

九五：孚于剥⑦，有厉。

上六：引兑⑧。

附：

《彖》曰：兑，说也。刚中而柔外，说以"利贞"，是以顺乎天而应乎人。说以先民，民忘其劳。说以犯难，民忘其死。说之大，民劝矣哉！

《象》曰：丽泽，兑。君子以朋友讲习。"和兑"之"吉"，行未疑也。"孚兑"之"吉"，信志也。"来兑"之"凶"，位不当也。"九四"之"喜"，有庆也。"孚于剥"，位正当也。"上六引兑"，未光也。

注　释

① 兑：卦名。帛书《易》作"夺"，"兑""夺"音近通假。兑，说。训说为悦，有喜悦之义。

② 和兑：和颜悦色。和，平和、和气。

③ 孚兑：心悦诚服。孚，诚。

④ 来兑：（谄邪）来求悦。

⑤ 商兑未宁：商量中融洽喜悦，（但事情）尚未定下。商，商量。宁，安。

⑥ 介疾有喜：虽得小疾而有喜。介疾，小疾。帛书《易》作"疥疾"，即癣疥之疾，与"小疾"义近。

⑦ 孚于剥：诚信于剥离之道。剥，剥落、剥离。

⑧ 引兑：引导而喜悦。引，引导。

今　译

兑：亨通，利于守正。

初九：和颜悦色则吉。

九二：心悦诚服则吉，悔事消亡。

六三：（谄邪）来求悦，则凶。

九四：商量中融洽喜悦，（但事情）尚未定下。虽有癣疥小疾，但有喜事。

九五：诚信于剥离之道，有危厉。

上六：引导而喜悦。

涣（五十九）

经文：

䷺涣①：亨，王假有庙②，利涉大川，利贞。

初六：用拯马壮③，吉。

九二：涣奔其机④，悔亡。

六三：涣其躬⑤，无悔。

六四：涣其群⑥，元吉。涣有丘⑦，匪夷所思⑧。

九五：涣汗其大号⑨，涣王居⑩，无咎。

上九：涣其血去逖出⑪，无咎。

附：

《彖》曰：涣，"亨"，刚来而不穷，柔得位乎外而上同。"王假有庙"，王乃在中也。"利涉大川"，乘木有功也。

《象》曰：风行水上，涣。先王以享于帝，立庙。"初六"之"吉"，顺也。"涣奔其机"，得愿也。"涣其躬"，志在外也。"涣其群元吉"，光大也。"王居无咎"，正位也。"涣其血"，远害也。

注 释

① 涣：卦名。《杂卦》《序卦》《系辞》皆解为"离"，但南整个卦爻辞观之，"涣"似为古代祭祀大典中的某种仪式，疑有呼唤之义，或即今之司仪。故爻辞中有"涣其群""涣其躬""涣王居""涣其丘"等。特别南"涣汗其大号"看其义更明，而《象传》亦称"'涣奔其机'得愿也""'涣其躬'志在外也""'涣其血'远害也"等等。然其确意难详，今暂仍依"涣"之字义解之。涣，水流散也，故先儒多以披离解散为解。

② 王假有庙：王至庙中（祭祀）。假，至。此句竹书《易》有"利见大人"，无"利贞"。

③ 用拯马壮：取用壮马拯救。拯，拯救，又有取之义。拯，汉人作"抍"，又通"撜"，故训为登上、取用。

④ 涣奔其机：水流奔至房子台阶。机，帛书《易》作"阶"，台阶。

⑤ 涣其躬：水冲及自身。躬，自身。

⑥ 涣其群：水冲击众人。群，众人。

⑦ 涣有丘：丘，高地。水来而有高地。

⑧ 匪夷所思：不是平常所能想到的。匪，非。夷，常。

⑨ 涣汗其大号：帛书《易》作"涣其肝大号"，由九二爻"涣奔其机"、六三爻"涣其躬"、六四爻"涣其群"及上九爻"涣其血去"考之，当以帛书为是，应为"涣其汗大号"，竹书《易》作"𣲘汗大𠮚"又是一证。当释为号令如汗出而不返。汗，出汗。号，号令。水如汗出不可收，大声发布号令。

⑩ 涣王居：水冲击王居住的地方。

⑪ 涣其血去逖出：水披离散失，忧患过去，惊恐排除。"血"通恤，即忧虑。逖（tì），帛书《易》作"惕"，即惕，惊惧。

今 译

涣：亨通。大王至庙中（祭祀），利于涉越大河，宜于守正。

初六：取用壮马拯救，吉。

九二：水散奔于台阶，悔事消亡。
六三：水冲及自身无悔。
六四：水冲击众人开始即吉。（因）水至有高地，不是平常所想的那样。
九五：水如汗（出而不返），将大声发布号令，水冲王居之处，无灾咎。
上九：水的冲击散去，使忧虑恐惧散失。无灾咎。

节（六十）

经文：

☱☵ 节①：亨。苦节不可贞②。
初九：不出户庭③，无咎。
九二：不出门庭④，凶。
六三：不节若，则嗟若⑤，无咎。
六四：安节⑥，亨。
九五：甘节，吉，往有尚⑦。
上六：苦节，贞凶，悔亡。

附：

《彖》曰：节，"亨"，刚柔分而刚得中。"苦节不可贞"，其道穷也。说以行险，当位以节，中正以通。天地节，而四时成。节以制度，不伤财，不害民。

《象》曰：泽上有水，节。君子以制数度，议德行。"不出户庭"，知通塞也。"不出门庭凶"，失时极也。"不节"之"嗟"，又谁"咎"也。"安节"之"亨",承上道也。"甘节"之"吉",居位中也。"苦节贞凶",其道穷也。

注　释

① 节：卦名。卦象似竹节,故卦中有蓍草竹枚之节义,又有节制、节省义。

② 苦节不可贞：此爻古人多解作：过于苦的节省不可以为正道。然于意不通。苦,帛书《易》作"枯",知"苦""枯"通。周人结草折竹以卜。"苦节"乃是指竹枚或蓍草的节枯朽了,因而不可用以占筮,故曰"不可贞"。

③ 不出户庭：不出户门庭院。户庭,内院。

④ 不出门庭：不出大门内庭院。门庭,大门内的院庭,即外院。

⑤ 不节若,则嗟若：不节俭必然会带来忧愁叹息。若,助词,样子。嗟,叹息。

⑥ 安节：安于节俭。

⑦ 甘节,吉,往有尚：以节俭为美,这是吉利的,前往必有赏。甘,甘美、快乐。尚,赏。

今　译

节：亨通。蓍草之节枯朽,不可用以占筮。

初九：不出内院,无灾。

九二：不出庭院,则凶。

六三：不节俭,必然会带来忧愁叹息。但却无咎灾。

六四：安于节俭,亨通。

九五：以节俭为美,这是吉利的,前往必有赏。

上六：蓍草之节枯朽,占之则凶,但悔事消亡。

中孚（六十一）

经文：

☲ 中孚①：豚鱼吉②。利涉大川。利贞。

初九：虞吉，有它不燕③。

九二：鸣鹤在阴，其子和之④。我有好爵，吾与尔靡之⑤。

六三：得敌，或鼓或罢，或泣或歌⑥。

六四：月几望，马匹亡⑦，无咎。

九五：有孚挛如⑧，无咎。

上九：翰音登于天⑨，贞凶。

附：

《彖》曰：中孚，柔在内而刚得中，说而巽，孚乃化邦也。"豚鱼吉"，信及豚鱼也。"利涉大川"，乘木舟虚也。中孚以"利贞"，乃应乎天也。

《象》曰：泽上有风，中孚。君子以议狱缓死。"初九虞吉"，志未变也。"其子和之"，中心愿也。"或鼓或罢"，位不当也。"马匹亡"，绝类上也。"有孚挛如"，位正当也。"翰音登于天"，何可长也。

注　释

① 中孚：卦名。信发于中谓中孚。孚，信。
② 豚鱼吉：用豚及鱼祭祀则吉。豚（tún），小猪。

③ 虞吉,有它不燕:安则吉,若有意外则不安。虞,安。它,意外。燕,帛书《易》作"宁",通"晏",有安之意。

④ 鸣鹤在阴,其子和之:鹤在树荫下鸣叫,小鹤应声而和。"阴"通"荫",即树荫。和,相应。

⑤ 我有好爵,吾与尔靡之:我有美酒,我与你共同分享。好爵,美酒。爵,饮酒之器,在此指酒。尔,你。靡,又作"縻""糜""劘"。帛书《易》作"羸","羸""縻""劘""靡"同在"歌"部,或可相通。其义为大索,引申为系恋、共享。

⑥ 得敌,或鼓或罢,或泣或歌:打败了敌人,有击鼓者,有凯旋者,有哭泣者,有歌唱者。得,取。或,有的。鼓,击鼓。罢,凯旋班师。泣,哭泣。

⑦ 月几望,马匹亡:在既望日,马匹丧失。

⑧ 有孚挛如:有诚信系恋。(详释见《小畜》九五爻)

⑨ 翰音登于天:祭祀时用鸡祭天。翰音,鸡。凡祭宗庙之礼,祭品中鸡曰翰音。翰,帛书《易》作"鹌",古"翰""鹌"通。

今 译

中孚:用豚鱼(祭祀)则吉。利于涉越大河,利于守正。

初九:安则吉,有意外则不安。

九二:鹤在树荫之下鸣叫,小鹤应声而和,我有美酒,我愿与你共享。

六三:打败了敌人,(士兵)有击鼓者;有凯旋班师者;有哭泣者;有歌唱者。

六四:在既望之日,马匹丧失,但却无咎。

九五:有诚信系恋,无灾。

上九:祭祀时用鸡祭天,占问则凶。

小过（六十二）

经文：

☷☳ 小过①：亨，利贞。可小事，不可大事②。飞鸟遗之音③。不宜上，宜下④。大吉。

初六：飞鸟以凶⑤。

六二：过其祖，遇其妣⑥，不及其君，遇其臣⑦，无咎。

九三：弗过防之，从或戕之⑧，凶。

九四：无咎，弗过遇之，往厉必戒⑨，勿用，永贞⑩。

六五：密云不雨，自我西郊⑪，公弋取彼在穴⑫。

上六：弗遇过之，飞鸟离之⑬，凶，是谓灾眚。

附：

《彖》曰：小过，小者过而亨也。过以"利贞"，与时行也，柔得中，是以"小事吉"也。刚失位而不中，是以"不可大事"也。有"飞鸟"之象焉，"飞鸟遗之音，不宜上，宜下，大吉"，上逆而下顺也。

《象》曰：山上有雷，小过。君子以行过乎恭，丧过乎哀，用过乎俭。"飞鸟以凶"，不可如何也。"不及其君"，"臣"不可过也。"从或戕之"，"凶"如何也。"弗过遇之"，位不当也。"往厉必戒"，终不可长也。"密云不雨"，已上也。"弗遇过之"，已亢也。

注　释

① 小过：卦名。"过"有经过、超过之意，引申为过度、过失、罪过。小过，指小的过失，即差错。

② 可小事，不可大事：可做小事，不可做大事。古人以出征、祭祀为"大事"，普通事为"小事"。

③ 飞鸟遗之音：飞鸟过后，遗音仍在。遗，遗留。

④ 不宜上，宜下：（做事）适合于下，而不宜于往上。

⑤ 飞鸟以凶：飞鸟带来了凶兆。以，与、带来。

⑥ 过其祖，遇其妣：越过祖父，去见祖母。祖，祖父。妣（bǐ），祖母。亦有说妣为母之通称者。

⑦ 不及其君，遇其臣：没有到君那里，而见到臣仆。不及，没达到。臣，帛书《易》作"仆"。"仆""臣"古同。

⑧ 弗过防之，从或戕之：没有过失要防过失，放纵就有被杀的危险。弗，不。从，即纵。或，有。戕（qiāng），杀害。

⑨ 弗过遇之，往厉必戒：没有过失而遇（过失），前往有危厉，必需警戒。厉，危厉。

⑩ 勿用，永贞：此事不要做，要永远恪守正道。永，永远。贞，正。

⑪ 密云不雨，自我西郊：乌云密布，从我西郊而来，但不下雨。（见《小畜》卦辞）

⑫ 公弋取彼在穴：公射鸟，在穴中取得了鸟。弋（yì），带绳子的箭，此箭射出后可以拉回。帛书《易》作"射"，故"弋"在此为射箭之意。"彼"指射中的鸟。

⑬ 弗遇过之，飞鸟离之：没有相遇而有过失，飞鸟被捕捉。离，帛书《易》作"罗"，"离""罗"通，乃捕鸟之网。

今　译

小过：亨通，宜于守正，可以做小事，不可以做大事。飞鸟过后遗音犹在，不宜上，而宜于下，大吉。

初六：飞鸟带来了凶。

六二：越过祖父（不见），而与祖母相见，不到君王那里，而与臣仆相遇，无害。

九三：没有过失应加以防范，放纵有被杀的危险，凶。

九四：无害，没有过失而逢（过失），前往有危险，必定要警戒，这样的事不要做，要永远恪守正道。

六五：乌云密布从我西郊而来，但不下雨。某公射鸟，在穴中得到了它。

上六：没有相遇而有过失，（如同）飞鸟被捕捉，有凶，这就叫灾祸。

既济（六十三）

经文：

䷾既济①：亨小，利贞②。初吉，终乱③。

初九：曳其轮，濡其尾④，无咎。

六二：妇丧其茀，勿逐⑤，七日得。

九三：高宗伐鬼方，三年克之⑥，小人勿用。

六四：繻有衣袽，终日戒⑦。

九五：东邻杀牛，不如西邻之禴祭⑧，实受其福⑨。

上六：濡其首⑩，厉。

附：

《彖》曰：既济，"亨"，小者亨也。"利贞"，刚柔正而位当也。"初吉"，柔得中也。"终"止则"乱"，其道穷也。

《象》曰：水在火上，既济。君子以思患而豫防之。"曳其轮"，义"无咎"也。"七日得"，以中道也。"三年克之"，惫也。"终日戒"，有所疑也。"东邻杀牛"，"不如西邻"之时也。"实受其福"，吉大来也。"濡其首厉"，何可久也。

注　释

① 既济：卦名。既，已、尽。济，本意为渡水，引申为成功、成就。
② 亨小，利贞：有小的亨通，宜于守正。亨小，即小亨。贞，正。
③ 初吉，终乱：最初吉利，终则出现乱子。
④ 曳其轮，濡其尾：拖拉车轮，沾湿了车尾。曳，牵引、拖拉。轮，帛书《易》作"纶"，古"轮""纶"互通，指车轮。濡，沾湿。
⑤ 妇丧其弗，勿逐：妇人丧失了头上的首饰，不要追寻。弗（fú），又作"髯""髢"等，帛书《易》作"髪"，此泛指首饰。
⑥ 高宗伐鬼方，三年克之：殷高宗讨伐鬼方，经过了三年才取胜。高宗，殷代中兴帝王，名武丁。"鬼方"是殷时西北边疆的冈家。根据出土的卜辞记载，殷高宗曾与"苦方""土方"发生战争，有说"苦方"即"鬼方"，亦有说"鬼方"即后来的匈奴。
⑦ 繻有衣袽，终日戒：船漏水，用衣服塞漏船，终日戒备。繻（rū）通襦、濡，即濡湿。袽（rú），败衣。
⑧ 东邻杀牛，不如西邻之禴祭：东邻杀牛举行盛大的祭祀，不如西邻进行简单的祭祀。东邻，东边的邻居，前人多解作殷人。西邻，西边的邻居，前人又解作周人。禴，帛书《易》作"濯"。殷人春祭，周人夏祭，皆称为"禴"，这种祭祀比较简单。
⑨ 实受其福：实际受到上天赐福。受，蒙受。
⑩ 濡其首：（渡水）沾湿了头。

今 译

既济：有小的亨通，宜于守正。最初吉利，最终混乱。

初九：（渡水时）拖拉车轮，沾湿了车尾，无灾咎。

六二：妇人丢失了头上的首饰，不要追寻，七天即可复得。

九三：殷高宗讨伐鬼方，经过了三年才取胜，不可起用小人。

六四：（船）漏水濡湿，用衣袽塞漏船，终日戒备。

九五：东邻杀牛（举行盛大祭祀），不如西邻进行简单的祭祀，而实际受到上天赐福。

上六：弄湿了头，有危厉。

未济（六十四）

经文：

䷿未济①：亨。小狐汔济，濡其尾②，无攸利。

初六：濡其尾，吝。

九二：曳其轮，贞吉③。

六三：未济，征凶，利涉大川。

九四：贞吉，悔亡。震用伐鬼方④，三年有赏于大国⑤。

六五：贞吉，无悔，君子之光有孚⑥，吉。

上九：有孚于饮酒⑦，无咎。濡其首，有孚失是⑧。

附：

《彖》曰：未济，"亨"，柔得中也。"小狐汔济"，未出中也。"濡其尾，无攸利"，不续终也。虽不当位，刚柔应也。

《象》曰：火在水上；未济。君子以慎辨物居方。"濡其尾"，亦不知极也。"九二贞吉"，中以行正也。"未济征凶"，位不当也。"贞吉悔亡"，志行也。"君子之光"，其晖"吉"也。"饮酒濡首"，亦不知节也。

注　释

① 未济：卦名。"济"为渡水，引申为成功，未济之义与"既济"相反，指事未成、未完。

② 小狐汔济，濡其尾：狐狸几乎渡过河时，沾湿了尾巴。汔，帛书《易》作"气"。"汔""气"通，其义为"几""几乎"。濡，沾湿。

③ 曳其轮，贞吉：拖拉车轮，占问则吉。曳，牵引。贞，问占。此爻竹书《易》有"利涉大川"一句。

④ 震用伐鬼方：动用（兵卒）讨伐鬼方。此指周人讨伐鬼方。震，动。又说通"振"，即振奋、威武。

⑤ 三年有赏于大国：经过三年（作战取胜）得到了大国的奖赏。赏，奖赏。于，在。"大国"又作"大邦"，指殷商。

⑥ 君子之光有孚：君子的光辉，在于有诚信。光，光辉。孚，诚信。

⑦ 有孚于饮酒：寓诚于饮酒之中。

⑧ 有孚失是：虽有诚而失正。失是，为失正。

今　译

未济：亨通顺利，小狐狸几乎渡过河时，沾湿了尾巴，没有什么利。

初六：沾湿了尾巴，将有吝羞。

九二：拖拉车轮，占问则吉。

六三：未能成功，出征则凶，利于涉越大河。

九四：占问则吉，后悔之事消失，（周人）动用（兵力）讨伐鬼方，经过三年（取胜），得到了大国的奖赏。

六五：占问则吉，无后悔之事。君子的光辉，在于有诚信，这是吉利的。

上九：寓诚信于饮酒之中，无咎害；（若醉后）以酒濡头，虽有诚而失正。

周易传文白话解

易传总论

一、《易传》名称由来

所谓《易传》,古人通称"十翼"。

"十翼"之名,最早见于《易纬·乾坤凿度》:"孔子……五十究《易》,作十翼明也。"它包括《彖上》《彖下》《象上》《象下》《系辞上》《系辞下》《文言》《说卦》《序卦》《杂卦》共十篇。是古人解释发挥《周易》卦名、卦辞和爻辞的权威著作。

在先秦,人们已将这种解释、发挥《周易》卦爻之辞的文字,称作《易传》。《战国策·齐宣王见颜斶》载:"是故《易传》不云乎'居上位,未得其实,以喜其为名者,必以骄奢为行。据慢骄奢,则凶从之。是故无其实而喜其名者削,无德而望其福者约,无功而受其禄者辱,祸必渥。'故曰:'矜功不立,虚愿不至。'"

这段文字不见于"十翼",可知当时有不同的解《易》传本流行。

《易大传》一词,最早见于西汉。《史记·太史公自序》及《汉书·司马迁传》所引《易大传》之文,皆为"天下一致而百虑,同归而殊涂",此为《系辞》之语。然而,《汉书·郊祀志》又曰:"《易大传》曰:'诬神者殃及三世。'"这种极其畏神而又带着明显报应思想的语句却从不见于"十翼"之文。与《系辞》"诬善之人,其辞游"的思想相差太远!由此看来,《易大传》的内容,在西汉时代,并不像有的人理解的那样,仅仅指"十翼"。大概泛指当时所有的解《易》传本。当时对于这些解《易》传本,或称《易传》,或称《易大传》,或干脆称《易》曰,并无严格的规定。古籍中称"《易》曰"而不见诸"十翼"者亦甚多,像《淮南子·缪称训》:"故《易》曰:'《剥》之不可以遂尽也,故受之以《复》。'"《汉书·司马迁传》:"故《易》曰:'差以毫厘,谬以千里。'"《汉书·东方朔传》:"故《易》曰:'正其本,万事理,失之毫厘,差以千里。'"(另外《礼记·经解》及《说苑·建本篇》亦引此句,文字稍有不同)《说文》释"相"字:"《易》曰:'地可观者,莫可观乎木。'"《说苑·敬慎篇》:"《易》曰:'有一道,大足以守天下,中足以守国家,小足以守其身,《谦》之谓也。'"又:"《易》曰:'不损而益之,故损,自损而终,故益。'"《盐铁论·遵道篇》:"文学引《易》曰:'小人处盛位,虽高必崩,不盈其道,不恒其德,而能以善终身,未之有也。是以初登于天,后人于地。'"

凡此种种,皆不见于"十翼"之文,足证当时确有不同的解《易》传本在社会上流行,为当时的文人学士所引用。今人将"十翼"称之谓《易大传》,我们援引《战国策》为前例,仍称之谓《易传》。

二、《易传》成书年代及各篇成书先后

关于《易传》的著作年代,近人认识不一。

郭沫若在《周易之制作时代》一文中说:"我相信《说卦》以下三篇应是秦以前的作品。但是,《彖》《象》《系辞》《文言》则不能出于秦前,大概《彖》《系辞》《文言》三种是荀子的门徒在秦的统治期间所写出来的东西,《象》在《彖》之后。"

李镜池《周易探源》认为:"《彖传》与《象传》——其年代当在秦汉间;《系辞》与《文言》——年代当在史迁之后、昭宣之间。《说卦》《序卦》与《杂卦》——在昭宣后。"还以为《彖

传》与《象传》的《大象》写于秦前,《彖》《象》二传是秦汉间作品,《系辞》《文言》是经师传《易》的语录遗说的辑录,即从田何到田王孙的口传《易》说,《说卦》以下三篇,约在宣、元之间。

但多数学者认为,《易经》成书于战国年代。

张岱年先生在《论〈易大传〉的著作年代与哲学思想》一文中指出,郭沫若、李镜池的说法"疑古过勇"。张先生在进行了扎实的考据之后,指出:"《易大传》的年代应在老子之后,庄子以前。""《系辞》的基本部分是战国中期的作品,著作年代在老子以后,惠子、庄子以前。《彖传》应在荀子以前。关于《文言》和《象传》,没有直接材料。《文言》与《系辞》相类,《象传》与《彖传》相类,应当是战国中后期作品。从《象传》的内容看,可能较《彖传》晚些。总之,《易大传》的基本部分是战国中期至战国晚期的著作。"

我们认为,张岱年先生关于《系辞》的著作年代应在老子之后,惠子、庄子以前的看法是正确的。理由是:先秦第一个提出"道""器"关系的是老子。帛书《老子·德篇》:"道生之,德畜之,物刑之,而器成之。"(河上公本第五十一章"器"为"势",帛书本似更胜)而《系辞》说:"形而上者谓之道,形而下者谓之器。"——这应是对老子"道""器"关系的引申与发挥。可见《系辞》成篇于老子之后。

至于它要早于惠子、庄子,张岱年先生引用了《庄子·天下篇》所载惠施"历物"之意十事,其中第三句是"天与地卑,山与泽平",指出"天与地卑"是《系辞》"天尊地卑"的反命题。据此,肯定了《系辞》的基本部分在惠子以前就已经产生。

我们完全同意张先生的这个看法。补充证据是:《庄子·天道篇》:"夫尊卑先后,天地之行也,故圣人取象也。""天尊地卑,神明之位也。""夫天地至神而有尊卑先后之序,而况于人道乎？"这些议论，肯定也是受《系辞》的影响而发。而"圣人取象也"一句，则点出了其依据之所在。至于惠施的"天与地卑，山与泽平"，不只是《系辞》"天尊地卑"的反命题，也是《说卦》篇"天地定位，山泽通气"的反命题。这说明《说卦》的成书年代也早于惠子、庄子时期。案《庄子·天道篇》："静而与阴同德，动而与阳同波……故其动也天，其静也地。""日月照而四时行，若昼夜之有经，云行而雨施矣。"这些话，恐怕只有读了《象》与《文言》的人，才能说出来。而《庄子·渔父篇》里有这样一段："同类相从，同声相应……固天之理也。"这肯定是受启于《文言·乾》之"同声相应，同气相求"，尤其是"固天之理也"一句，更能证实这一点。《庄子·秋水篇》："年不可举，时不可止，消息盈虚，终则有始。"对照《象·丰》："日中则昃，月盈则食。天地盈虚，与时消息。"《象·剥》："君子尚消息盈虚，天行也。"以及《象·损》："损益盈虚，与时偕行。"前者受启于后者，也是不言而喻的。

由此看来，《象》《说卦》《文言》《系辞》成书年代早于庄子，基本是可信的。然而《系辞》的写成，也不会离惠子、庄子太久。因为《系辞》之中有一段说："夫《易》彰往而察来，而微显阐幽，开而当名辨物，正言断辞则备矣！""当名辨物，正言断辞"，显然打上了名家的烙印。因此，我们的看法是，《系辞》的写成，当稍早于惠子、庄子，或者与之同时。

到了荀子，他已是熟读《象》的了。试读《荀子·大略篇》："《易》之《咸》，见夫妇，夫妇之道，不可不正也。君臣父子之本也。咸，感也。以高下下，以男下女，柔上而刚下。"在这样一段三十八个字的短文中，就有三处一字不动地引用了《象》释《咸》之辞："咸，感也"，"柔上而刚下"，"男下女"。

同时，荀子深深受到《系辞》影响，从而在其文章中发挥了《系辞》的一些思想。如《系辞》："是故君子安而不忘危，存而不忘亡，治而不忘乱，是以身安而国家可保也！"《荀子·仲尼篇》："故知者之举事也，满则虑谦，平则虑险，安则虑危。"《系辞》："黄帝尧舜垂衣裳而天下治，盖取诸乾坤。"《荀子·王霸篇》："垂衣裳不下簟席之上，而海内之人莫不愿得以为帝王。"《系辞》："天下同归而殊途，一致而百虑。"《荀子·富国篇》："同求而异道，同欲而异知。"《系辞》："德薄而位尊，知小而谋大，力少而任重，鲜不及矣！《易》曰：'鼎折足，覆公餗，其形渥，凶。'言不胜其任也。"《荀子·儒效篇》："故能小而事大，譬之是犹力之少而任之重也，舍粹折无适也。"此"粹折"显然受启于"鼎折足"。

在确定了《系辞》的写作年代之后，问题就集中到《易传》的其他主要几篇，也就是《说卦》《文言》《彖》《象》的成篇先后上了。如果能确定其余几篇的先后，那么，我们以《系辞》为界，《易传》的年代问题就基本可定了。

在《易传》主要篇幅写成的先后问题上，我们的看法：《文言》肯定早于《系辞》。证据是，《系辞》"亢龙有悔。子曰：'贵而无位，高而无民，贤人在下位而无辅，是以动而有悔也。'"这一段完全引自《文言·乾》，据此，《系辞》晚于《文言》是无疑的。

《荀子》一书中也有很多地方抄自《文言》。如《荀子·劝学篇》："施薪若一，火就燥也；平地若一，水就湿也；草木畴生，禽兽群焉，物各从其类也。"《荀子·大略篇》："均薪施火，火就燥；平地注水，水流湿；夫类之相从也，如此之著也。"读完这两段文字，我们再看《文言·乾》："同声相应，同气相求；水流湿，火就燥；云从龙，风从虎。圣人作而万物睹，本乎天者亲上，本乎地者亲下，则各从其类也。"后者释《乾》卦而讲物之各从其类，行文流畅自然，显然前者受启于后者无疑。再如《荀子·不苟篇》："庸言必信之，庸行必慎之。"亦是抄自

《文言·乾》:"庸言之信,庸行之谨。"可见《文言》与《系辞》《象》一样,在当时曾对荀子产生过很大影响,由此证明《易传》的主要篇章,在荀子的时代已是非常流行了。

关于《文言》,我们有一种猜想:当初它并不只有《乾》《坤》两篇,而是六十四篇,也就是每卦一篇,为当时经师授《易》的讲义,后人在进行整理时,可能碍于六十四卦篇幅太长,故只取了六十四卦之首的《乾》《坤》两卦作为代表,其余的一概不用。我们这种猜想的证据是,在《系辞》上下两篇中,以"子曰"的形式共计讲了十六卦中的十八个爻辞。从这些解释看,它的思路和行文与《文言》极为一致。其中"亢龙有悔"一段,与《文言·乾》的解说一字不差,可见《系辞》的作者当时还见到过《文言》有关六十四卦的全部解说,他只是摘录了其中十六卦共十八个爻辞的解说。后来因为只有《乾》《坤》两卦保存下来,故《系辞》中解说《乾》卦上九爻"亢龙有悔"的一段,与《文言·乾》一字不差。

至于《象》的写成,要早于《文言》。只须将《象·乾》与《文言·乾》对比一下,事情就清楚了。

《象》的文字简炼自然,《文言》作者望《象》生义,将其前后行文顺序稍一变动,就运用到自己文章中去了。所以,《象》要早于《文言》。

关于《象》,我们同意李镜池先生的观点:《大象》与《小象》非同时写成,《大象》早,《小象》晚。

我们断定《大象》要早于《象》,为什么?先看《鼎》卦《大象》:"木上有火,鼎,君子以正位凝命。"而《象·鼎》:"鼎象也,以木巽火,亨饪也,圣人亨以享上帝……"

因《鼎》卦的《大象》说"木上有火",而其《象》则曰"鼎象也,以木巽火",《象》见《大象》而发论,明矣!

再看《剥》卦《大象》:"山附于地,剥,上以厚下安宅。"其

《彖》曰:"剥,剥也,柔变刚也。'不利有攸往',小人长也。顺而止之,观象也。君子尚消息盈虚,天行也。"文中"观象也",自然是观《大象》中的"山附于地"。所谓"山附于地",坤为地为顺,而艮为山为止,故《彖》称:"顺而止之,观象也。"

特别是《坤》卦,其《大象》曰:"地势坤,君子以厚德载物。"其《彖》拆开"厚德载物"四字而发挥出"坤厚载物,德合无疆"八字,很明显地露出了其引用《大象》的痕迹。

最后是《说卦》。我们的看法是,《说卦》肯定早于《系辞》,其主要内容(关于八经卦的取象)当整理成篇于《彖》和《大象》之前。

《说卦》早于《系辞》的证据是明显的。

《说卦》:"昔者圣人之作《易》也。将以顺性命之理,是以立天之道曰阴与阳,立地之道曰柔与刚,立人之道曰仁与义。兼三才而两之,故《易》六画而成卦。分阴分阳,迭用柔刚,故《易》六位而成章。"

《系辞》:"《易》之为书也,广大悉备,有天道焉,有人道焉,有地道焉。兼三才而两之,故六。六者非它也,三才之道也。"

对比这两段文字,可以看出,《系辞》作者是读了《说卦》之后写出的,而不会是相反。

《说卦》,是专述《周易》中"乾""坎""艮""震""巽""离""坤""兑"八个经卦的,而《大象》及《彖》《文言》是讲述六十四别卦的。《系辞》又是对《周易》这部书的理论分析与探讨。一般情况是,先有讲述,然后才会形成理论上的分析与探讨。据此,《说卦》也应较早。

细读《彖》,我们会看到对每卦卦体的论述,是《彖》上下两篇解卦的重要特点。

这样一来,问题就出现了:如果《说卦》晚于《彖》的话,那么,当时传《易》的经师们,又据何讲解《彖》中卦象呢?此其一。二,《乾》《坤》《震》《坎》《艮》《巽》《离》《兑》此八卦之《象》,其对卦体的特点或者一字不提,或者轻轻点过。这种不正常现象只有一种解释,即《说卦》是专门讲八经卦的,重为《乾》《坎》《艮》《震》《巽》《离》《坤》《兑》卦体的这八卦,其经卦特点已在《说卦》中做了详尽的说明,所以《象》也就不必细说了。据此分析,《说卦》也应早于《象》。

出于同样道理,《说卦》也不应晚于《大象》。由此观之,《说卦》中有关八卦之象的部分,是怎么也不会晚于《象》及《大象》的。另外,由《晋书·束晳传》看,晋人从魏襄王墓发现的几十车书中,就有一篇《卦下易经》,"似《说卦》而异",说明早在战国中期,或者更早,就有这种解释经卦卦象的专著了,不然的话,《左传》《国语》中筮例,人们皆以分析卦象而推断事物的吉凶,这些卦象如无传授,他们言之何据?

帛书《周易》的出土,证明即使到了西汉,尚有不同编次的《周易》传本在社会上流行,正如高亨先生所说的那样:"古代《易经》之六十四卦顺序当有几种不同之编次。"(《周易大传今注》)当时传授《周易》的经学大师们正是为了宣扬与提高今本《周易》的位置,以区别于社会上别种编次的《周易》传本,因而写《序卦》,其目的是为今本《周易》编次张目。由此看来,《序卦》的写成,较之《说卦》《象》《彖》《系辞》《文言》可能要晚些,或许是秦时的作品,甚至成篇于西汉。

至于《杂卦》,它以言简意赅的文字揭示每卦之特点与要旨。有的文字,独具创见,因手头资料不足,其著作年代尚不敢考定,但显然是自成体系的一派,因而不会太晚。

三、《易传》与孔子

根据传统说法,《彖上》《彖下》《象上》《象下》《文言》《系辞上》《系辞下》《说卦》《序卦》《杂卦》十篇解释《周易》古经的文字，系孔子所作。这种说法源于《史记》与《汉书》。

那么，我们今天所讨论的《易传》十篇是否出于孔子之手？

这个问题首先被宋人欧阳修在《易童子问》中提出来了。

他认为自《系辞》《文言》《说卦》而下，都不是孔子所作。根据是："众说淆乱，亦非一人之言也。""谓其说出于诸家，而昔之人杂取以释经，故择之不精则不足怪也。谓其说出于一人，则是繁衍丛脞之言也。其遂以为圣人之作，则又大谬矣！孔子之文章《易》《春秋》是已。其言愈简，其义愈深，吾不知圣人之作，繁衍丛脞之如此也。"

欧阳修不仅从文字上发现《系辞》《文言》《说卦》不像孔子手笔，从内容上也发现种种矛盾之处："《文言》曰'元者，善之长也。亨者，嘉之会也。利者，义之和也。贞者，事之干也。'是谓《乾》之四德。又曰：'乾元者，始而亨者也。利贞者，性情也。'则又非四德矣！谓此二说出于一人乎，则殆非人情也。"又据《系辞》："河出图，洛出书，圣人则之。""仰则观象于天，俯则观法于地，观鸟兽之文与地之宜，近取诸身，远取诸物，于是始作八卦。"《说卦》："观变于阴阳而立卦。"这样"八卦"共有三出。于是欧阳修说："谓此三说出于一人乎，则殆非人情也。"

他还从《文言》《系辞》等行文的口气上看出了问题："'何谓''子曰'，讲师言也，《说卦》《杂卦》者，筮人之占书也。"

但欧阳修仍相信《彖》《象》为孔子所作。

宋人赵汝楳在其《周易辑闻》中也疑《说卦》《序卦》《杂卦》是由汉儒窜入，《系辞》多称"子曰"，亦为门人所述，不是孔子之笔。

元人王申子在《大易辑说》中亦斥《序卦》非孔子之言。清人崔述于《洙泗考信录》中以结实的证据，证明《彖》中有的话系引用曾子之言，进一步断定《彖》《象》亦非孔子所作，"必曾子以后之人之所为"。

宋、元及清人的这些见解，引起了后人的注意，经过今人多方面的探讨、考证，基本上已经推翻了古人关于"十翼"为孔子所作的传统说法。

那么，《史记》《汉书》都说孔子为《周易》作"传"，这会不会是无稽之谈？

我们认为并不是。因为孔子离汉初不过二百多年的时间，像司马迁、班固那样对史料认真负责的人，绝不会凭空编造，他们肯定言之有据。《史记·仲尼弟子列传》及《汉书·儒林传》中曾详细列出了孔子传《易》的师承名单，从这两张名单上看，其中虽稍有不同，但他们师承授受，都是传至当时的西汉人田何。汉人最重师承关系，如无一定根据，班固等怎敢编造？

我们想，孔子是鲁国人，又在鲁国做过官，一定见到过韩宣子在鲁国所见的"《易象》与鲁《春秋》"。故《汉书·儒林传》说孔子"因鲁《春秋》，举十二公行事，绳之以文武之道，成一王法，至获麟而止。盖晚而好《易》，读之韦编三绝，而为之传"。很清楚，孔子作《春秋》，自与鲁《春秋》有极密切的关系。说孔子读《易》"韦编三绝"，也不会是妄说。如《论语·述而》："加我数年，五十以学《易》，可以无大过矣！"这正是"晚而好《易》"的证据。同时，在《论语·子路》中，孔子曾引用过《周易》之《恒》卦九三爻辞的"不恒其德，或承之羞"，并说："不占而已矣！"据此，我们可以肯定：孔子是研究过《周易》的。而"不占而已矣"也正可以说明孔子曾经"占"过。

像孔子这样的人，特别是到了晚年，在周游列国，四处碰壁之后，潜心于《周易》"而为之传"，也是合乎情理的事。故《史记》《汉书》说孔子为《周易》作传，一定是言之有据的事实。如前所述，由《左传》《国语》筮例考之，起码在春秋时代，对

《周易》的卦象就已有了统一的解释。对卦义与卦爻之辞,可能也有了注解与说明。孔子只是像删《诗》一样,对此进行了整理。一向主张"述而不作"的孔子,对这些古人《易》注,可能也作过口头解释,故《史记·孔子世家》说:"中国言六艺者,折中于夫子。"

关于这一公案,我们可以这样设想:孔子在前人说《易》的基础上,曾经对《周易》作过一些口头解释,他的弟子及后人把这些阐释记录下来,并加工补充,到战国初期至中期,形成了《彖》《象》《文言》《系辞》的主要篇章。这些篇章反映了孔子思想,是后学托孔子之名而作。

四、《易传》学术思想归属问题

《易传》学术思想的归属是一个值得探讨的问题。

清儒崔述曾指出《象》引用曾子之言:"《论语》曰:'曾子曰"君子思不出其位"。'今《象传》亦载此文。"(《崔东壁遗书·洙泗考信录》卷之三)

崔氏所言应当引起我们重视。

若看一下《彖》《象》《文言》,特别是《大象》,有些地方显然是发挥了曾子之言。如《象·震》之"君子以恐惧修省";《象·复》之"'不远'之'复',以修身也","'敦复无悔',中以自考也";《象·益》之"君子以反身修德",《象·坎》之"君子以常德行,习教事"。《象·颐》之"君子以慎言语,节饮食";《象·未济》之"君子以慎辨物居方"等等,这些话,与曾子在《论语》中表现出的自我省察的内省论是多么一致!

此外,曾子说:"有若无,实若虚。"(《论语·泰伯》)《象·咸》亦说:"君子以虚受人。"曾子说话言必称师,总是"吾闻诸夫子"(《论语·子张》),故《象·大畜》赞美"君子以多识前言往行,以畜其德"。

这自然启发我们联想到《易传》与思孟学派的关系。

侯外庐先生曾从方法论上分析《易传》与思孟学派的精神分不开。他说:"因为'显微阐幽'(下传)'探赜索隐,钩深致远'(上传)的方法与荀子精神不合,反而与其所评的思孟的方法相近。"(《中国思想通史》卷一)

我们认为《易传》之《文言》《彖》《象》应属思孟学派所整理、润色,《系辞》中亦有思孟学的内容,主要是依据如下事实:

人们都知道,《易传》里面谈"中"的地方很多,像《文言·乾》:"龙德而正中者也","重刚而不中","刚健中正"等等。至于《彖》《象》讲"中"就更多了,仅对"中"的称谓就有"中正""正中""得中""时中""刚中""中行""使中""在中""中""中直""大中""积中""中心""中道""行中""刚而过中""中无尤""未出中""中未大""久中""中不自乱""中节""中以为志""中未变""中有庆""中心为实""位中""不中""中心为正"等,共有二十九种提法。

《易传》里这种赞誉"中"的思想,并不是《彖》《象》《文言》作者的发明,实为继承《周易》古经而来。

如:《讼》卦卦辞:"有孚,窒惕。中吉,终凶。利见大人,不利涉大川。"

《复》六四:"中行独复。"

《益》六四:"中行告公从,利用为依迁国。"

《丰》卦卦辞:"亨,王假之,勿忧,宜日中。"

《丰》九四:"丰其蔀,日中见斗,遇其夷主,吉。"

周人的这种思想,在《逸周书·武顺》中亦有表述:"天道尚左,日月西移,地道尚右,水道东流,人道尚中,耳目役心。"而《左传·成公十三年》:"刘子曰:'吾闻之,民受天地之中以生。'"刘子既称"闻之",可证前人早有此说。

周人的尚中思想,在《论语》中又得到孔子的进一步肯定与赞扬,而后,子思、孟轲都称誉"中道",尤其在《中庸》里,"中"大大地被加以渲染了:"中也者,天下之大本也;和也者,天下之达道也。致中和,天地位焉,万物育焉。"

作为这条思想长链上的一环,《易传》的尚中思想应归属思孟学派,便是很自然的了。

然而最初的"中"与"正",恐为古人进行天文观察的专用术语,如《周易》古经《丰》卦卦辞里有"宜日中",其六二爻和九三爻中有"日中见斗""日中见沫"等。《史记·历书》曾引《左传》:"先王之正时也,履端于始,举正于中,归邪于终。"《史记·集解》引韦昭曰:"气在望中,则时日昏明皆正也。""中气在晦则后月闰,在望是其正中也。"皆可为其证。故《彖》《象》里面的"中",也有着不同含义:一方面,它吸收了前人著述中有关以天文观察解释《周易》古经的资料,如《彖·需》说:"位乎天位,以正中也。"《彖·姤》:"刚遇中正,天下大行也。"此"正中"与"中正"仍未失去最初作为天文术语的含义。同时,"中"在《彖》《象》里面,特别是在《象》中,还指某一爻在卦中的位置,但另一方面,主要的篇幅,却是把人的德性修养,与"中"结合在一起。如:

《彖·蒙》:"蒙'亨',以亨行时中也。"

《彖·讼》:"利见大人,尚中正也。"

《文言·乾》:"刚健中正,纯粹精也。"

《象·蛊》:"干母之蛊,得中道也。"等等。

这些"时中""中正""中道"在《中庸》中亦可见到:

"君子之中庸也,君子而时中。"

"齐庄中正,足以有敬也。"

"诚者,不勉而中,不思而得,从容中道,圣人也。"

由用共同的伦理标准赞誉"中",进而对"中"的称谓亦一致，更说明它们出于同一学派。

若进一步考察，可见思孟学派所称誉的"中道"，具体体现在"诚"上。

郭沫若在《十批判书·儒家八派的批判》中指出："思孟学派与仁义礼智为配是'天道'，'天道'是什么呢？就是'诚'，'诚者天之道也，思诚者人之道也，至诚而不动者未之有也，不诚未有能动之也'。其在《中庸》，则是说'诚者天之道也，诚之者人之道也。诚者不勉而中，不思而得，从容中道，圣人也'。"并说"诚是中道"。

由此可见，思孟学派所推崇的"诚"不仅体现"天道"，在人道中又与"中道"联系在一起。

基于此种认识，我们可以将"诚"的这个标准与《文言》中的"诚"对照一下：《文言·乾》："龙德而正中者也。庸言之信，庸行之谨，闲邪存其诚。善世而不伐，德博而化。《易》曰'见龙在田，利见大人'，君德也。""修辞立其诚，所以居业也。"

《文言》释"诚"，旨在解释取象于天的《乾》卦，显然已将"诚"与天道联系在一起了，而"德而正中"及"庸言之信，庸行之谨"，其与《中庸》之"庸德之行，庸言之谨"，仿佛出自一人之手！自然也是以守"中道"来存其"诚"的，可见对"诚"的认识，《文言》与《中庸》是完全一致的。

此外，《中庸》曾提出"凡为天下国家有九经，曰：修身也；尊贤也；亲亲也；敬大臣也；体群臣也；子庶民也；来百工也；柔远人也；怀诸侯也"。读《易传》，我们发现《中庸》的这些治国思想，在《象》《彖》中，几乎全部可以找到。

还有，《中庸》时时表现出一种遁世思想："君子依乎中庸，遁世不见，知而不悔，唯圣者能之。"《文言·乾》亦说："不易乎世，不成乎名，遁世无闷，不见是而无闷，乐则行之，忧则违之，确乎其不可拔，潜龙也。"

因思孟之学乃渊源于曾子，自然，《中庸》作者也是很清高的：“在上位，不凌下，在下位，不援上，正己而不求于人。”而《系辞》也说：“君子上交不谄，下交不渎。”

《中庸》说："博学之，审问之，慎思之，明辨之，笃行之。"《文言》则称："君子学以聚之，问以辨之，宽以居之，仁以行之。"《中庸》说："其次致曲，曲能有诚，诚则形，形则著，著则明，明则动，动则变，变则化，唯天下至诚为能化。"《系辞》："曲成万物而不遗。""其旨远，其辞文，其言曲而中。"

意味深长的是，《文言·乾》："夫'大人'者，与天地合其德，与日月合其明，与四时合其序，与鬼神合其吉凶。"《系辞》："广大配天地，变通配四时，阴阳之义配日月，易简之善配至德。""是故法象莫大乎天地，变通莫大乎四时，县象著明莫大乎日月。"而《中庸》也称："仲尼祖述尧舜，宪章文武；上律天时，下袭水土。辟如天地之无不持载，无不覆帱；辟如四时之错行，如日月之代明。"

《文言》《系辞》《中庸》都一致以"天""地""四时""日""月"依次对举，这里面是否透露出思孟学派"案往旧造说，谓之'五行'"的内容呢？

因为郭老在《十批判书》中曾引《礼记·月令》："天秉阳，垂日星，地秉阴，窍于山川，播五行于四时，和而后月生也。"认为《月令》是属于思孟学派的撰述（《儒家八派的批判》），而这段文字亦是以"天""地""四时"及"月"以此对举的。不可忽视的是"播五行于四时"一句，既然《文言》《系辞》《中庸》都以与《月令》同样的次序提到了"四时"，是否这里面也含有"播五行于四时"的内容？

总之，由以上所考看，《易传》之《彖》《象》《文言》为思孟学派所整理、润色，《系辞》中亦有思孟学派的内容，当是比较清楚的事实。

五、《易传》与《周易》古经的分与合

《易传》在战国成书后,并未引起学者重视而广为流传。《晋书·束皙传》云:"太康二年,汲郡人不準盗发魏襄王墓,或言安厘王冢,得竹书十车。……其《易经》二篇,与《周易》上下经同。《易繇阴阳卦》二篇与《周易》略同,繇辞则异。《卦下易经》一篇,似《说卦》而异。"从魏墓中所发现《易经》看,战国时《周易》有不同本子在流传,而"无《彖》《象》《文言》《系辞》"(杜预《春秋经传集解·后序》),只有《卦下易经》,"似《说卦》而异",这说明当时《周易》经传是分离的。汉初,《易传》已广为流传,《韩诗外传》《史记》《淮南子》等也都引用《易传》言论。但是当时《周易》经传仍然没有混杂,至少在文帝年间是这样。马王堆出土的帛书《周易》即是例证。帛书《周易》分为两大部分,一部分是《周易》六十四卦(包括卦画卦爻辞),一部分是《易传》(只有《系辞传》),经传分明。到武帝时,由于独尊儒术,废黜百家,古经上下篇及《易传》合称为《易经》,并尊奉为"五经"之首。但当时《周易》经传虽合而有分。《汉书·艺文志》:"《易经》十二篇,施、孟、梁丘三家。"颜师古注:"上下经及十翼,故十二篇。"此注极为明确地记载了这点。案《系辞》:"二篇之策,万有一千五百二十。"《晋书·束皙传》:"其《易经》二篇,与《周易》上下经同。"当知《周易》分为二篇。其余十篇当为"十翼"。《汉书·儒林传》所言费直以"十篇"之言解经即指此。

那么,《周易》经传相杂,起于何时何人?

一、宋代欧阳修指出:"及汉募群书类多散逸,而《易》以故最完,及学者传之,遂分为三,……三曰费氏之《易》,亦无师授,专以《象》《彖》《文言》等参解卦文,凡以《彖》《象》《文言》杂入卦中者,自费氏始,……费氏兴,而田学遂息,古

十二篇之《易》遂亡其本。"(《崇文总目叙释·易类》)邵博曰："先儒谓费直专以《彖》《象》《文言》参解《易》爻，今入《彖》《象》《文言》于卦下者，自费氏始。"(朱彝尊《经义考》卷三十)宋代冯椅、晁公武、吴仁杰，元代胡一桂、董真卿，明代杨时乔、何楷，清代顾炎武、李光地、姚配中、皮锡瑞等皆主此说。

二，不同意此说者也不乏其人。如《三国志·魏志》引淳于俊话："郑玄合《彖》《象》于经者，欲使学者寻省易了也。"据此，宋代朱震认为经传相配是从郑玄开始，由王弼完成。"前汉费直传古文《周易》……康成始以《彖》《象》连经文……魏王弼又以《文言》附于《乾》《坤》二卦，故自康成而后，其本加'彖曰'、'象曰'，自王弼而后加'文言曰'。"(《汉上易传·丛说》)宋代吕大防、周燔、吕祖谦、朱熹、税与权、俞琰及明代王云凤、清代毛奇龄、尚秉和等人所论类同。

三，唐代孔颖达则认为，经传相杂当始于王弼。"夫子所作《象辞》，原在六爻经辞之后，以自卑退，不敢于乱先圣正经之辞，及至辅嗣之意，以为《象》者本释经文，宜相附近，其义易了，故分爻之《象辞》各附其当爻言之。"(《周易正义》卷一)

笔者管见，定费直始合传于经，史无明言，不可信。其一，《汉书》称费氏"亡章句，徒以《彖》《象》《系辞》十篇文言解说上下经"。费氏以传解经，未必以传合经。其二，刘向以中古文《易》校诸家《易》，唯费氏《易》与古义同，这不仅是指文字同，显然编次亦同。其三，在费氏《易》兴起之后，仍有"十二篇"之《易》在流传，东汉灵帝熹平四年所刻古经《周易》，即是"经传分列，不相杂厕"，与今本不同(详见蒙传铭《周易成书年代考》)。这足以证明，费氏之时，《周易》经传没有混杂。朱震等人认为当从郑玄开始，考《三国志·魏志》，虽明确提出"郑玄合《彖》《象》于经者"，但此是作为一种观点提出加以商榷的,《三国志》的作者对此是持否定态度的。故笔者认为,王弼具有反传统精神,变乱费本编次者当是王弼。清儒姚配中不同意这种观点,提出了"荀虞注其于爻传皆有'象曰'之称,疑亦非始自弼也"(《周易姚氏学》)。姚氏在此提出了一个很重要的问题。荀虞注其于爻传皆有"象曰"之语,并怀疑今本编次非始于王弼。笔者认为:荀虞旧注经唐人整理,恐已按当时官定王弼编次做了订正,故仅凭此而说明王弼编次早已形成,恐欠说服力。

因此,从费氏以传解经开始,中经马融、郑玄等师承传授,到王弼《周易注》,成为今本《周易》编次,即《彖》《象》分置于对应的卦爻之下,《乾》卦例外,《乾》卦的《彖》《象》是附在《乾》爻辞之后。即先卦辞、爻辞,再附《彖》《象》,最后附上《文言》。《系辞》《说卦》《序卦》《杂卦》总附在上下经之后。

唐代孔颖达奉命修《周易正义》,取王弼《周易注》而为之疏,使王弼本定为一尊,宋代程颐、苏轼、张载、朱震、李衡、项安世、王宗传皆用弼本。特别是董楷合刊程氏《易传》和朱子《本义》,作《周易传义附录》,析朱子《本义》以从程氏《易传》(程氏用弼本,朱子用吕祖谦所定古本)。明修《周易大全》采用董氏之书,故仍沿其误,并广为流传。到清阮元刻《十三经注疏》取《周易正义》,于是王弼本成为今之范本。

王弼本子,经传相合,似乎还不彻底,因而古代有许多学者进一步将《易传》分割,附在与经文对应的地方。唐代李鼎祚作《周易集解》将《序卦》进行分解,逐条冠于每一卦经文之首,后宋代程颐作《易传》也援其例。周燔《九江易传》,在卦辞前列《大象》,卦辞后列《彖传》。赵汝楳作《周易辑闻》,于卦辞前列《大象》,卦辞后列《彖传》,《小象》散附爻辞之后。《文言》附《乾》《坤》《彖传》及《小象》之后,并删去"象曰""象曰""文言曰",李过作《西溪易说》,又于《乾》《坤》卦辞下缀入《象传》,且于《象传》内缀入《文言》,然后继以《大象》,把《文言》中间一段分缀各爻《小象》之下。蔡渊作《周易经传训解》,以《大象》置卦辞下,以《象传》置《大象》之后,以《小象》置爻辞后。元代董真卿撰《周易会通》,分传附经与王弼有所不同,"编次伏羲文王周公之经,而翼以孔子之传,各为标题,使相统而不相杂,其无经可附之传,则总附于六十四卦之后,是为经传"(《四库全书总目·经部,易类》)。明末刘宗周著《周易古文钞》,与董真卿类似,以王弼本《乾》卦之例为准,把其他六十三卦《彖》《象》二传集中在每一卦经文之后。清朱宗洛作《易经观玩篇》,每卦画六爻于前,分书初九、九二等字于爻画之中,右列爻辞,左列《小象》,而后列卦辞及《彖传》,至《文言》《大象》则另录置《系辞》前。

然而,易学史上亦有许多学者反对分传附经。他们根据《汉书》所称《周易》十二篇,对《周易》经传编次进行考证,力图恢复《周易》原貌,因而形成了《周易》复古派。徐宗儒先生认为,"恢复古《易》之举,盖肇端于三国时蜀人李譔之《古文易》"(《大易集成》之《周易经传分合考》)。其实真正恢复古《周易》是在宋代,宋初邵雍编《古周易》(因在百源成书,又称《百源易》),始把经、传各自独立成篇。但《宋志》无记载,案邵博之说,此书为"《卦爻》一、《彖》二、《象》三、《文言》四、《系辞》五、《说卦》六、《序卦》七、《杂卦》八,其次序不相杂也"(引自朱彝尊《经义考》卷八)。吕大防编《周易古经》,据《汉书·艺文志》之数分为十二篇,使经传分开。此后,宋代晁说之作《录古周易》八卷,薛季宣作《古文周易》十二卷,程迥作《古周易考》一卷,李焘作《周易古经》八卷,吴仁杰作《古周易》十二卷,吕祖谦作《古周易》一卷,朱熹作《周易本义》十二卷,大致相互出入。其中,影响最大的当是吕祖谦《古周易》,他考订篇目为上经、下经,《彖上传》第一,《彖下传》第二,《象上传》第三,《象下传》第四,《系辞上传》第五,《系辞下传》第六,《文言传》第七,《说卦传》第八,《序卦传》第九,《杂卦传》第十。朱熹《周易本义》即根据吕本而作,元吴澄作《易纂言》,明邓伯羔作《古易诠》、清李光地撰《周易折中》、惠栋作《周易述》等皆遵其例。这便是所谓古《易》本。

自宋代以后,今本《易》与古《易》两个本子并存,斗争激烈。然而中国人有着调和折中的历史传统,在《周易》经传分合上也不例外,有人力图调和两家,宋代董楷作《周易传义附录》提出"程子《易传》依王弼次序,而朱子则用《古易》次序,以《彖传》《大小象传》《文言》各自为卷,今不敢离析程,传,又不敢尽失朱子之意"。元代董真卿也认为:"于古《易》今《易》四圣人之书,虽异而实同,程朱先生《易传》《本义》于是可合而观之矣。"(《周易会通·凡例》)但是二董主要在注释方面合今古之《易》,而在编次方面,虽然《周易》传与经不相杂,但还是将传割裂,属今《易》派。到了明代何楷才使《周易》经传分合达到了统一,何楷著《古周易订诂》,兼顾今本与古本两个编次。前分上下经六卷,割裂《易传》而附经文,《周易》古经六十四为三十二对,先以《易传》有关部分总释两卦,后以《易传》分别释每一卦。如先分《系辞》《说卦》《序卦》《杂卦》有关论述总释《乾》《坤》两卦,然后割《系辞》等分释《乾》《坤》卦,分割之细,前所未有,但七卷后又列十翼之原文。

至于《易传》分篇、每篇命名及校勘等,则更为复杂,同样都是古《易》,但分篇、命名、校勘却又大不相同。如宋胡旦的《易传》十篇是把《彖》视为一篇,《象》分为大、小两篇,《文言》分为两篇,其余与通行本相同。而胡瑗《易传》十篇分《象》为上下,合《文言》为一篇。邵雍合《象》《彖》《系辞》均各为一篇,清人宋书升分《易传》为十二篇。定《易传》

有错简而进行更正者更不乏其人。如周燔把《文言》中设问答一段移置于后，将《说卦》开头两段移入《系辞》中，将《系辞》"天地定位"以下视为《说卦》首章。吴仁杰把《大象》称"象传"；把《小象》称为"系辞"；把原《系辞》置《文言》后，改为《说卦》上中篇，原《说卦》为下篇。俞琰把《大象》改为"象辞"，移入《象传》之前；把《小象》改为"爻传"，而置《象传》之后，《文言》放《系辞》之前。元人吴澄"以《系辞传》中，说上下经十六卦十八爻之文定为错简，移置于《文言传》中"（《四库全书总目·经部·易类》）。明杨时乔于《易传》内"多改《象传》入《文言》，改'天行健'等《象传》入《系辞》，改'天尊地卑'等《系辞》入《说卦》"（引朱彝尊《经义考》卷六十）。

纵观历代易学著作，对《易传》分篇、命名、更正纷纭繁杂，五花八门，多为臆断，不足为信。虽为研究的需要，按一定的逻辑、标准对《易传》进行编次、分篇未尝不可，但并非符合《易传》的原貌，考《汉书·艺文志》、帛书《周易》及汉石经《周易》，吕祖谦的本子较合乎汉代易本。

总之，《易传》本子是独立成篇的。自汉开始，《易传》逐渐被分附到《周易》经文中，到魏王弼完成。唐孔颖达因王弼本作《周易正义》，古《易》遂不复存在。经宋代吕大防、程迥、吕祖谦等人考证，恢复了古《易》原貌。自此，《周易》有两个不同编次的本子流行。宋董楷、元董真卿力图调和折中，但没有冲破经传相合的束缚。明修《周易大全》，抑古本，用今本，使今本再度占据主流。而何楷作《古周易订诂》，前分传附经，后列《易传》原文，使今、古《易》得到调和。清初由于政治上的原因，复古之风大兴，古《易》逐渐占了上风。从李光地撰《周易折中》到《四库全书》问世，皆崇古本，直到清末阮元刻《十三经注疏》，今本又取代了古本。从今天出版的《周易》著作看，多数是分传入经者，仍宗王弼本。

我们认为，诚然《周易》经传相合，两相对照，可以"使学者寻省易了"，便于解经。但《周易》经传相杂，既改变了《周易》古经原貌，又割裂了《易传》体系，正如吕大防所言："王弼专治《彖》《象》以为注，乃分缀卦爻之下，学者于是不见完经，而《彖》《象》次第贯穿之意，亦缺然不属。"（同上卷九）我们知道：《周易》经传毕竟是两个不同时代的产物，因而有着不同的特点。（一）两者性质、功用不同。《周易》古经本为占筮之书，当时功用就是示人以吉凶悔吝，决断天下之疑，为人们行动提供指南。《尚书·洪范》所言"稽疑择建立卜筮人"，"汝则有大疑……谋及卜筮"，即是此意。从《国语》《左传》看，《周易》大部分被用于筮占。然而《易传》则不同，它以解经为宗旨，通过解释《周易》而阐发自己的学说。《易传》从《周易》卦象及卦爻辞中引申出三才之道、道德修养、等级观念等一系列理论。因而《易传》实际上是一部哲学典籍。（二）两者成书所吸收的思想资料不同。《周易》卦爻辞主要来源于筮人对筮事的记录。高亨先生指出："筮人将其筮事记录，选择其中之奇中或屡中者，分别移写于筮书六十四卦爻之下，以为来时之借鉴，逐渐积累，遂成《周易》卦爻辞之一部分矣。"（《周易古经今注》卷首，中华书局1984年）而《易传》则不同，它是以儒家学说作为其主要思想营养，同时又杂取道家、阴阳家、名家等百家思想。如它的伦理道德学说取自儒家，阴阳变化学说则取自道家。（三）两者逻辑体系不同。《周易》古经分为六十四卦三百八十四爻，卦与卦之间、爻与爻之间、卦画与卦辞之间、爻画与爻辞之间、卦辞与爻辞之间的逻辑联系并不十分密切。正是在这个意义上，朱伯崑先生称《周易》只有形式上的体系"（《周易研究中值得商榷的几个问题》，《周易研究》1991年第2期）。而《易传》十篇自成体系，表面看来，篇与篇之间似乎没有多大联系，但由于各篇是从不同角度来诠释《周易》古经,因而十篇相互补充,相辅相成,基本上形成了一个完整的体系。(四)两者思维水平不同。《周易》古经成书早,思维水平较低。从卦爻辞看,大部分是对具体事物的描述和记录。虽然其中不乏辩证思维的火花,如《乾》卦六爻"龙"由"潜"到"飞"的变化,《泰》卦九二爻辞对"平""陂""往""复"的阐述等。但总的说来,它仍属于带有原始性的、具体的形象思维。而《易传》思维水平比较高,由于它产生于理性觉醒的战国时代,受百家之学的启发和影响,无论是思维的深度还是广度,都达到了空前的水平,从某种意义上讲,它是对诸子百家之学的总结和超越。特别是它的整体性原则、阴阳变化理论、时中学说等等,规定和影响了中国古代辩证法思维的发展,是中国哲学的源头活水。因此,我们认为,《周易》经传相附,虽有利于解经,但容易造成经传不分,不利于对两者自身所具有的体系、价值、特点等进行研究。故今天研究《周易》将经传分开,似乎势在必行。

《易传》白话解义

彖上

彖。《系辞》:"彖者,材也。"材通裁,有裁断义。裁断一卦之义的文辞叫彖辞。

大哉"乾元",万物资始,乃统天①。云行雨施,品物流形②。大明终始,六位时成,时乘六龙以御天③。乾道变化,各正性命,保合太和,乃"利贞"④。首出庶物,万国咸宁⑤。

注 释

此释《乾》卦"元亨,利贞"之义。

① 大:阳为大,乾六爻纯阳故曰大。元:《乾》卦卦辞,当训为始。《文言》:"乾元者,始而亨者也。"《公羊传》曰:"元年者何?君之始年也。"资:取。统:本、属。"夫统者,属也。"(《魏志·管辂传》注引辂别传)此是说六十四卦皆受始于乾,犹万物之生本属于天。万物:本指自然界万物,此处实指代表万物的六十四卦,即《系辞》:"二篇之策,万有一千五百二十,当万物之数。"

② 施:布。品:《说文》"品,众庶也"。

③ 大明终始:指《乾》卦初爻到上爻皆为阳,始终有日普照。大明,《礼记·礼器》"大明生于东,月生于西"。郑注:"大明,日也。"《象》曰:"明出地上,顺而丽乎大明。"即是其证。终,谓上爻。始,谓初爻。六位:

指六个爻位。时成：指每一爻皆有时。如位于初则"潜"，位于五则"飞"，位于上则"亢"等。六龙，指六个阳爻。以龙喻阳。《乾》为六阳，故称六龙。御：驾御。

④ 各正性命：指各守性命之正。正，是释"贞"。性命，指本性。《荀子·正名》："生之所以然者谓之性。"《礼记·本命》："分于道谓之命，形于一谓之性，化于阴阳象形而发谓之生，化穷数尽谓之死，故命者，性之终也。"保：常存。和：和合、中和。此释"利"。"利者，义之和也。"（《文言》）

⑤ 首：始。庶：众。咸：都。笔者以为，此"首出庶物"，即"万物资始"，而"保合太和"，故"万国咸宁"。

今译

伟大啊，乾元！万物就是因为有了它才开始，故而本于天。云气流行，雨水布施，众物周流而各自成形，阳光运行于（《乾》卦）终始，六爻得时而形成，时乘（《乾》卦六爻）的六龙，以驾御天道。（本于天的）乾道在变化，（万物）各自正定其本性与命理，保全住太和之气，才能"利贞"。始出众物，万国皆得安宁。

至哉"坤元"，万物资生，乃顺承天①。坤厚载物，德合无疆②。含弘光大，品物咸"亨"③。"牝马"地类，行地无疆，柔顺利贞④。君子攸行，"先迷"失道，后顺得常⑤。"西南得朋"，乃与类行，"东北丧朋"，乃终有庆⑥。"安贞"之吉，应地无疆。

注释

此释《坤》卦卦辞。

① 至：极。《说文》："鸟飞从高至地也。从一，一犹地也。"故《坤》

"元"曰"至"。承：受。

②疆：一本作"壃"，指边际。

③含弘光大：此言坤动静之性。游酢曰："其静翕也，故曰含弘。……其动也辟曰故广大。"（《周易折中》卷九）（《周易费氏学》引）此说合《系辞》"夫坤，其静也翕，其动也辟，是以广生焉"。弘，大。光，广。

④牝马地类：指牝马属坤阴类。牝马，母马。马本为阳性，坤言牝马则属阴性，故称"地类"。坤为地，地类即坤类也。

⑤失道：失去坤道。

⑥乃与类行：是对"西南得朋"的解释。案《说卦》西南为坤位，故往西南与阴类同行。类，指阴类，即"西南得朋"。乃终有庆：是对"东北丧朋"的解释。东北虽然丧朋，但案《说卦》东北为艮位，艮有"成终"之义；又东北艮为阳，故坤往东北，即是阴从阳，故有"庆"。应：合。虞翻以月体纳甲之说释"乃与类行"，"乃终有庆"。虞氏曰："谓阳得其类，月朔至望。从震至乾，与时偕行，故'乃与类行'。""阳丧灭坤，坤终复生，谓月三日，震象出庚，故'乃终有庆'。此指说易道阴阳消息之大要也。谓阳三日变而成震出庚，至月八日成兑见丁，庚西丁南，故'西南得朋'，谓二阳为朋，故兑'君子以朋友讲习'之。《文言》曰：'敬义立而德不孤。'《象》曰：'乃与类行。'二十九日消乙入坤，灭藏于癸，乙东癸北，故'东北丧朋'，谓之以坤灭乾，坤为丧故也。"引虞氏之说以备参考。

今 译

至极啊，坤元！万物依赖它而生成，故顺承天道。坤用厚德载养万物，德性（与天）相合而无边无际，（坤道）能包含宽厚而广大，众物全得"亨通"。"牝马"属于地类，奔行于地而无边，（它）柔顺而宜于守正。君子有所往，"先迷"而失其道，"后"柔顺而得其道。"西南得到朋友"，则是与朋友同行，"东北丧失朋友"，最终将有吉庆。"安于守正"之吉，是因为（天道）应合地道而无边。

屯，刚柔始交而难生，动乎险中，大亨贞①。雷雨之动满盈，天造草昧，宜"建侯"而不宁②。

注　释

此释《屯》卦卦名与卦辞之义。

① 刚柔始交而难生：《序卦》"屯者，物之始生也"，故曰"刚柔始交"。"屯"字象草木初生，勾而未舒，故有"难"之义。从卦象看，《屯》卦下震上坎，下震为乾坤所生，"乾刚坤柔"，故为"刚柔始交"。上坎为险，故曰"难生"。动乎险中：《屯》卦下震为动，上坎为险。

② 雷雨之动：《屯》卦震为雷，坎为雨。满盈：《序卦》"屯者，盈也"。造：生。草昧：指万物萌芽状态。吴翊寅曰："草昧，《汉书叙传》引作'屮昧'。《说文》'屮，帅木初生也'。古文或以为帅字读若彻。屯，从屮贯一，象草木萌芽也，通彻地上。董遇云：草昧，微物也，即所谓草木之萌芽也。昧古文也作末，《毛诗》疏云：'昧者，木生根也。'《说文》：'木上曰末，从木一在其上。'一即地也。此言屯时，万物方萌芽也。"（《周易费氏学》引）

今　译

屯，刚柔始相交而难以生成，动于险难之中。盛大"亨通而守正"，雷雨震动充满（天地之间），天始造化，万物萌发，（此时）适宜于封建诸侯，但将不安宁。

蒙，山下有险，险而止，蒙①。蒙，亨。以亨行，时中也②。"匪我求童蒙，童蒙求我"，志应也③。"初筮告"，以刚中也④。"再三渎，渎则不告"，渎蒙也⑤。蒙以养正，圣功也⑥。

注 释

此释《蒙》卦卦名与卦辞之义。

① 山下有险:《蒙》卦下坎上艮。艮为山,坎为险。险而止:《蒙》卦下坎为险,上艮为止。

② 时中:于其时而适中。时,指卦爻之时。

③ 匪:非。童蒙:幼稚蒙昧之人。志应:二五其志相应。《蒙》九二为阳,六五为阴,故二五之志相应。

④ 初筮告:第一次占筮则告诉(吉凶)。初,第一次。筮,占筮。刚中:《蒙》九二为阳刚居中,以示告而有节。

⑤ 再三渎,渎则不告:再三(来占问)是渎慢(占筮),渎慢则不告诉(吉凶)。渎,亵渎。

⑥ 圣功:圣人之功。

今 译

蒙,山下有险难,知有险难而终止,故为蒙。蒙,亨通。以亨道行动,随时而得中。"不是我求童蒙,而是童蒙求我"。志向同而相应。"初次占筮则告诉(其吉凶)",是因得刚中之道。"再三占筮(是对占筮的)亵渎,亵渎则不告(其吉凶)"。这种亵渎怠慢,是蒙昧(的表现)。将蒙昧培养入正道,这正是圣人的功绩。

需,须也①。险在前也,刚健而不陷,其义不困穷矣②。需,"有孚,光亨贞吉",位乎天位,以正中也③。"利涉大川",往有功也④。

注 释

此释《需》卦卦名与卦辞之义。

① 须：待。

② 险在前：《需》卦下乾上坎，坎为险在上，故"险在前"。刚健而不陷：《需》卦下乾为刚健，上坎为陷。虽然前有险，但因乾刚健，遇险而能通，故"不陷"。

③ 孚：诚信。天位：五为天位。此指《需》卦九五之刚居天位。正中：九五以阳居阳为"正"，为外卦中爻故曰"中"。

④ 往有功：五多功，故前往必有功。

今 译

需，等待。危险在前方，有刚健而不会陷入，其义为不困穷。需，"有诚信广大亨通，而占问吉利"，（九五爻）位于天子之位，故居正而得中道。"宜于涉越大河"，前往可以建功立业。

讼，上刚下险，险而健，讼①。讼，"有孚，窒惕，中吉"，刚来而得中也②。"终凶"，讼不可成也③。"利见大人"，尚中正也④。"不利涉大川"，入于渊也⑤。

注 释

此释《讼》卦卦名与卦辞之义。

① 上刚下险：《讼》卦下坎上乾，乾为刚在上，坎为险而在下。险而健：《讼》下坎为险，上乾为健。

② 窒惕：后悔害怕。窒，通"咥"，训为觉悔。惕，恐惧。窒惕，帛书《易》作"洫宁"。刚来而得中：此指《讼》九二爻自外卦乾而生来居内卦之中。《讼》外卦为乾，内卦为坎，案《说卦》坎是乾坤交索而得，故（九二

之)"刚来而得中"。
③ 终凶：最终有凶。讼不可成：指在争讼中不能取胜。
④ 中正：九五居中而得位，而有中正之德。
⑤ 入于渊：阳来居坎中，坎在下，故为"渊"。

今 译

讼，上有（天之阳）刚下有（坎之）陷险，有险难而得刚健，故为讼。讼，"有诚信，后悔害怕，在争讼中得吉"，阳刚来而得中位。"最终有凶"，争讼没有取胜。"适合见有权势的人"，这是崇尚中正之德。"不宜涉越大河"，（此指将）入于深渊。

师，众也①。贞，正也。能以众正，可以王矣。刚中而应，行险而顺，以此毒天下，而民从之，"吉"又何"咎"矣②。

注 释

此释《师》卦卦名、卦辞之义。
① 众：《师》下坎上坤，坤为众，坎亦为众。《国语·晋语》："坎，水也，众也。"
② 刚中而应：《师》卦九二为刚处中，六五应之。行险而顺：《师》卦下坎为险，上坤为顺。毒：本指一种害人之草，可以做药物治病，后引申为治理。《老子》所言"长之育之，亭之毒之"即是此意。

今 译

师，为众，贞，为守正道。若能使众人皆行正道，则可以为天下王。（《师》九五）以阳刚居中而应众阴，行于险难而顺利。以此道治理天下，而得民众顺从它。此乃"吉祥"，又有何"咎灾"？

比，吉也；比，辅也，下顺从也①。"原筮，元永贞，无咎"，以刚中也②。"不宁方来"，上下应也③。"后夫凶"，其道穷也④。

注　释

此释《比》卦卦名与卦辞之义。

① 吉：《杂卦》曰"比乐"，故比为"吉"。辅：亲辅。《比》下坤上坎，坤为地，坎为水，水在地上，不容有间，故为"辅"。下顺从：《比》卦下为坤，二三四互体也为坤，坤为顺而在下，故曰"下顺从"。

② 原筮：再筮。原，再一次。元永贞：开始永守正道。刚中：九五以阳刚居中。

③ 不宁方来：不安宁之事并行而来。方，俞樾云"方，并也"。上下应：指上下五阴应九五。

④ 后夫凶：后来的人有凶。其道穷：上六居卦之上，又乘五阳，故曰"其道穷"。

今　译

比，为吉比，有亲辅之义。居下而能顺从。"再次占筮，开始永守正道，无灾害"，（九五）以刚而得中。"不安宁的事情将并行而来"，上下（众阴）亲比而相应和。"后来的人有凶"，此指比道到此穷尽了。

小畜，柔得位而上下应之，曰小畜①。健而巽，刚中而志行，乃"亨"②。"密云不雨"，尚往也③。"自我西郊",施未行也④。

注 释

此释《小畜》卦名与卦辞之义。
① 柔得位：《小畜》六四之阴居阴位。柔，指六四。上下应之：上下五阳相应。
② 健而巽：《小畜》下乾上巽。乾为健，故曰健而巽。巽，一本作"逊"。巽、逊音同而相通。《文选·魏都赋》"巽其神器"，注云"逊与巽同"。《说文》："逊，遁也。"《广雅》训"巽"为顺。故二者其义相同。刚中而志行：二五之阳居中故"刚中"，阳性为动，故"志行"。
③ 密云不雨：阴云密布而不下雨。尚：上。尚往，指（云）向上而行。
④ 自我西郊：指云起自我方西郊。施：《象》释《乾》有"云行雨施"，释《益》有"天施地生"，皆谓降雨。此处"施未行"，乃指"密云不雨"。

今 译

小畜，阴柔得位而上下（众阳）应和，故曰小畜，刚健而逊顺，（九二九五）阳刚居中皆志于行施，故"亨"。"乌云密布而不下雨"，此云向上行。"云从我西郊而来"，云布施而雨未下。

履，柔履刚也①。说而应乎乾，是以"履虎尾，不咥人"，亨②。刚中正履帝位而不疚，光明也③。

注 释

此释《履》卦卦名与卦辞之义。
① 柔履刚：古者有二解：（一）《履》下兑上乾，兑为柔，乾为刚，兑之柔履行乾之刚。（二）《履》六三为柔，六三履行于五刚之中。笔者认为，前者以卦而言，后者以爻而言，二说虽不同，但皆有据，当兼用二义。

② 说而应乎乾：《履》下兑上乾，兑为说在下，乾刚在上，二者相应。履虎尾：踩老虎尾巴。不咥人：不咬人。咥，咬。

③ 刚中正：九五阳刚居中得正。帝位，五为帝位。疚，一本作"疾"。《论语·颜渊》："子曰：'内省不疚，夫何忧何惧。'""疚"显有忧惧不安、追悔之义。

今 译

履，阴柔践履阳刚。悦而顺应于乾，所以"踩了老虎尾巴，（老虎）不咬人"，亨通。（九五）以刚健中正之德居帝王之位，而不负疚后悔，（盛德）光明正大。

泰，"小往大来，吉，亨"，则是天地交而万物通也；上下交而其志同也；内阳而外阴；内健而外顺；内君子而外小人①。君子道长，小人道消也②。

注 释

此释《泰》卦卦名与卦辞之义，反映了《彖》作者的一种交感变化思想。

① 泰：通。天地交：《泰》卦下乾上坤，乾为天，坤为地，天居下，地居上，象天阳之气下降，地阴之气上升，故曰"天地交"。上下交：乾为君，坤为众，《泰》卦君居下，而民居上，象上下交心。内外：是释卦辞"往""来"之义。内即内卦，外即外卦。阴阳、健顺、君子小人：是释卦辞"大""小"之义。从卦象看，《泰》卦下乾上坤，乾为内卦，坤为外卦。乾为阳，其性健，为君子，有"大"之义；坤为阴，其性顺，为小人，有"小"之义。

② 君子道长，小人道消：乃就爻而言。《泰》卦三阳居下，有渐长之势，故为"君子道长"；三阴居上，有消退之势，故为"小人道消"。"君子道长，小人道消"显系南《泰》而变《大壮》，这就清楚地表达了战国时代

人们的卦变思想,从而揭示了一个重要的事实,即卦变之说早在作《彖》之前已经有了。

今 译

泰,"小(阴)去而大(阳)来,吉祥亨通"。则是天地(阴阳之气)交感而万物通达生长,(君民)上下交感而其心志相同。内(卦)阳刚而外(卦)阴柔;内(卦)刚健,外(卦)柔顺;内(卦)为君子,外(卦)为小人。君子之道盛长,小人之道消退。

"否之匪人,不利君子贞,大往小来",则是天地不交而万物不通也;上下不交而天下无邦也;内阴而外阳;内柔而外刚;内小人而外君子。小人道长,君子道消也。

注 释

· 此释《否》卦卦名与卦辞之义。

《否》卦下坤上乾,其卦辞与《泰》卦相反。故《彖》之释亦相反,它反映《彖》作者天地阴阳闭塞不交的思想。(略)

今 译

"闭塞阻隔的不是其人,(此占)不利君子,大(阳)往小(阴)来"。则是天地之气不能互相交感而万物阻隔(不能生成),(君民)上下不相交感而天下没有邦国。内(卦)阴柔,而外(卦)阳刚;内(卦)柔顺,而外(卦)刚健;内(卦)为小人,而外(卦)为君子。小人之道盛长,君子之道消退。

同人，柔得位得中，而应乎乾，曰同人①。同人曰"同人于野，亨，利涉大川"，乾行也②。文明以健，中正而应，"君子"正也③。唯君子为能通天下之志④。

注 释

此释《同人》卦卦名与卦辞之义。

① 同人：即同仁。人、仁通。柔得位得中：六二以阴居阴曰"柔得位"，六二处《同人》内卦之中故曰"得中"。应乎乾：指六二应外卦乾。乾，指《同人》外卦乾。《周易折中》认为此"乾"为阳之通称，恐有失。案《履》之《彖》"说而应乎乾"，很显然指《履》卦外卦乾。

② 同人于野：与人志同于旷野之中。野，旷野，郊外曰野。乾行：乾道。《尔雅》释"行"为道。

③ 文明以健：《同人》内卦离为文明，外卦乾为健。中正而应：《同人》二五居中得正而相应。

④ 唯：犹独。

今 译

同人，（内卦）阴柔得位而居中，与（外卦）乾相应。（天与火同性）故曰同人。《同人》卦说："于郊野与人同志，亨通，利于涉越大河。"乾之阳道利行，文明而且刚健，（二五）处中得正而相应，此为"君子"之正道。唯有君子才能通达天下人的心志。

大有，柔得尊位大中①，而上下应之，曰大有，其德刚健而文明，应乎天而时行，是以"元亨"。

注 释

此释《大有》卦名与卦辞之义。
① 柔得尊位大中：六五以柔居阳位而处卦之上中。柔，六五。尊位，五位。大中，五为阳而居上中故为"大中"。上下应之，指上下五阳应之。刚健而文明：《大有》下乾上离，乾为刚健，离为文明。应乎天而时行：指日顺应天而随四时运行。《大有》离为日，乾为天。

今 译

大有，阴柔得尊位而居（九四爻与上九爻两阳爻之）中，而上下诸阳皆相应它，故曰大有。其德性刚健而又文明，顺应于天并因时而行，所以"开始即亨通"。谦，"亨"。

天道下济而光明，地道卑而上行①。天道亏盈而益谦，地道变盈而流谦，鬼神害盈而福谦，人道恶盈而好谦。谦尊而光，卑而不可逾，"君子"之"终"也②。

注 释

此释《谦》卦卦名与卦辞之义。
① 天道下济而光明，地道卑而上行：《谦》卦下艮上坤，艮为阳卦，得乾阳而生，而乾为天道，为大明。艮在下，故曰"天道下济而光明"。坤为地，本在下而《谦》卦却在上，故曰"地道卑而上行"。"下济"与"卑"皆释谦之义。"光明""上行"皆释"亨"之义。
② 亏：损。盈：满。变：倾坏。流：流注。由"天道亏盈而益谦"看，显指月盈则食，故通读上下文义，"谦"字在此用于天道，地道似以解作欠字，于义更胜。福：《释文》引京氏作"富"。案《郊特牲》："富也者，福

也。"《诗·瞻印》传曰："富,福也。"《释名》："福,富也。"故富与福通假。又案上"益谦"与"流谦"对文,此当从京氏作"富"为胜。后汉刘修碑"鬼神富谦"即是其证。谦尊而光,卑而不可逾:王引之注:"尊读撙节退让之撙,尊之言损也,小也。光之言广也,大也。尊而光者,小而大;卑而不可逾者,卑而高也。"又说:"天道下济而光明,犹此言,尊而光也;地道卑而上行,犹此言,卑而不可逾也。"(《经义述闻》)王氏之说极确,应从之。逾,高而不可越。

今 译

谦,"亨通",天道下施(于地)故(万物)光明,地道卑下而(万物)向上生长,天道亏损盈满而增益欠缺,地道变换盈满而流注补益欠缺,鬼神祸害盈满而致富于谦虚,人道厌恶盈满而喜欢谦虚。谦道,尊让而使自己变得光明高大,处卑下(而高)不可逾越。此为君子(德性修养)的"终"极。

豫,刚应而志行,顺以动,豫①。豫,顺以动,故天地如之,而况"建侯行师"乎②。天地以顺动,故日月不过,而四时不忒③。圣人以顺动,则刑罚清而民服,豫之时义大矣哉④。

注 释

此释《豫》卦卦名卦辞之义。
① 刚应:《豫》卦九四之刚为群阴所应。顺以动:《豫》下坤上震,坤为顺,震为动。
② 如:从。姚永朴曰:"如,从也。"行师:指出兵作战。
③ 过:失度。忒:差错。忒,一本作"貣",忒、贷二者通。天地以顺动:按俞樾之说:"乃古说也。《文选》注引《春秋元命苞》云:'天左旋,

地右转。'《河图》云：'地有四游，冬至地上行，北而西三万里；夏至地下行，南而东三万里。春秋二分是其中矣。'地常动不止，而人不知。譬如闭舟而行不觉舟之运也。是古说天动地亦动也。"

④时义：一卦之时所含的意义。

今 译

豫，阳刚（为阴柔）所应，其志才能行施，顺从其性而动，这就是豫。豫，顺性而动，所以天地都遵从这一规律，更何况"封建诸侯、出兵打仗"这些事情呢！天地顺乎时而动，故日月运行不失其度，而四时更替亦无差错。圣人顺乎天时而动，则刑罚清明而万民服从。豫卦时所包含的意义，太大啦！

随，刚来而下柔，动而说，随①。大"亨贞无咎"，而天下随时，随时之义大矣哉②。

注 释

此释《随》卦卦名卦辞之义。

①刚来而下柔：先儒多解：（一）《随》卦下震上兑，震为刚，兑为柔，刚在柔下。（二）《随》从《否》卦而来，《否》之上九与初六互换而成为《随》，故就爻而言，刚来而下柔。（三）《随》是从《蛊》变来，随之初九自《蛊》上九而来，故刚来而下柔。笔者认为第二种说法较胜。《彖》中表现出的卦变思想，往往无定法可循，比较复杂，先儒曾就此作过种种探讨与解释，皆难圆通，故并列上说，南读者明辨。动而说：《随》卦下震为动，上兑为说。

②随时之义：笔者疑当为"随之时义"。案《彖》释《豫》"豫之时义"，释《遁》"遁之时义"，释《姤》"姤之时义"，释《旅》"旅之时义"，故此当与《彖》释四卦格式相同。

今 译

随，阳刚（自外卦）来而居内卦阴爻之下，动而喜悦，所以称随。"大道通顺而得正无咎"，天下万物皆随时而（变化）。随卦时所含有的意义，太大啦！

蛊，刚上而柔下，巽而止，蛊①。"蛊，元亨"，而天下治也。"利涉大川"，往有事也。"先甲三日，后甲三日"②，终则有始，天行也③。

注 释

此释《蛊》卦卦名卦辞之义。

① 蛊：训为惑乱，事。伏曼容曰："蛊，惑乱也。万事从惑而起，故以蛊为事也。"（《周易集解》引）《尚书·大传》云："乃命五史以书五帝之蛊事。"《易传》多训蛊为事。如《彖》释《蛊》："'利涉大川'，往有事也。"《序卦》："蛊者，事也。"刚上而柔下：《蛊》卦一阳南下而上，故曰"刚上"。一柔南上而下，故曰"柔下"。巽而止：《蛊》卦下巽上艮，艮为止。

② 先甲三日，后甲三日：先儒有争议：有说先甲三日为辛、壬、癸日，后甲三日为乙、丙、丁日；有说先甲三日为辛日，后甲三日为丁日。案《汉书·武帝纪》："望见泰一，修天文禮，辛卯夜，若景光十有二明，《易》曰：'先甲三日，后甲三日。'朕甚念年岁未咸登，饬躬斋戒，丁酉拜况于郊。"即祭日用丁与辛。故以后者为是。

③ 天行：即天道。

今 译

蛊，阳刚居上位而阴柔居下位，逊顺而知止，所以为蛊。"蛊，开始亨通"，而天下大治。"适宜涉越大河"，前往当有事发生。"甲前三日（辛日），甲后三日（丁日）"。（月之盈亏，日之出没）都是有终必有始，这是天道运行的规律。

临，刚浸而长，说而顺，刚中而应，大"亨"以正，天之道也①。"至于八月有凶"，消不久也②。

注 释

此释《临》卦卦名与卦辞之义。

① 刚浸而长：《临》二阳爻居下，有上长趋势。说而顺：《临》卦下兑为说，上坤为顺。刚中：九二阳刚居中。

② 消不久：阴消不久（将至）。

今 译

临，阳刚浸润而增长，喜悦而顺从，阳刚居中而有应。在大的"亨通一仍守其正，这（才体现了）天道啊！"到了八月有凶事发生"，阴消退不久（将至）。

大观在上，顺而巽，中正以观天下，观①。"盥而不荐，有孚颙若"，下观而化也②。观天之神道，而四时不忒。圣人以神道设教，而天下服矣③。

注 释

此释《观》卦卦名与卦辞之义。

① 大观在上：《观》二阳在上，为下四阴所观。阳为大，阴为小，故曰"大观在上"。顺而巽：《观》卦下坤上巽，坤为顺，故曰顺而巽。中正：九五居中而得正。

② 盥而不荐：祭前先洗手自洁，不必奉献酒食以祭。盥，古代祭典前洗手谓之盥。荐，奉献酒食以祭。颙若：崇敬仰慕之貌。下观而化：在下而观示其上得以感化。化，即"德博而化"之化。

③ 神道设教：古代帝王效法天道变化至神而建庙堂，供奉鬼神，举行祭祀，让人们敬畏服从，以此达到教育感化民众的目的。

今 译

（阳）大在上（为四阴所观），顺从而逊让。（九五）又以中居正而观天下，故为观。"祭前洗手，而不必奉献祭品以祭神，心存诚信而崇敬之貌可仰"，下（阴）观示上（阳）而感化。观示天之神道，而四时更替不出差错。圣人用神道来设立教化，天下万民皆顺服。

颐中有物，曰"噬嗑"①。噬嗑而"亨"，刚柔分，动而明，雷电合而章②。柔得中而上行，虽不当位，"利用狱"也③。

注 释

此释《噬嗑》卦卦名与卦辞之义。

① 颐：腮。物：指九四。噬：啮。以齿咬物为噬。嗑：合。噬嗑即口中有物嘴嚼之。先儒以为《噬嗑》☲☳外刚中虚，颐口之象，中有一刚为"颐中有物"。口中有物隔其上下不得嗑，必啮之则得合，故为噬嗑。

② 刚柔分：刚柔相间，分居内外卦。动而明：《噬嗑》下震上离，震为动，离为明。雷电合而章：《噬嗑》下震为雷为动，上离为电，为明。动而明，雷电并起象，故为"合"。《淮南子·坠形训》云："阴阳相薄，为雷，激扬为电。"章：明。

③ 柔得中而上行：六五之柔居中而在上行。柔，指六五。不当位：六五以阴居阳位。利用狱，适合于处理刑狱之事。

今 译

腮中含物,叫作噬嗑。噬嗑而能"亨通",阳刚阴柔分布(内外),动而光明,雷电相合而彰明。(六五)阴柔得中位而上行,虽然它所处的爻位并不当位,但是"宜用于断刑狱"。

贲,"亨",柔来而文刚,故亨;分刚上而文柔,故"小利有攸往"①。〔刚柔交错〕,天文也;文明以止,人文也②。观乎天文,以察时变;观乎人文,以化成天下。

注 释

此释《贲》卦卦名与卦辞之义。

① 柔来而文刚:《贲》六二之柔自上来与下刚相杂。文,阴阳相杂,纯阴纯阳无文可言。《系辞》:"物相杂故曰文。"物,在《易》即爻,《系辞》:"爻有等故曰物。"分刚上而文柔:《贲》上九是分内卦一刚而居上与上柔相杂。

② 刚柔交错:王弼、郭京、孔颖达、朱熹等人均认为在"天文"上脱"刚柔交错"一句。案上下文义,甚是,故补之。文明以止:《贲》下离为文明,上艮为止。

今 译

贲,"亨通",阴柔(六二爻)来与下刚相杂,所以"亨通"。分(内卦一)阳刚上来与阴柔相杂,故"有小利而可以前往"。(日月)刚柔相互交错,为天文;得文明而知止(于礼义),这是人文。观看了天文,可以察知时节的变化;观于人文,可以教育化成天下。

剥，剥也，柔变刚也①。"不利有攸往"，小人长也②。顺而止之，观象也③。君子尚消息盈虚，天行也④。

注　释

此释《剥》卦卦名与卦辞之义。

① 剥：剥落。柔变刚：《剥》五阴上长剥落一阳。变，剥落、倾坏，如《象》释《谦》"地道变盈而流谦"即是此义。

② 小人：指五阴。

③ 顺而止之：《剥》下坤上艮，坤为顺，艮为止。观象，指《剥》卦顺而止之性，是观示天象，即观察天象，一要顺从，一要静视（止）。

④ 消息：消退与生息。盈虚：盈满与亏虚。

今　译

剥，剥落。阴柔剥而变阳刚。"不宜有所往"，小人正盛长。顺从（天道）而知止，这是观察了天象。君子崇尚阴阳的消息盈虚之理，这是顺天而行。

复"亨"，刚反，动而以顺行①。是以"出入无疾，朋来无咎"。"反复其道，七日来复"，天行也②。"利有攸往"，刚长也③。复，其见天地之心乎④！

注　释

此释《复》卦卦名与卦辞之义。

① 刚反：《复》卦一阳居五阴之下，象阳经阴剥落而复返于初。动而以顺行：《复》卦下震为动，上坤为顺。

② 七日来复：先儒多解，主要有：（一）一阳气始，终于《剥》，至阳

气来《复》，需经七日。（二）以五月《姤》卦一阴生，至十一月《复》卦一阳生。凡经七月，历七次变化。"月"《诗·豳风》称"日"，故曰"七日"。（三）以《坎》《震》《离》《兑》四正卦，每卦六爻，每爻主一气，其余六十卦，共三百六十爻，分主一年三百六十五又四分之一日，因而一卦主六日七分，即

$$365\frac{1}{4}日 \times \frac{1}{60} = 6\frac{7}{80}日$$

此近七日，即七日之源。（四）以十月末，纯《坤》用事，《坤》卦将尽，则《复》阳来，隔《坤》一卦六爻为六日，《复》来成《震》，一阳爻生共为七日。以上四说，似第一说为胜。

③ 刚长：《复》卦一阳居下有上长之势。

④ 天地之心：指天地生物之心，《系辞》云："天地之大德曰生。"天地生物之心在于动，"天地绷缊，万物化醇"。《复》卦一阳初动于下，故"复其见天地之心"。

今　译

复"亨通"，阳刚复返（于初），动则顺时而行。所以"出入没有疾病，朋友来而无咎害"。"往来反复其道，经七日而来归于初"，这是天道的运行。"利有攸往"，（是因）阳刚盛长。从《复》卦中，大概可以显现天地运行的规律吧！

无妄，刚自外来而为主于内，动而健，刚中而应①。大"亨"以正，天之命也。"其匪正有眚，不利有攸往"，无妄之往何之矣？天命不祐，行矣哉②？

注　释

此释《无妄》卦卦名与卦辞之义。

① 刚自外来而为主于内：《无妄》初九之刚是从外卦乾而来而为内卦之

主。刚,指初九。外,外卦。外卦为乾,案《说卦》内卦震是乾坤交索得乾一阳而成,故初九"自外来"。内,内卦。动而健:《无妄》下震上乾,震为动,乾为健。刚中而应:九五之刚居中而应六二。

② 其匪正有眚:若不守正道则有灾异。匪,非。眚,本指眼有病,此指灾。何之:何往。之,适、往。行矣哉:疑问句,指岂敢行?即不可以有行。

今 译

无妄,阳刚(初九)自外卦来而主(于内卦),动而刚健,(九五)阳刚居中而应(六二),有大的"亨通"。因行正道,这是天命啊!"其不正则有灾,不利有所往。"没有希望的行动,何所去?天命不保佑,岂敢行动?

大畜,刚健笃实,辉光日新①。其德刚上而尚贤,能止健,大正也②。"不家食吉",养贤也③。"利涉大川",应乎天也④。

注 释

此释《大畜》卦卦名与卦辞之义。

① 刚健笃实:《大畜》下乾上艮,乾为刚健,艮为"成","成言乎艮"(《说卦》),故为笃实。辉光:朝日为辉,日中为光。辉,《释文》《石经》并作"烽";《说文》无"辉"字。此句古人有不同的读法,郑玄读:"刚健笃实,辉光日新,其德刚上而尚贤。"案《魏志·管辂传》注引辂别传:《易》言刚健笃实,辉光日新。"当以郑氏读法为胜。

② 刚上:《大畜》一阳刚居上。能止健:《大畜》下乾上艮,乾为健,艮为止。

③ 不家食:不食于家,而是食禄于朝。养贤:与前"尚贤"义相同。均指《大畜》上为阳爻,有"尚贤""养贤"之义。

④ 应乎天：指六五应乎乾。《大畜》内卦为乾。

今 译

大畜，得刚健笃实，光辉日日增新，其德阳刚在上而尊尚贤人，能止刚健（而畜养之），这就是大的正道。"不食于家吉"，尊养贤士。"宜于涉越大河"，顺应天道。

颐，"贞吉"，养正则吉也①。"观颐"，观其所养也。"自求口实"，观其自养也②。天地养万物，圣人养贤以及万民。颐之时大矣哉。

注 释

此释《颐》卦卦名与卦辞之义。
① 颐：本指两腮，此引申为养，《序卦》："颐，养也。"
② 自求口实：自己求得食物，以充其口，此指自己谋生。自养：自己养活自己。

今 译

颐，"守正道则吉"，养正则有吉祥。"观颐"，观察其所养。"自己获取口中之食"，是观察自己的谋生之路。天地养育万物，圣人养育贤人以及万民百姓。颐时（包含的意义），太大啦！

大过，大者过也①。"栋桡"，本末弱也②。刚过而中，巽而说，行。"利有攸往"，乃"亨"③。大过之时大矣哉。

注 释

此释《大过》卦卦名与卦辞之义。

① 大：指阳而言，阳为大。过：有越、差、误等义。

② 栋桡：栋梁弯曲。本末弱：《大过》初上两爻为阴爻，初为本，上为末，阴爻为柔弱，故"本末弱"。

③ 刚过而中：《大过》虽阳过，但二五两阳居中。巽而说：《大过》下巽上兑，兑为说。

今 译

大过，大（阳）盛过于（阴）。"栋梁弯曲"，（说明了）本与末皆柔弱。阳刚过盛而处中，逊顺喜悦而行动。"利于有所往"，所以"亨通"。《大过》之时，（其义）太大啦！

习坎，重险也①。水流而不盈，行险而不失其信②。"维心亨"，乃以刚中也③。"行有尚"，往有功也④。天险，不可升也；地险，山川丘陵也。王公设险，以守其国。险之时用大矣哉。

注 释

此释《坎》卦卦名与卦辞之义。

① 重险：《坎》上下皆坎，坎为险，故有两险相重之义。重，是释"习"。

② 水流而不盈：《坎》阳动于阴中故曰流，阳陷入二阴之中故"不盈"。不失其信：是释卦辞"有孚"。

③ 维心亨：经文原文是"有孚维心亨"，其义为有诚系之于心，亨通。刚中：二五之阳居中。

④尚：赏。功：是释"尚"。

今 译

习坎，有双重危险。水流动而不盈溢，历尽危险而不失其诚信，"维系于心，亨通"，这是因有刚中之德。"行动有奖赏"，前往必有功效。天险，不可登越；地险，指山川丘陵。王公（观象）设置险阻，来守卫自己的邦国。坎险时的功用太大啦！

离，丽也①。日月丽乎天，百谷草木丽乎土②。重明以丽乎正，乃化成天下③。柔丽乎中正，故"亨"④。是以"畜牝牛吉"也⑤。

注 释

此释《离》卦卦名与卦辞之义。
① 丽：依附。
② 土：一本作"地"。案《易传》多以天地相称，故作"地"为胜。
③ 重明以丽乎正：《离》卦上下皆为离，离为明，故曰"重明"，内卦三爻皆得正位，故曰正。此是说外卦重明依附于内卦之正。
④ 柔丽乎中正：《离》卦六二、六五居中，六二得正。
⑤ 畜牝牛吉：畜养母牛得吉。牝，母。

今 译

离，为附著。日月依附于天（而光明），百谷草木依附于地（而生长）。（日月）重明而依附于正道，才化育生成天下（万物）。阴柔依附于中正（之道），所以"亨通"。因而"畜养母牛，吉祥"。

彖下

咸，感也①。柔上而刚下，二气感应以相与②。止而说，男下女，是以"亨，利贞，取女吉"也③。天地感，而万物化生；圣人感人心，而天下和平。观其所感，而天地万物之情可见矣。

注 释

此释《咸》卦卦名与卦辞之义。

①感：感应。

②柔上而刚下：以内外卦看，《咸》下艮上兑，艮为刚，兑为柔，柔在上，刚在下。从爻画看，《咸》上六之柔自下而上，故曰柔上。九三之刚自上而下，故曰刚下。与：犹亲。

③止而说：《咸》卦下艮为止，上兑为说。男下女：即男处女下，艮为少男在下，兑为少女在上，有聘士、亲迎之义。如《荀子·大略》所言："咸，感也。以高下下，以男下女，柔上而刚下。聘士之义，亲迎之道，重始也。"案《仪礼·士昏礼》："凡纳采、问名、纳吉、纳征、请期、亲迎诸礼，皆男下女之事。"男下女，即指男先下于女。《礼记·郊特牲》："男子亲迎，男先于女，刚柔之义也。"取女吉：娶此女则有吉。取，娶。

今 译

咸，感应。阴柔处上而阳刚处下，（阴阳）二气感应以相亲，止而喜悦，男处女下，所以"亨通，宜于守正，娶女吉祥"。天地互相交感，万物变化生成，圣人感化人心，于是天下和平。观察所感应的方面，天地万物之情皆可以显见啊！

恒，久也。刚上而柔下，雷风相与，巽而动，刚柔皆应,恒①。恒,"亨,无咎,利贞",久于其道也②。天地之道恒久而不已也。"利有攸往",终则有始也。日月得天而能久照,四时变化而能久成,圣人久于其道而天下化成。观其所恒,而天地万物之情可见矣。

注 释

此释《恒》卦卦名与卦辞之义。

① 刚上而柔下:从内外卦看:《恒》下巽上震,震为刚在上,巽为柔在下。从爻画看,《恒》卦九四之刚自下而上,初六之柔自上而下。故曰"刚上而柔下"。雷风相与:《恒》卦上震为雷,下巽为风,雷风相得。巽而动:《恒》下巽上震,震为动。刚柔皆应:《恒》卦初四、二五、三上刚柔皆相应。

② 久于其道:长久保持恒道。

今 译

恒,恒久。阳刚处上而阴柔处下,雷风相交与,巽顺而动,阳刚与阴柔皆相互应,故为恒。恒,"亨通,无咎,利于守正"。(因为)长久恒守其道啊!天地之道,恒久而不止。"利于有所往",终结则必有新的开始。日月得天才能长久地照耀,四季交替变化才能长久地运行,圣人能长久地恒守其道,天下之(德风美俗)才能化育而成。观察其所恒守者,天地万物的情状就可以显现了!

遯,"亨",逐而亨也。刚当位而应,与时行也①。"小利贞",浸而长也②。遯之时义大矣哉③。

注 释

此释《遯》卦卦名与卦辞之义。
① 刚当位而应:《遯》九五得位居中而与六二相应。
② 浸而长:《遯》二阴居四阳之下,有浸润而渐长之势。
③ 时义:指当"浸而长"之际,应及时隐退,方合遯义。

今 译

遯,"亨通",隐退而有亨通。(九五)阳刚居正当位而应(六二阴柔),因时而运行。"小而宜于守正",(阴柔)浸润而逐渐盛长。《遯》卦时的意义,太大啦!

大壮,大者壮也①。刚以动,故壮②。大壮"利贞",大者正也③。正大,而天地之情可见矣。

注 释

此释《大壮》卦卦名与卦辞之义。
① 壮:《大壮》四阳盛长过中故曰"壮"。
② 刚以动:《大壮》下乾上震,乾为刚,震为动。
③ 大者正也:是指《大壮》阳大过中而又有正义。正,是释《大壮》卦辞"贞"。

今 译

大壮,(阳刚)大而壮。刚健而动,故称壮。大壮,"宜于守正",(阳刚)之大为正。能正其大,天地之情便可以体现了!

晋，进也。明出地上，顺而丽乎大明，柔进而上行①。是以"康侯用锡马蕃庶，昼日三接"也②。

注　释

此释《晋》卦卦名与卦辞之义。

① 明出地上：《晋》卦下坤上离，坤为地，离为明。顺而丽乎大明：《晋》下坤为顺，上离为日，日为大明。柔进而上行：《程氏易传》云："凡卦离在上者，柔居君位，多云'柔进而上行'。"此似指《明夷》六二爻变为《晋》六五爻，故称"上行"。

② 康侯用锡马蕃庶：康侯得到王赏赐的马很多。康侯，一说泛指安康的侯爵；一说为周武王弟弟卫康叔。锡，赐。蕃庶，繁育，此有众多之义。昼夜三接：一日之内受到三次接见。

今　译

晋，前进生长。光明出现地上，逊顺而依附太阳，阴柔进长而升上，所以"康侯享用很多赏赐之马，一日内三次受到接见"。

明入地中，明夷①。内文明而外柔顺，以蒙大难，文王以之②。"利艰贞"，晦其明也③。内难而能正其志，箕子以之④。

注　释

此释《明夷》卦卦名与卦辞之义。

① 明入地中：《明夷》下离上坤，离为日、为明，坤为地。明入地中而伤，故为明夷。夷，伤。

② 内文明而外柔顺：《明夷》内卦离为文明，外卦坤为柔顺。蒙：遭

受。大难：指大的灾难。此指文王遭囚禁。文王以之：文王用此道，即文王内怀文明之德而外有柔顺之性，蒙受纣王囚禁之大难。

③ 晦其明：《明夷》上坤为晦，下离为明。

④ 内难而能正其志：箕子为纣伯父，纣王昏暗，故曰内难。《明夷》离日在内，且离三爻各得正故曰正其志。

今 译

光明进入地中，是为明夷。内（卦有离卦的）文明而外（卦有坤卦的）柔顺，以此蒙受大难，只有文王能够做到。"利于在艰难中守正"，暗藏其明智，内有险难而能正其志向情操，只有箕子能够做到。

家人，女正位乎内，男正位乎外①。男女正，天地之大义也。家人有严君焉，父母之谓也②。父父、子子、兄兄、弟弟、夫夫、妇妇，而家道正。正家而天下定矣。

注 释

此释《家人》卦卦名与卦辞之义。

① 女：《家人》六二之阴。内：内卦。男：《家人》九五之阳。外：外卦。

② 严君：尊严的君长，即父母。严犹尊。《学记》"严师为难"。注："严，尊敬也。"

今 译

家人，女人正位在内，男人正位于外，男女各正其位，这是天地的大义！家人有尊严的君主，这就是父母。做父亲的尽父道,做儿子的尽孝道,做兄长的像兄长,做弟弟的像弟弟,做丈夫的尽到丈夫职责,做妻子的尽妇道(各守其道),因而家道得正。家道正则天下安定。

睽,火动而上,泽动而下①。二女同居,其志不同行②。说而丽乎明,柔进而上行,得中而应乎刚,是以"小事吉"③。天地睽而其事同也,男女睽而其志通也,万物睽而其事类也④。睽之时用大矣哉!

注 释

此释《睽》卦卦名与卦辞之义。
① 睽:乖异。火动而上,泽动而下:《睽》卦下兑上离,兑为泽,离为火。泽动而下润,火动而炎上。
② 二女同居:《睽》兑为少女,离为中女,故《睽》为"二女同居"。志不同行:志向不相同。案马其昶:"《诗》云:'女子有行,远父母兄弟,女各有家。'故不同行。"
③ 说而丽乎明:兑为说,离为丽、为明。柔进而上行:六五以柔而上进而行在尊位。似《家人》六二变《睽》六五。得中而应乎刚:六五居中而应九二之刚。刚,指九二。
④ 事同:生育万物之事相同。志通:男女交感之志相通。事类:生成事因类同。如程氏所言:"生物万殊,而得天地之和,禀阴阳之气则类也。"亦即《系辞》之"方以类聚,物以群分"也。

今 译

睽,火动而炎上,泽动而润下,(离兑)二女住在一起,志向不同,很难一起行动。喜悦而附之于文明,(六五)阴柔进而上行于(外卦),得中而应(九二)阳刚。所以"小事吉利"。天地虽有差异,但养育万物之事相同,男女性别不同,而其心志相通,万物形形色色各有差异,而各涵阴阳之事类同。《睽》卦所涵的时用盛大啊!

蹇,难也,险在前也①。见险而能止,知矣哉②。蹇,"利西南",往得中也③。"不利东北",其道穷也④。"利见大人",往有功也⑤。当位"贞吉",以正邦也⑥。蹇之时用大矣哉!

注 释

此释《蹇》卦卦名与卦辞之义。
① 险在前:《蹇》卦上为坎,坎为险。
② 止:《蹇》下卦艮为止。
③ 往得中:是释"利西南"。西南为坤方,坤为顺,前往必顺,又因外卦九五居中,故前往得中。
④ 其道穷:是释"不利东北",东北方为艮方,艮为山,为止,故往东北为山所止难行,故前往是道困穷而不通。
⑤ 往有功:五多功,故前往必有功。
⑥ 当位:九五以阳居阳。正邦:正定邦国。

今 译

蹇,困难,危险在前面。见到危险而能停止冒险,明智啊!蹇,"利于西南",前往可得中道。"不利东北",(前往)穷途末路。"宜见有权势的人",前往必立功业,居正当之位而"守正则吉利",可以正定邦国。《蹇》卦时的作用太大啦!

解,险以动,动而免乎险,解①。解,"利西南",往得众也②。"其来复吉",乃得中也③。"有攸往夙吉",往有功也④。天地解而雷雨作⑤。雷雨作,而百果草木皆甲坼,解之时大矣哉⑥。

注 释

此释《解》卦卦名与卦辞之义。

① 解:有缓解之义。《杂卦》:"解,缓也。"险以动:《解》下坎上震,坎为险,震为动,动在险外,故有"解"之义。

② 往得众:是释"利西南",西南为坤方,坤为众,故"往得众"。

③ 其来复吉:只有回到原处则有吉。乃得中:九二居中。

④ 夙吉:行动早则有吉。夙,早。

⑤ 雷雨作:《解》下坎为雨,上震为雷。作,兴起。

⑥ 甲:皮壳。此指发芽。《说文》:"甲,东方之孟,阳气萌动,从木戴孚甲之象。"坼,一本作"宅"。案《文选·蜀都赋》云:"百果甲宅,异色同荣。"当以"宅"为是,惠栋认为,"坼"为误写:"古文'宅'字作'宄'与'坼'相似,故此误作'坼'。"(《周易述》)根曰宅,故此有扎根之义。王引之曰:"宅乃乇之假借,《说文》曰:'乇,草叶也,从垂穗上贯一,下有根,象形字。'乇、宅、坼古并同声,故又通作坼。"(《经义述闻》)此可备为一说。

今 译

解,冒险而去行动,(结果)因行动而免去危险,故称解。解,"利西南方向",前往可以得到民众(归服)。"返回原来地方吉利",因为得到了中道。"有所往,早行动吉",前往可建功业。天地(阴阳)交感,而雷雨大作。雷雨大作,而百果草木皆发芽生根。《解》卦之时(的作用)太大啦!

损，损下益上，其道上行①。损而"有孚，元吉，无咎，可贞，利有攸往，曷之用，二簋可用享"②。二簋应有时，损刚益柔有时，损益盈虚，与时偕行③。

注 释

此释《损》卦卦名与卦辞之义。

① 损下益上：《损》减损内卦一阳而增加到外卦。内为下，外为上，即损三爻而益上爻。其道上行：其阳道行在卦上爻。道，指阳道。上，指上爻。

② 曷：何。簋：食物的器皿。可用享：可以用于享祀鬼神。享，祭祀鬼神。

③ 二簋应有时：是说在祭品不足的情况下，只要有诚信，二簋至薄祭品亦合礼。二簋，比喻减损之道。时，指一定条件，即当减损之时。损刚益柔：其义与"损下益上"相类似，即减损下刚而增益上柔，偕：俱。

今 译

损，减损下（阳）而增益到上，阳道上行。虽然受损而"有诚信，开始即吉，无咎灾，可以守正，宜有所往，用什么（祭祀），只需二簋的（祭品）即可用来享祀"。二簋（祭品）应有时，减损（下）阳刚而增益（上）阴柔也应当有时，或损或益，（如月亮之）或盈或虚，皆因时而一起行动。

益，损上益下，民说无疆，自上下下，其道大光①。"利有攸往"，中正有庆②。"利涉大川"，木道乃行③。益动而巽，日进无疆。天施地生，其益无方④。凡益之道，与时偕行。

注　释

此释《益》卦卦名与卦辞之义。

① 损上益下：《益》减损外卦一阳而增益到内卦，内为下，外为上，即损四爻而益初爻。说：喜悦。自上下下：《益》一阳爻自上而下居初。大光：盛大光明。
② 中正：九五之阳居中得正。
③ 木道乃行：《益》上巽为木，下震为动，动即行。木道，指舟楫。
④ 方：《广雅·释诂》："方，表也。"无方即无表极大。

今　译

益，减损上（一阳）而增益至下，民众喜悦无穷，（一阳）自上而居下（初），其道盛大光明。"利于有所往"，（九五与六二）居中得正而有吉庆。"利于涉越大河"，有木舟渡水而行。增益（震）动而（外巽）顺，日日增进无穷。天施（阳气）而地生万物，其效益无尽。凡增益之道，皆与时并行。

夬，决也，刚决柔也①。健而说，决而和②。"扬于王庭"，柔乘五刚也③。"孚号有厉"，其危乃光也④。"告自邑，不利即戎"，所尚乃穷也⑤。"利有攸往"，刚长乃终也⑥。

注　释

此释《夬》卦卦名与卦辞之义。

① 决：决去、溃决。刚决柔：《夬》五阳一阴，五阳盛长决去一阴。
② 健而说：《夬》下乾上兑，乾为健，兑为说。和：和悦。
③ 扬于王庭：在王庭上宣扬公布事情。扬，张扬、宣扬。柔乘五刚：

《夬》卦一阴居五阳之上。

④ 孚号有厉：竭诚疾呼有危厉。其危乃光：上六阴柔乘五阳刚，故"危"。但因居卦之上，其害尚广，故曰"光"。光，广。

⑤ 告自邑，不利即戎：告诫自己封邑内的人，不宜立即动武。邑，城邑。戎，兵。所尚乃穷：《夬》阳刚盛长，阴柔消退，卦上只有坤一阴，象坤众渐散，此时聚众兴兵，必困穷。

⑥ 刚长乃终：阳刚盛长，直到决去一阴而终结。

今 译

夬，决去。阳刚决去阴柔。刚健而喜悦，决去而又和谐。"宜扬于王庭"，（一）阴柔乘凌（五）阳刚。"以诚心疾呼有危厉"，其危厉已很普及广大。"告诫自己封邑内的人，不宜立即动武"，所崇尚（的武力）已是穷途末路。"利于有所往"，阳刚盛长至此已经终结。

姤，遇也①。柔遇刚也②。"勿用取女"，不可与长也③。天地相遇，品物咸章也④。刚遇中正，天下大行也⑤。姤之时义大矣哉！

注 释

此释《姤》卦卦名与卦辞之义。

① 遇：不期而合。

② 柔遇刚：《姤》一阴五阳，一阴在下而与五阳相遇。

③ 取：娶。长：长久。

④ 品物咸章：众物显明。品，众。章，显著、显明。

⑤ 刚遇中正：九五阳刚居中得正。天下大行：《姤》卦下巽上乾，乾为天，巽为风，风行天下，故曰"天下大行"。

今 译

姤,相遇。阴柔遇阳刚。"不要娶此女",不可与(她)长久相处。天地相遇,众物皆光明。(九五)阳刚居中得正,大行于天下。《姤》卦之时,所含意义太大啦!

萃,聚也①。顺以说,刚中而应,故聚也②。"王假有庙",致孝享也③。"利见大人,亨",聚以正也④。"用大牲吉,利有攸往",顺天命也⑤。观其所聚,而天地万物之情可见矣。

注 释

此释《萃》卦卦名与卦辞之义。
① 聚:集。
② 顺以说:《萃》下坤上兑,坤为顺,兑为说。刚中而应:九五阳刚居中而得正,六二率众阴应之。
③ 王假有庙:大王至宗庙祭祀。假,至。致孝享:此释"王假有庙",是说大王至庙推行孝祖祭祀。致,推致。享,祭祀。
④ 聚以正:《萃》九五居中得正,故聚用正道。
⑤ 用大牲吉:用大的牺牲祭祀则有吉祥。

今 译

萃,聚。顺从而招致喜悦,(九五)阳刚居中而(与六二阴柔)相应,故为聚。"大王至宗庙",致孝祖之祭。"利于见有权势的人,亨通",聚集必以正道。"用大的牲畜(祭祀)吉利,利有所往",顺从天命。观察所聚的道理,而天地万物的情状可以展现。

柔以时升，巽而顺，刚中而应，是以大亨①。"用见大人勿恤"，有庆也②。"南征吉"，志行也③。

注 释

此释《升》卦卦名与卦辞之义。

① 柔以时升：《升》与《萃》卦画相倒置。《萃》时坤在下，坤升上为《升》，坤为柔，故"柔以时升"。《序卦》："萃者，聚也。聚而上者谓之升，故受之以升。"《杂卦》："萃聚而升不来也。"即此意。巽而顺：《升》卦下巽上坤，坤为顺。刚中而应：《升》九二居中而应六五。

② 恤：忧虑。有庆：九二居中，故"有庆"。

③ 南征吉：向南出征有吉。志行：二五上下应之，故"志行"。

今 译

阴柔因时而升，巽逊而顺从，（九二）阳刚居中而应（六五），所以得大亨通。"宜于见有权势的人，不要忧虑"，有吉庆。"向南出征则吉"，其志得以推行。

困，刚揜也①。险以说，困而不失其所，"亨"，其唯君子乎②！"贞大人吉"，以刚中也③。"有言不信"，尚口乃穷也④。

注 释

此释《困》卦卦名与卦辞之义。

① 刚揜：指《困》卦阳刚被阴柔所掩，其有两层含义：一，《困》卦下

坎上兑,坎为刚,兑为柔,坎刚为兑柔所掩。二,《困》九二为六三所掩,九三、九四为上六所掩。荀爽曰"二五为阴所揜也",亦可备一说。揜,或作"掩""弇"。弇,为古"掩"字,"掩"又作"揜",故三者相通,有掩蔽之义。王引之根据杜注《左传》"狭道曰弇"释为逼迫不容,可备为一说。

② 险以说:《困》下坎为险,上兑为说。困而不失其所:《困》阳被阴所掩故曰"困",但《困》上兑为悦,下坎为通,故不失其所,即"亨"。如《系辞》所言:"困,穷而通。"其:大概。唯:犹是。

③ 刚中:《困》二五居中。

④ 有言不信:虽有言相说但人皆不相信。尚口乃穷:《困》上兑为口,但兑一阴居上,故曰穷。穷,穷尽。《礼记·檀弓》"充充如有穷",郑注"事尽理曲为穷"。

今 译

困,阳刚被(阴柔)掩蔽。虽处危险之中而乐观喜悦,穷困而不失其道,故"亨通"。这恐怕只有君子(才能做到)吧。"占问大人吉祥",因(内外卦皆以)阳刚居中。"虽有言相劝而不相信",崇尚空口无凭,必遭穷困。

巽乎水而上水,井①。井养而不穷也。"改邑不改井",乃以刚中也②。"汔至亦未繘井",未有功也③。"羸其瓶",是以凶也④。

注 释

此释《井》卦卦名与卦辞之义。

① 巽乎水而上水:《井》卦下巽上坎,巽为木、为入,坎为水,故以木(桔槔)引瓶下水吸水而上。巽,先儒有不同见解。郑玄:"巽木,桔槔也。"高亨释为"木瓶"。案经文中"羸其瓶""瓮敝漏",当知"瓶""瓮"乃指瓦

器并非木器，故巽木不为盛水器。又案《庄子·天地》："凿木为机，后重前轻，挈水若抽，数如泆汤，其名为槔。"《庄子·天运》："且子不见夫桔槔者乎？引而则俯，舍之则仰。"当知春秋战国时巽木是指井上桔槔。井，指水井，又为古时社会组织单位，八家为一井。

② 改邑不改井：村邑变迁，井不会变动。刚中：《井》二五以阳居中。

③ 汔至亦未繘井：井干涸了，也不挖井。汔，水干涸。繘，乃"甬"字之借，训为穿。未有功：指不修治井，不会发挥其功用。

④ 羸其瓶：毁坏了瓶。羸，毁缺。瓶，古代汲水器具。

今 译

以木引水而上，有井之象。井水供养人而不穷尽。"搬迁村邑，井不会变动"，这是因（二五）以刚得中。"井干涸了也不去挖井"，未能尽到井的功用。"毁坏了水瓶"，所以为凶的预兆。

革，水火相息，二女同居，其志不相得曰革①。"巳日乃孚"，革而信之②。文明以说，大"亨"以正③。革而当，其"悔"乃"亡"。天地革而四时成，汤武革命，顺乎天而应乎人④。革之时大矣哉！

注 释

此释《革》卦卦名与卦辞之义。

① 水火相息：《革》下离上兑，离为火，兑为泽，离火炎上，泽水润下，故泽火相互熄灭。二女同居：《革》下离为中女，上兑为少女。不相得：离兑皆为女，而无男，故"不相得"。

② 巳日乃孚：到了巳日才有革命的诚心。巳，巳日。孚，诚信。

③ 文明以说：《革》下离为文明，上兑为说。

④ 汤武革命：商汤、武王改姓受天命。

今 译

革，水火互相熄灭，二女住在一起，其心志不同，故称革。"已日才有（变革的）诚心"，变革而使人相信。（变革时）必以文明而悦（人心），大"亨通"顺利，因其行正。变革得当，其"后悔"之事自然"消亡"。天地之气变化而四时形成，商汤、武王改姓受天命，上顺天时，下应人心。《革》卦时的作用太大啦！

鼎，象也①。以木巽火，亨饪也②。圣人亨以享上帝，而大亨以养圣贤③。巽而耳目聪明，柔进而上行，得中而应乎刚，是以"元亨"④。

注 释

此释《鼎》卦卦名与卦辞之义。

① 鼎：三足两耳，古代烹饪器具，多用于宗庙祭祀，被看作国家权力象征。象：鼎有象义。惠栋云："鼎言象者，王辅嗣云：革既变矣。则制器立法以成之。古者六官之法，皆称象。《春秋传》言象魏，《尚书》言象刑，古刑书皆铸之鼎，盖铸鼎象物，百物为之备矣。"此指《鼎》卦取鼎器之象：《鼎》初六阴爻为足，九二、九三、九四阳爻为鼎腹，六五阴爻为耳，上九阳爻为铉。

② 以木巽火：《鼎》下巽上离，巽为木、为人，离为火。

③ 亨：烹饪。享：祭献。大亨：王夫之曰："郊用特牛，享宾之礼，牛羊豕具焉，故曰大。"大，犹广、多。

④ 耳目聪明：《鼎》上为离，离为目、为明，《鼎》六五又有耳象，故"耳目聪明"。柔进而上行：《鼎》卦六五之柔进而行在上位。得中而应乎刚：六五居中而应九二之刚。得中，六五居中。刚，指九二。

今 译

鼎,(以鼎器)象物。用木生火,用以烹饪。圣人烹饪(特牲)以祭享上帝,而大亨(牛羊等)以宴请圣贤,巽逊而耳目聪明,(六五)阴柔进升行上位,居中而应于(九二)阳刚,所以开始即"亨通"。

震,"亨,震来虩虩",恐致福也①。"笑言哑哑",后有则也②。"震惊百里",惊远而惧迩也③。〔"不丧匕鬯",〕出可以守宗庙社稷,以为祭主也④。

注 释

此释《震》卦卦名与卦辞之义。

① 震来虩虩:雷电袭来,令人恐惧。震,雷。虩虩,恐惧貌。恐致福:恐惧可以致福祥。

② 笑言哑哑:谈笑声从容自如。哑哑,笑声。后有则:初九居阳位得正,故曰后有则。则,法度、寸度。

③ 震惊百里:雷声震惊百里。百里,比喻诸侯国,古者封建诸侯皆百里。迩:近。不丧匕鬯:《彖》文中无此句,郭京、程颐等人认为当在"惊远而惧迩也"下加上。观《彖》文下句"出可以守宗庙社稷,以为祭主",正与"不丧匕鬯"相合。似应补上此句为胜。匕鬯,指盛在棘匙中的香酒。"匕鬯"帛书《易》作"鬯觞"。匕,匙,以棘木为柄,祭祀时主祭人用它从鼎中将烹好的牛羊肉盛入俎中,以供大典之用。鬯,一种用黑黍酒和郁金草合成的香酒,专供宗庙祭祀之用。

④ 社稷:古语称土神为社,祭土神之坛也为社;谷神为稷,祭谷神之坛也为稷。此指社稷坛。祭主:祭礼之主人,即主祭。震为长子,长子为祭主。

今 译

震,"亨通,雷声袭来让人害怕",因恐惧而致福祥。"谈笑自如",恐惧后而不失法度。"雷惊百里",震惊远方而畏惧近旁。(没有失落木勺中的香酒),外出可以守卫宗庙社稷,成为祭祀的主祭。

艮,止也。时止则止,时行则行,动静不失其时,其道光明。艮其止,止其所也①。上下敌应,不相与也②。是以"不获其身,行其庭,不见其人,无咎"也。

注 释

此释《艮》卦卦名与卦辞之义。

① 艮其止:王弼认为《易》背曰"止",朱熹、俞樾、朱骏声等认为"艮其止"当作"艮其背"。观下文"止其所也"与"艮其背"对应,即"所"是释"背"。背,古本作"北"。帛书《易》卦辞也作"北"。北、止二字字形相近,恐转抄"北"为"止"。故当以"背"为是。止其所:指《艮》内外两艮各止其所。此处"所"是释"背"。

② 上下敌应:《艮》初四、二五、三上皆不相应。不相应即"敌应"。不相与:不相亲与。《艮》两艮各止其所,故不相与。与,犹亲。

今 译

艮,止。应该止的时候停止,应该行动的时候行动,行动与停止不失时机,(这样)其道才能光明通畅。止其背,正是止的那个地方。(《艮》卦六爻)上下皆(止而)不相应,不相交往。所以"整个身体不动,虽行于庭院,却看不到人,无咎灾"。

渐之进也，"女归吉"也，进得位，往有功也①。进以正，可以正邦也②。其位刚得中也③。止而巽，动不穷也④。

注 释

此释《渐》卦卦名与卦辞之义。

① 渐：渐进。孔颖达曰："渐者，不速之名也。"女归吉：少女出嫁则有吉。依卦气之说，《渐》为正月之卦，少女在正月（或春天）出嫁则有吉。案《诗·国风·匏有苦叶》："士如归妻，迨冰未泮。"郑注："冰未散，正月中以前也。"《白虎通德论》："嫁娶必以春者。春，天地交通，万物始生，阴阳交接之时也。"此说正与卦气之说符合。进得位：六四自下而上得位。往有功：因五位多功，六四承五阳前往，必有功。

② 进以正：与"进得位"之义相同。

③ 刚得中：九五阳刚居中。

④ 止而巽：《渐》下艮上巽，艮为止。

今 译

渐为渐进，"少女出嫁吉利"，（六四）进而得位，前往可立功业。进用正道，可以正定邦国。（九五）之位为阳刚得中。（内卦艮）止而（外卦巽）巽顺，进而不陷入穷困。

归妹，天地之大义也①。天地不交，而万物不兴。归妹，人之终始也②。说以动，所以归妹也③。"征凶"，位不当也④。"无攸利"，柔乘刚也⑤。

注 释

此释《归妹》卦卦名与卦辞之义。
① 归：嫁。妇人谓嫁曰归。妹：少女。
② 人之终始：归者，为女之终；女归男而生育，故为人之始。
③ 说以动：《归妹》下兑为说，上震为动。所：案《经传释词》云："所，犹可也。"
④ 征凶：出征则有凶。位不当：指《归妹》中四爻皆失位，二四阳居阴，三五是阴居阳。
⑤ 柔乘刚：《归妹》六三阴爻居九二阳爻之上，六五阴爻居九四阳爻之上。

今 译

归妹，是存在于天地间的大道义。天地（阴阳之气）不交，则万物就不会兴盛。归妹，又是人生的终结与开始。喜悦而动，所以归妹。"出征有凶"，（中四爻）位置不正当。"无所利"，阴柔乘凌阳刚之上。

丰，大也。明以动，故丰①。"王假之"，尚大也②。"勿忧，宜日中"，宜照天下也③。日中则昃，月盈则食，天地盈虚，与时消息，而况于人乎，况于鬼神乎④？

注 释

此释《丰》卦卦名与卦辞之义。
① 明以动：《丰》下离上震，离为明，震为动。
② 假：至。尚：尊崇。
③ 勿忧，宜日中：不要忧虑，宜在中午进行。日中，中午。宜照天下：

是释"日中",中午日之光明普照天下。《丰》内卦为离,离为日、为明,故曰"宜照天下"。

④ 昃:倾斜。食:又作"蚀",此指月亏蚀。天地盈虚:天之盈虚,显系指日月变化;而地之盈虚,或指百果草木随天时之变而隆枯。

今 译

丰,大。光明而动,故曰丰。"大王亲至",崇尚盛大。"不要忧虑,适宜中午(进行)",宜以(中午的太阳)普照天下。日过中午则倾斜,月过(十五之)盈满则亏蚀。天地之间的盈满亏虚,都随着时间或消或息地变化,更何况人呢?何况鬼神呢?

旅,"小亨",柔得中乎外而顺乎刚,止而丽乎明,是以"小亨,旅贞吉"也①。旅之时义大矣哉!

注 释

此释《旅》卦卦名与卦辞之义。

① 柔得中乎外:《旅》卦六五之柔居中而在外卦。顺乎刚:六五居九四与上九两阳之间,故有顺从阳刚之义。止而丽乎明:《旅》卦下艮为止,上离为丽、为明。小亨:小事亨通。

今 译

旅,"小事亨通",(六五)阴柔居中于外卦,而顺从(九四、上九)阳刚,(内卦艮)静止而依附(外卦离之)光明,所以"小事亨通,旅中守正则吉"。《旅》卦时的意义,太大啦!

重巽以申命①。刚巽乎中正而志行②。柔皆顺乎刚,是以"小亨,利有攸往,利见大人"③。

注 释

此释《巽》卦卦名与卦辞之义。
① 重巽:《巽》卦上下皆巽。巽,帛书《周易》六十四卦作"筭"。吴汝纶曰:"巽有践义,《尚书》'巽朕位',《史记》'巽'作'践'。"案下文"刚巽乎中正",《象》之《巽》"君子以申命行事",吴氏之说极是。申:重复。命:王命。
② 刚巽乎中正:九五阳刚居中得正。巽,为人、为践,此指居。
③ 柔皆顺乎刚:《巽》初六、六四之柔皆顺从九二、九三、九五、上九之刚。柔,指初六、六四。刚,指初九、九三、九五、上九。

今 译

两巽相重以申王命。(九五)阳刚居中正之位而行其志。(初六、六四)阴柔皆顺从阳刚。所以"小亨通,宜有所往,宜见有权势的人"。

兑,说也①。刚中而柔外,说以"利贞",是以顺乎天而应乎人②。说以先民,民忘其劳③。说以犯难,民忘其死。说之大,民劝矣哉④!

注 释

此释《兑》卦卦名与卦辞之义。
① 说:说服、劝说。又通悦。
② 刚中而柔外:《兑》卦二五阳爻居中,故曰"刚中"。三上两阴爻分居内外两卦之上,故曰"柔外"。

③ 说以先民：教导民于其先。
④ 犯难：冒险、遭难。

今译

兑，说。（九二、九五）阳刚居中而（六三、上六）阴柔在外，教化说服才"宜于守正"，故能顺从天道而应和人心。（若）说服民众于先，民众可以忘记劳苦。说服民众渡过难关，民众便会忘记死亡。说服的力量太大啦！民众是被劝服的啊！

涣，"亨"，刚来而不穷，柔得位乎外而上同①。"王假有庙"，王乃在中也②。"利涉大川"，乘木有功也③。

注释

此释《涣》卦卦名与卦辞之义。
① 涣，屈万里《读易三种》疑"涣"当作"焕"，笔者疑"涣"为唤，指古代祭祀大典中某种仪式，有呼唤之义。刚来而不穷：《涣》卦九二阳刚自外卦而来居内卦而不困穷于下。柔得位乎外：《涣》卦六四阴爻居阴位而处外卦。上同：六四与九五同处巽体。上，指九五。
② 假：至。王乃在中：是释"王假有庙"。其意是大王在庙中，九五居中，故曰"王乃在中"。
③ 乘木有功：《涣》下坎为水，上巽为木。水上有木，舟楫之象，故乘木船而涉大川有功效。

今译

涣，"亨通"，（九二）阳刚来而不会穷困于下，（六四）阴柔得位于外卦，与上面（九五爻）同德。"大王至宗庙"，大王在庙中。"宜于涉越大河"，（因为）乘木船涉河而有功。

节,"亨",刚柔分而刚得中①。"苦节不可贞",其道穷也②。说以行险,当位以节,中正以通③。天地节,而四时成。节以制度,不伤财,不害民④。

注 释

此释《节》卦卦名与卦辞之义。

① 刚柔分:《节》卦刚柔相间分居内外。刚得中:《节》二五阳刚皆居中。

② 苦节:帛书《易》释为"枯节"。"苦节"乃是指竹枚或蓍草的节枯朽。而《彖》意是谓:上居节卦之上,节制至极必苦,故节道穷极。

③ 说以行险:《节》下兑上坎,兑为说,坎为险。当位以节:《节》九五阳居阳位而节于上。中正以通:九五居中得正故曰中正,九五处上坎,坎为通。

④ 制:法禁。

今 译

节,"亨通",阳刚阴柔分居(上下),而(九二、九五)阳刚得中。"苦苦节制不可以守正",节制之道穷困。喜悦以行险阻,(九五阳刚)当位而施以节制,(必)中正通达。天地(阴阳之气互相)节制,而四时的变化才形成。(圣人)以制度节制,不损伤财物,不妨害民众。

中孚,柔在内而刚得中,说而巽,孚乃化邦也①。"豚鱼吉",信及豚鱼也②。"利涉大川",乘木舟虚也。中孚以"利贞",乃应乎天也③。

注 释

此释《中孚》卦卦名与卦辞之义。

① 柔在内而刚得中：《中孚》六三、六四二阴爻在一卦之内，故曰"柔在内"。九二、九五阳爻分居内外卦之中，故曰"刚得中"。说而巽：《中孚》下兑上巽，兑为说。孚乃化邦：诚孚发于内，邦国化于外。孚，本指卵孚，后引申为信。朱骏声曰："孚，卵孚也。从爪从子。鸟襄恒以爪反复其卵。鸟之孚卵，皆如期而不失。故转训为信。"（《六十四卦经解》）

② 豚鱼吉：用豚及鱼祭祀则吉。豚，小猪。信及豚鱼：信得于以豚鱼祭祀。

③ 乘木舟虚：《中孚》上巽为木，下兑为泽，木在泽水之上，乘木舟之象。从六爻看，《中孚》上下为阳爻故实，中间为阴爻故虚，外实中虚，故有舟虚之象。

今 译

中孚，（六三、六四）阴柔在内而（九二、九五）阳刚居中，喜悦而逊顺，其诚才能感化邦国。"用猪和鱼（祭祀）吉"，诚信得之于用猪和鱼（祭祀）。"宜于涉越大河"，乘驾木舟中虚（行水）。中孚能"宜于守正"，才是顺应天道。

小过，小者过而亨也①。过以"利贞"，与时行也，柔得中，是以"小事吉"也②。刚失位而不中，是以"不可大事"也③。有"飞鸟"之象焉，"飞鸟遗之音，不宜上，宜下，大吉"，上逆而下顺也④。

注 释

此释《小过》卦卦名与卦辞之义。

① 小者过而亨：阳大阴小，《小过》阴多阳少，故阴小过多。又《小过》上下多阴爻，有阳经过阳之义。即《序卦》所谓"有其诚者必行之，故受之以小过"。《杂卦》所谓："小过，过也。"因小过有经过之义，故为"亨"。
② 柔得中：《小过》二五阴爻居中位。
③ 刚失位而不中：《小过》九四以阳居阴而失位，又不居中位。《象》用"柔得中"释"小事吉"，以"刚失位而不中"释"不可大事"，其解阴为小、阳为大之义已至确。
④ 有飞鸟之象：《小过》中阳刚，外阴柔，有飞鸟舒羽之象。许鲤跃曰："凡物之走者，皆下动而上止，惟鸟之飞者，则下止而上动。故震动像鸟翼之搏风，艮止像鸟足之企踵。"（《周易费氏学》引）可备为一说。飞鸟遗之音：飞鸟过后，其叫声仍在。遗，留。不宜上，宜下：适合于下，不宜于往上。上逆而下顺：先儒多解，（一）《小过》上二阴乘二阳爻故逆，下二阴爻承二阳爻，故顺。（二）上六五乘九四为逆，下六二承九二为顺。（三）四五失位故上逆，二三得位，故下顺。当以第一说为胜。

今 译

小过，（阴）小盛过而能"亨通"，过而"宜于守正"，是因符合于时而行动。（六二、六五）阴柔居中，所以"小事吉利"。（九三、九四）阳刚失位而不居于中，所以"不可做大事"。（《小过》）有"飞鸟"之象，"飞鸟过后遗音犹在，不宜上而宜下，大吉"，（因为）往上逆而向下顺啊！

既济，"亨"，小者亨也①。"利贞"，刚柔正而位当也②。"初吉"，柔得中也③。"终"止则"乱"，其道穷也④。

注 释

此释《既济》卦卦名与卦辞之义。
① 小者亨也：阴为小，《既济》卦三阴爻得正皆在阳爻之上，以示阴气

上升，故曰"小者亨也"。

② 刚柔正而位当：《既济》六爻三阴三阳相交而得正，故曰刚柔正，初、三、五之阳爻居阳位，二、四、上之阴爻居阴位，故"位当"。

③ 初吉：最初吉利。柔得中：《既济》六二居内卦之中。

④ "终"止则"乱"：是释卦辞"终乱"。既济有止之义，《杂卦》"既济，定也"。定，即止。《既济》外卦为坎，坎为乱。

今 译

既济，"亨通"，小事而能亨通。"利于守正"，（六爻）阳刚阴柔之位皆正当。"起初吉利"，（六二）阴柔居中，"终"（若）停止则必"乱"。（事至既济，六爻皆已当位）其道当穷尽。

未济，"亨"，柔得中也①。"小狐汔济"，未出中也②。"濡其尾，无攸利"，不续终也③。虽不当位，刚柔应也④。

注 释

此释《未济》卦卦名与卦辞之义。

① 柔得中：六五之阴居外卦之中。

② 小狐汔济：小狐狸几乎渡过河。汔，帛书《易》作"气"，其义为"几乎"。未出中：未出险中。《未济》九二居坎中，坎为水、为险。

③ 濡其尾：（小狐狸）渡河沾湿了尾巴。濡，沾湿。不续终：不能延续到终结。

④ 不当位：《未济》六爻阴阳皆失位。刚柔应：《未济》三阴三阳皆相应。

今 译

未济，"亨通"，（六五）阳柔居中。"小狐狸将要渡过河"，未出坎水之中。(九二爻)"沾湿了尾巴，没有什么不利的"，不能延续至终。(《未济》六爻)虽然不当位，而(六爻)阳刚阴柔皆互相应合。

象上

象，此指卦象。《周易》是一部专设卦画以示卦象之书。"易者，象也"。易象是对自然之象的效法，"象也者，像此者也"。从广义角度看，《周易》卦爻辞及《说卦》所列之象皆为卦象，故"彖者，言乎象者也"。"八卦成列，象在其中矣。"(《系辞》)所以先儒有将象分为二种者："象辞或有实象，或有假象。"(孔颖达《周易正义》)有将象分为三种者："有本画自有之象，如奇画象阳，耦画象阴是也；有实取诸物之象，如乾坤六子，以天地雷风之类象之是也；有只是圣人自取象来明是义者，如'白马翰如'，'载鬼一车'之类是也。"(李光地《周易折中》卷首)也有分为七种者："八卦之象""六画之象""像形之象""爻位之象""反对之象""方位之象""互体之象"。(黄宗羲《易学象数论》)从狭义角度看，象是指《象传》。《象传》是对《周易》卦爻象的解说。其中又可分为《大象》《小象》。《大象》言一卦之象，《小象》言一爻之象。

天行健，君子以自强不息①。"潜龙勿用"，阳在下也②。"见龙在田"，德施普也③。"终日乾乾"，反复道也④。"或跃在渊"，进"无咎"也⑤。"飞龙在天"，"大人"造也⑥。"亢龙有悔"，盈不可久也⑦。"用九"，天德不可为"首"也⑧。

注　释

此释《乾》卦卦爻之象。

① 天行健：天道刚健。天，为《乾》卦卦象。《乾》卦上下皆为乾，乾为天。行，先儒多释为运行。由《象》释《乾》曰"天行健"，而释《坤》曰"地势坤"看，此"行"当作道解。《尔雅·释宫》："行，道也。"郝懿行注曰："行者，《诗》'行露'、'周行'之类，《传》《笺》并训道。《书》云'日月之行'即日月之道也。《诗》云'有夷之行'即有夷之道也。本以行道为行，因而道亦为行也。"（《尔雅义疏》）以：用。强：自我强胜，即《老子》所言"自胜者曰强"。

② 潜龙：潜伏之龙。阳在下：《乾》卦初九之阳居卦之下。

③ 见：现。德施普：九二居中，阳德博施而普遍。德，阳德。

④ 乾乾：勤奋不懈。反复道：九三处下体之极，上体之下，极而复返。

⑤ 或：惑。进无咎：九四失位上进为五，五居中得位，故曰"无咎"。

⑥ 造：《释文》云："刘歆父子作'聚'。"《汉书·刘向传》引作"聚"，二者通假，先儒有训"为"者，有训"作"者，也有训为"就""至"者，案其文义，当以前者为胜。

⑦ 亢：穷高。盈不可久：上九之阳居卦之上而盈满，阳极而生阴，故"盈不可久"。

⑧ 用九：帛书《易》六十四卦作"迥九"。迥，通。乃是说《乾》卦六爻皆九。天德不可为首：《乾》上九之阳亢极，极而必有"悔"，故《乾》不可用上爻。天德：阳德。首：头，指《乾》上爻。

今　译

天道刚健，君子（效法此）当自强不息。"潜伏之龙，不要行动"，阳爻在下。"龙出现于田野"，九二阳爻之德所施普遍。"君子终日勤奋不懈"，九三反复而行其道。"或跃于渊中"，上进而无咎。"龙飞于天"，大人有所作为。"龙飞过高则有悔"，阳爻盈满而不可长久。"用九"《乾》卦天德，不可用上爻。

地势坤，君子以厚德载物①。"履霜坚冰"，阴始凝也②。驯致其道，至"坚冰"也③。"六二"之动，"直"以"方"也④。"不习无不利"，地道光也⑤。"含章可贞"，以时发也⑥。"或从王事"，知光大也⑦。"括囊无咎"，慎不害也⑧。"黄裳元吉"，文在中也⑨。"龙战于野"，其道穷也⑩。用六"永贞"，以大终也⑪。

注　释

此释《坤》卦卦爻之象。

① 地势坤：《坤》卦上下皆坤，坤为地，地有高下之势。厚德载物：以宽厚之德容载万物。

② 履霜坚冰：《三国志·魏志》引作"初六履霜"，朱熹、项安世、惠栋等人皆从之。然《后汉书·鲁恭王传》引"履霜坚冰，阴始凝也"，可知并不是作"履霜"，《魏志》所引"履霜"恐简文而已。阴始凝：《坤》卦初六居下，以示阴气开始凝结。

③ 驯：《说文》："马顺也。"故驯犹顺。

④ 直以方："直""方"与《周易》古经义有异。此指平直方正。《坤》六二得位居中，故曰"直方"。直本为乾德性，"乾……其动也直"（《系辞》），但因坤应阳而动，故坤亦有乾阳之性。"坤至柔而动也刚"（《文言》），所以坤动也有"直"义。方，是坤之德性，"至静而德方"（《文言》）。

⑤ 不习：不熟习。地道光：地道广大。光，犹广。

⑥ 章：章美。以时发：六三以阴居阳，内藏章美待时而发动。

⑦ 或从王事：迷惑跟从大王做事。知：一本作"智"，二者通。

⑧ 括囊：束扎口袋。慎不害：六四之柔得正，虽处多惧之地，只要谨慎则无害。

⑨ 黄裳：黄色下服。《左传》昭公十二年："黄，中之色也。裳，下之饰也。"文在中：坤为文，六五居上体之中。依五行方位之说，黄为土，居

五行之中位，黄在五色中亦居中位，南"文在中"思之，或五行方位说在作《象》时已极为流行。

⑩ 龙战于野：有龙在田野交战。其道穷：上六之阴居上，阴道穷极。

⑪ 以大终：阳为大，坤道代替天道终结养育万物之事，曰"大终"。即《文言》"地道无成而代有终"。

今 译

地势柔顺，君子（效法此）当以宽厚之德容载万物。"履霜坚冰"，阴气开始凝结。顺致阴道，以导致"坚冰"。"六二"之动，"平直"而"方正"。"不习没有不利的"，六二地道柔顺广大。"蕴含章美可以守正"，待时而发动。"惑而跟从大王作事"，知道（大王才智）广大。"束扎口袋无咎"，谨慎而无害。"穿黄色下服开始即吉"，文德在守中。"龙交战于野外"，阴道穷极。用六"永守正道"，（坤阴养育万物）而大终。

云雷，屯；君子以经纶①。虽"磐桓"，志行正也②。以贵下贱，大得民也③。"六二"之难，乘刚也④。"十年乃字"，反常也⑤。"即鹿无虞"，以从禽也⑥。"君子，""舍"之，"往吝"穷也⑦。"求"而"往"，明也⑧。"屯其膏"，施未光也⑨。"泣血涟如"，何可长也⑩。

注 释

此释《屯》卦卦爻之象。

① 云雷：《屯》下震上坎，坎为云，震为雷。此坎不为水而为云，云即雨水未下，取其未通之义。经纶：本指治丝之事，后引申为匡济、经营等义。经，编织布帛。纶，青丝绳，也指编丝成绳。先儒也有训"纶"为"论"者，经论即是论撰，如郑玄云："谓论撰书礼乐，施政事。"此说亦可

备考。

② 磐桓：盘旋难进之貌。志行正：《屯》卦初九阳爻居阳位而得正。

③ 以贵下贱：《屯》卦初九之阳居卦之下，初为贱位。

④ 乘刚：六二阴爻居初九阳爻之上。

⑤ 十年乃字：十年后才许嫁。字，古礼女子订婚后即用簪子插住挽起的髻。此引申为许嫁。反常：六二从初为逆，从五为顺，去逆就顺，故曰反常。反，返。

⑥ 即鹿无虞：追鹿没有虞人（作向导）。即，追逐。虞，虞人。从禽：是释"即鹿"，指追逐鹿。

⑦ 吝：难。

⑧ 求而往，明也：六四与九五相比，五阳来求四阴，是迎亲，四阴前往为嫁，所以明于婚礼。到外曰"往"。

⑨ 屯其膏：屯积油汁。施未光：九五之阳居两阴之中，故未广大。光，广。泣血涟如：泪水不断的样子。

⑩ 何可长：上六为《屯》之终，故没有什么可长久的。

今 译

云雷为《屯》，君子（效法此）以经营纶理事务。虽"盘旋难进"，但志行正道。（屯难时）以高贵而下接低贱，大得民众依附。六二之"难"，（在于）阴柔乘凌阳刚。"十年乃嫁"，反归常理。"追逐鹿而无虞人作向导"，（只能被动）跟从禽兽。"君子""舍弃"之，"前往有吝难"，其道必穷。求婚而前往，明于婚礼。"屯积油汁"，未能广施于众。"泪水不断流"，何可长久。

山下出泉，蒙①。君子以果行育德②。"利用刑人"，以正法也③。"子克家"，刚柔接也④。"勿用取女"，行不顺也⑤。"困蒙"之"吝"，独远实也⑥。"童蒙"之"吉"，顺以巽也⑦。利用"御寇"，上下顺也⑧。

注 释

此释《蒙》卦卦爻之象。

① 山下出泉：《蒙》卦下坎上艮，艮为山，坎为水，泉为水之源，故曰"山下出泉"。

② 果行：先儒多解作刚决、果决等，笔者认为：由"果行"与"育德"对文思之，此"果行"恐为过行，古"果""过"互假。《后汉书·苏竟传》："昔智果见智伯穷兵必之。"李注："果或作过。"过行，指行为有过失，有过失故需"育德"，以补其过，此正与《礼记，表记》"过行弗率，以求处厚"之旨同。

③ 刑人：受刑之人。正法：初六失位而又居坎之下，故《蒙》之初宜端正法律。坎为法律。《尔雅·释言》："坎，律、铨也。"《说文》："法，刑也。平之如水，从水。"

④ 子克家：儿子成家。刚柔接：先儒多释为九二与六五相应而交接。其实未必。九二与六三相比，可称为刚柔接。有《象》释《坎》卦六四爻辞为证："'樽酒，簋贰'，刚柔际也。"《坎》卦初四皆为阴不应，此是指四五刚柔相接。际，为接。《尔雅》："际，接也。"

⑤ 取：娶。行不顺：六三失位，且乘九二，故曰不顺。

⑥ 困蒙：困于蒙昧。独远实：六四上下皆为阴爻而远离阳爻。阳称实。

⑦ 顺以巽：六五阴柔居尊，下应九二，故有顺从而卑逊下求之义。巽，一本作"逊"，二者互通。（详见《小畜·象》注）巽，又有践履之义。（详见《巽·象》注）

⑧ 御寇：防御盗寇。上下顺：上九为阳刚，上以阳刚御下之柔而顺利，上九之下互体为坤，坤为顺。

今 译

山下出泉水，此《蒙》卦卦象。君子（效法此）当因有过失而培养自己的品德。"适用于受刑人"，（居初）宜正法律。"儿子成家"，阳刚与阴柔相接应。"不要娶此女"，行动不顺利。"被蒙昧所困"而带来的困难,独自远离(阳爻)之实。"儿童般蒙昧"有"吉",是顺从而卑逊下求。适于"御防盗寇",(是因)上下顺利。

云上于天,需①。君子以饮食宴乐②。"需于郊",不犯难行也③。"利用恒无咎",未失常也④。"需于沙",衍在中也⑤。虽"小有言",以"吉""终"也⑥。"需于泥",灾在外也⑦。自我"致寇",敬慎不败也⑧。"需于血",顺以听也⑨。"酒食贞吉",以中正也⑩。"不速之客来,敬之终吉"⑪。虽不当位,未大失也⑫。

注 释

此释《需》卦卦爻之象。
① 云上于天:一本作"云在天上",《需》下乾上坎,坎为云,乾为天。
② 宴:安。
③ 需于郊:等待于郊区。需,本为古代求雨之祭,引申为等待。不犯难行:《需》卦初九居下,远离外卦坎险,故"不犯难行"。《需》卦上坎为险。
④ 利用恒:适合于守恒。未失常:《需》初九阳居阳位而应六四之阴,故曰"未失常"。
⑤ 衍在中:是释"需于沙"。九二居下卦之中,以应九五,沙衍在其中。衍,本指水朝宗于海。清儒惠栋及民国尚秉和等人皆训"衍"为"水中有沙"。案《穆天子传》:"天子乃遂东征,南绝沙衍。"可证先儒训释较确。
⑥ 小有言:少有口舌是非。
⑦ 灾在外:九三逼近外卦坎。坎为灾。外:指外卦。
⑧ 自我致寇:由于自己招致盗寇。敬慎不败:九三虽近坎险,但因以阳刚得正,以示恭敬谨慎而不败于寇。
⑨ 血:通洫,即沟洫。顺以听:六四以阴居阴故顺。六四处坎之下,

坎为耳,故有听象。此是说六四柔顺而听命。

⑩ 中正:九五居中得正,引申为中正之德。

⑪ 不速之客:没有邀请而来的客人。

⑫ 不当位:上六之阴居卦之终,又乘九五之刚,故其位不当。从爻位看,上六以阴居阴本当位,而此却说"不当位"。这说明了《象传》所谓"当位"并非专指阳居阳位,阴居阴位。

今 译

云上升于天,此《需》卦之象,君子(效法此)当以饮食安乐(而待时)。"停留于郊外",不冒险行动。"宜于安静守常无咎",未失常道。"停留在沙滩中",沙衍在其中。虽"少有责难",但以"吉"而"告终"。"在泥泞中停留",灾难就在近前外卦。自己"招致盗寇",只有恭敬谨慎才不败于寇。"停留在沟洫中",乃柔顺而听命。"酒席上守正则吉",因守中正之道。"不速之客到来,以礼相敬最终则吉",虽位不当,但没有大的过失。

天与水违行,讼①。君子以作事谋始。"不永所事",讼不可长也②。虽"小有言",其辩明也③。"不克讼归逋",窜也④。自下讼上,患至掇也⑤。"食旧德",从上"吉"也⑥。"复即命渝","安贞"不失也⑦。"讼元吉",以中正也。以讼受服,亦不足敬也⑧。

注 释

此释《讼》卦卦爻之象。

① 天与水违行:《讼》卦下坎上乾,乾为天,坎为水,天气上升,水性润下,故违行。

② 不永所事:不为争讼之事纠缠不休。不可长:初六失位,以柔弱争

讼于下不可长久。

③ 辩明：辨别清楚。

④ 不克讼归逋：没有在争讼中取胜，回来后要逃避。逋：逃窜。

⑤ 自下讼上：九二与九五争讼。下，九二。上，指九五。掇：本指用手拾物，一本作"惙"。有训掇为止者，也有训为忧者。案九二居坎中，坎为"加忧"。又通观上下文义，当训"忧"为胜。

⑥ 食旧德：享用旧的恩德。从上吉：古有二解，（一）六三与九四相比，六三阴爻顺从九四阳爻则吉；（二）六三与上九相应，故六三顺从上九则吉，似第二说更妥。

⑦ 复即命渝：反悔就从命，改变初衷。

⑧ 中正：九五居中得正。服：是指《周易》古经中的"鞶带"。

今 译

天与水违背而行，乃《讼》之象，君子（效法此）当在作事时考虑好如何开始。"不长久陷入争讼之事"，争讼之事不可长久。虽"少有责难"，但自会辩解明白。"没有在讼事中取胜，返回来躲避"，此为逃窜。（九二）在下而讼上（九五），祸患至必忧虑。"享受旧的恩德"，顺从上则吉。"反悔即从命改变初衷"，安于正道不会有失。"争讼开始得吉"，以得中正之道。在争讼中被授以鞶带，不足以尊敬。

地中有水，师①。君子以容民畜众②。"师出以律"，失律"凶"也③。"在师中吉"，承天宠也④。"王三锡命"，怀万邦也⑤。"师或舆尸"，大无功也⑥。"左次无咎"，未失常也⑦。"长子帅师"，以中行也⑧。"弟子舆尸"，使不当也⑨。"大君有命"，以正功也⑩。"小人勿用"，必乱邦也⑪。

注 释

此释《师》卦卦爻之象。

① 地中有水:《师》卦下坎上坤,坤为地,坎为水,坎在坤下,故"地中有水"。

② 容民畜众:容纳人民畜养群众。容,容纳、包容。畜,养。

③ 师出以律:出兵打仗皆以乐律进退。失律凶:《师》卦初六以阴居阳而失位,故失律行师必有凶。

④ 师中:中军。承天宠:九二阳爻居中,上应六五而为宠,六五为天。

⑤ 王三锡命:大王三次赐命嘉其功劳。怀万邦:九二阳刚居中而在下,为五阴所归服,以示九二之君心怀万邦诸侯。

⑥ 舆尸:以车拉死尸。尸,死尸。也有训为"木主"者(即灵牌)。大无功:六三失位乘刚,内外无应,故出师必败而无功绩。

⑦ 左次:驻扎左方。未失常:六四得位不失常道。

⑧ 中行:六五居中。

⑨ 使不当:六五受任九二,若复任其他,则任使不当。

⑩ 大君有命:大君论功封爵赐命。以正功:上六以阴居阴而得正。

⑪ 乱邦:上六为阴爻,故为小人,若居上而用小人必乱邦国。

今 译

地中有水,《师》之象。君子(效法此)当容纳人民畜养庶众。"出兵打仗皆以乐律进退",有律不从出师必凶。"主帅在中军则吉",乃承应天(六五)之宠爱。"大王三次赐命嘉奖",居下心怀万邦。"出师疑惑载尸而归",大无功劳。"军队驻扎左方无咎",未失常道。"长子统率军队",而得中道。"次子载尸",任用不当。"大君有命",正定功劳。"小人不可用",(用之)必乱邦国。

地上有水，比①。先王以建万国，亲诸侯②。比之初六，"有它吉"也③。"比之自内"，不自失也④。"比之匪人"，不亦伤乎⑤。"外比"于贤，以从上也⑥。"显比"之"吉"，位正中也⑦。舍逆取顺，"失前禽"也⑧。"邑人不诫"，上使中也⑨。"比之无首"，无所终也⑩。

注 释

此释《比》卦卦爻之象。

① 地上有水：《比》下坤上坎，坎为水，坤为地。水性润下而在地上，故有亲比之义。

② 先王：指九五。万国：诸侯，指五阴，《比》卦（☵☷）一阳居五、上下五阴，故法此象有"先王以建万国，亲诸侯"。

③ 有它吉：有意外的吉利。它，意外。初六失位与四不应，本当有咎，但因与九五亲比，故"有它吉"。

④ 比之自内：亲比来自内部。不自失：六二阴柔居内卦之中得正，上应九五，故不自失其所亲比之人。

⑤ 比之匪人：亲比的不是自己所亲比的人。不亦伤：六三失位而无应，故有悲伤之义。

⑥ 外比于贤：六四于外卦与九五之贤亲比。外，外卦。贤，九五。以从上：六四外比九五，是顺从上之九五阳刚。

⑦ 显比：光明正大亲比。位正中：九五居中得正。

⑧ 舍逆取顺：天子狩猎前开一面，禽向己者则舍之，背己而去则取之，故舍逆取顺。此恐指九五舍弃下四阴而取其上六之顺。逆，指下四阴。顺，谓上六。上六背五而去。失前禽：背己而射禽，因而往往失前禽。

⑨ 不诫：不戒备。上使中：九五在上而居中得正，有中正之道。

⑩ 比之无首：亲比而没有首领。无所终：上六比道已尽，不能与九五亲比共终。

今 译

地上有水，《比》卦之象。先王（效此）当以建立万国，亲比诸侯。《比》初六，"有意外的吉利"。"亲比从内部来"，不自失其所亲。"亲比不是所要亲比的人"，不也是很悲伤的吗？"从外亲比"于贤人，乃顺从上位。"光明正大亲比"而有"吉祥"，是因位居中正。舍弃（下）逆而取其（上）顺，则"失去前禽"。"邑人不戒备"，自上行施中道。"亲比而无首领"，乃不能亲比到底。

风行天上，小畜①。君子以懿文德②。"复自道"，其义"吉"也③。"牵复"在中，亦不自失也④。"夫妻反目"，不能正室也⑤。"有孚惕出"，上合志也⑥。"有孚挛如"，不独富也⑦。"既雨既处"，"德"积"载"也⑧。"君子征凶"，有所疑也⑨。

注 释

此释《小畜》卦卦爻之象。

① 风行天上：《小畜》下乾上巽，乾为天，巽为风，风行天上，为号令未发以待时，故为小畜。孔颖达云："风为号令。"（《周易正义》）

② 懿：《说文》："专久而美也。"古字从壹、从久、从心，人心能专壹而不贰，悠久而不息。文德：德见诸威仪文辞。

③ 复自道：自己返回。其义吉：初九以阳居正与四应，故其辞义有吉。义，爻辞之义。王引之曰："义者，理也、道也。此言一爻也。"

④ 牵复：被领回来。在中：九三居内卦之中。亦：指与初九比较而言。

⑤ 反目：怒目而视。不能正室：九三阳爻为夫在内卦，六四阴爻为妻在外卦。妻乘夫在上，夫被制在下，故不能正室。

⑥ 有孚惕出：有诚信，恐惧可以排除。惕，恐惧。上合志：六四、九五都有"有孚"之辞，故六四上合九五之志。

⑦ 挛如：维系。不独富：一说九五能与六四之邻共同富有。九五之阳为富，四谓邻。一说九五不单为富，还有诚信。案经文"富以其邻"，当以前者为是。

⑧ 既雨既处：天已下雨，雨已停。处，停。德积载：阳德已积满而为六四所载。经文中有"尚德载"，其义为（遇车）可以得载，可见《传》义与经义有别。

⑨ 有所疑：上九处卦之极，再前行必有所疑虑。

今 译

风行于天上，《小畜》之象。君子（效此）当以修养文辞德业。"自我引导而返回"，其义为"吉"。"被牵领返回"之辞居中爻，亦不会自失其德。"夫妻怒目而视"，不能规正妻室。"有诚信，惊恐可以排除"，（六四）上合（九五）之志。"有诚信维系"，不独自富有。"天已雨，雨已止"，"（阳）德"积满而为（阴）所"载"。"君子出征则凶"，（上九）有所疑虑。

上天下泽，履①。君子以辨上下，定民志②。"素履"之"往"，独行愿也③。"幽人贞吉"，中不自乱也④。"眇能视"，不足以有明也⑤。"跛能履"，不足以与行也⑥。"咥人"之"凶"，位不当也⑦。"武人为于大君"，志刚也⑧。"愬愬终吉"，志行也⑨。"夬履贞厉"，位正当也⑩。"元吉"在上，大有庆也⑪。

注 释

此释《履》卦卦爻之象。

① 上天下泽：《履》卦下兑上乾，兑为泽，乾为天，天气上升而在上，泽水下润而在下，等级分明，故为《履》象。

② 辨：别。

③ 素履：穿素鞋前往。独行愿：独行自己的心愿。

④ 幽人：囚人。中不自乱：九二阳爻居中位而心志不自乱。

⑤ 眇能视：偏盲而能视。眇，偏盲。不足以有明：六三不中不正，阴柔才弱，强视不足以明视。

⑥ 跛能履：脚跛而能行。不足以与行：其义与"不足以有明"类似。

⑦ 咥：咬。位不当：六三以阴居阳，故位不当。

⑧ 武人为于大君：武人为大君效劳。志刚：六三与上九相应，其志向是阳刚。

⑨ 愬愬：恐惧之貌。志行：九四虽处惧之地，但九四为阳刚性动，故志行。

⑩ 夬履：决然而行。夬，决。位正当：九五以阳居阳位，而又居中，故曰位正当，此释"夬履贞厉"，《象》用"位正当"释"厉"，可见《象》之"位正当"并非都"吉"，正如《系辞》所谓"其柔危，其刚胜邪"？

⑪ "元吉"在上："元吉"之辞在上爻。大有庆：上九之阳居上位与六三相应，上下分明，故曰大有庆。

今　译

上天而下泽，《履》之象。君子（效此象）当辨别上下，安定民志。"穿素色鞋而前往"，独自奉行自己的心愿。"囚人占之则吉"，履中道而心志不自乱。"偏盲而视"，不足以明辨。"脚跛而履"，不足以行走。"（老虎）咬人"之"凶"，位不正当。"武人为大君报效"，志向刚正。"虽有恐惧最终有吉"，其志行施。"决然而行占之则有危厉"，其位正当。"开始吉祥"在上位，大有福庆。

天地交，泰①。后以财成天地之道，辅相天地之宜，以左右民②。"拔茅征吉",志在外也③。"包荒得尚于中行",以光大也④。"无往不复",天地际也⑤。"翩翩不富",皆失实也⑥。"不戒以孚",中心愿也⑦。"以祉元吉",中以行愿也⑧。"城复于隍",其命乱也⑨。

注 释

此释《泰》卦卦爻之象。

① 天地交:《泰》下乾上坤,乾为天,坤为地。天在下而地在上,以示阳气下降,地气上升,二者相互交通。

② 后:君。古者君称后。《尔雅·释诂》:"后,君也。"《周礼·量人》:"营后宫。"《礼记·内侧》:"后王命冢宰。"郑玄皆注:"后,君也。"后世君称王,妃遂称后。财:通裁。相:赞助。左右:支配。

③ 拔茅:拔茅草。志在外:初九与六四相应,故初九志向在外卦。

④ 包荒:取其大川。包,取。荒,川。光大:九二之阳居中与六五相应,故曰光大。光,通"广"。

⑤ 无往不复:没有只往而不返的。李鼎祚《周易集解》此作"无平不陂"。天地际:先儒多以九三居下体乾极以应上体坤极释之,但案《象》释《坎》"刚柔际",乃是释六四之爻。《坎》卦六四与初爻并不相应,故先儒之释恐怕有误。笔者以为此当释为:九三处内外卦交接处,内卦为乾天,外卦为坤地,故曰"天地际"。际,接。

⑥ 翩翩:飞鸟之象,比喻人轻浮之象。失实:六四至上六皆为阴爻,三阴在上,故曰失实。阳为实,阴为虚。南《象》释"翩翩不富"曰"皆失实"思之,《象》亦解"翩翩"为轻浮。

⑦ 不戒:不戒备。中心愿:六四近五,五居中,故有上居中心之愿。

⑧ 祉:福。中以行愿:六五居中,实现了居中之愿。

⑨ 城复于隍:城墙倾覆于城壕中。隍,城下沟壕。其命乱:上六为《泰》之终,故有城倾倒命运变乱之象。

今 译

天地相交，《泰》卦之象。大君（效此）当以裁度天地交通之道，辅助天地化生之宜，以支配天下人民。"拔茅草，出征有吉"，（初爻）志向在外（卦）。"行大河，取道中而得赏"，以其广大。"没有只往而不返的"，（九三爻处）天地交接之处。"往来翩翩而不富有"，（六四与其他二阴）皆失阳实。"不必告诫而心存诚信"，有居中之心愿。"以此得福大吉"，实现了居中之心愿。"城墙倾覆于城壕中"，天命变乱。

天地不交，否①。君子以俭德辟难，不可荣以禄②。"拔茅贞吉"，志在君也③。"大人否亨"，不乱群也④。"包羞"，位不当也⑤。"有命无咎"，志行也⑥。"大人"之"吉"，位正当也⑦。"否"终则"倾"，何可长也⑧。

注 释

此释《否》卦卦爻之象。

① 天地不交：《否》下坤上乾，乾为天在上，坤为地在下，天地阴阳不交。

② 俭德辟难：以节俭为德避免灾难。俭，节俭。辟，避。禄：禄位。

③ 志在君：其义与《象》释《泰》初九相似。《否》初与二、三为阴类，皆应外卦阳爻。初之志在于顺应四之君，阳为君。

④ 大人否亨：大人不亨通。否，不。不乱群：六二所处之群不乱。群，指下三阴。

⑤ 包羞：取其进献之物。位不当：六三以阴居阳位。

⑥ 有命：有所受命。志行：九四阳刚近五而有所受命，故"志行"。

⑦ 位正当：九五居中得正。

⑧ 否终则倾：上九为《否》之终，否道将尽，故曰倾。

今 译

天地不交合,《否》卦之象。君子(效此)当以节俭之德避难,(此时)不可得荣誉和禄位。"拔茅草守正则吉",其志在报效君王。"大人不顺利",小人之群不乱。"取其进献之物",位不正当。"有天命而无咎",其志行施。"大人"之"吉",(九五)居位正当。《否》至终其道倾覆,有什么可长久的呢!

天与火,同人①。君子以类族辨物。出门"同人",又谁"咎"也②。"同人于宗","吝"道也③。"伏戎于莽",敌刚也④。"三岁不兴",安行也⑤。"乘其墉",义"弗克"也⑥。其"吉",则困而反则也⑦。"同人"之"先",以中直也⑧。"大师相遇",言相"克"也⑨。"同人于郊",志未得也⑩。

注 释

此释《同人》卦卦爻之象。

① 天与火:《同人》下离上乾,离为火,乾为天。天在上,火炎上,同志而上行,故为同人。同人即同仁。

② 类族辨物:以同类事物相聚,辨别事物使之不相杂。即《文言》:"本乎天者亲上,本乎地者亲下,则各从其类也。"亦《系辞》:"方以类聚,物以群分。"类,犹同。族,犹群。出门同人:初九与上四阳同,故曰"出门同人"。二曰门。咎:追咎、责难。

③ 同人于宗:只与宗族人志向相同。宗,宗族。吝道:六二之阴居中而与五阳不相同,故其道必难。

④ 伏戎于莽:设伏兵于草莽之中。戎,兵。敌刚:九三与上九皆为阳而不应,故曰"敌刚",即以刚相敌。也有解作九三敌九五之刚,亦可备

一说。

⑤ 三岁不兴：三年不兴兵。安行：九三有敌刚而伏兵是平安而行。乘其墉：登上城墙。墉，城墙。义弗克：九四失位，故其辞之义有"弗克"。

⑦ 困而反则：九四处下体九三之上，而"不克"故曰困，又居上体之初，故曰反。反，返。则，法。

⑧ 同人之先：经文为"同人先号眺而后笑"。中直：九五居中得正。正，即直。《文言》："直其正也。"

⑨ 大师相遇：大军相会师。言相克：九五取胜而会师。

⑩ 郊：郊区，古者称邑外为郊。志未得：上九处《同人》外卦之上，远于内，故其志未得实现。

今 译

天与火（其性相同），《同人》之象。君子（效此）当以同类事物相聚辨别事物。出门"与人同志"，又有谁追咎？"只与宗族内人同志"，此"难行"之道。"设伏兵于草莽之中"，敌得阳刚。"三年不兴兵交战"，待时安行。"登上城墙"，其义为"弗克"。其"吉"，乃处困穷而返于法则。"与人同志"而"先"，（九五）用中直之道。"大军相会"，是说"相克"取胜。"在郊野与人同志"，其志未得实现。

火在天上，大有①。君子以遏恶扬善，顺天休命②。大有"初九"，"无交害也"③。"大车以载"，积中不败也④。"公用亨于天子"，小人害也⑤。"匪其彭无咎"，明辨哲也⑥。"厥孚交如"，信以发志也⑦。"威如"之"吉"，易而无备也⑧。大有"上"吉，"自天祐"也⑨。

注 释

此释《大有》卦卦爻之象。

① 火在天上：《大有》下乾上离，离为火，乾为天，故"火在天上"。

② 遏恶扬善：绝止恶行宣扬善良。遏，绝。扬，宣、举。顺天休命：顺从天休美命。休，美。

③ 无交害：初九居下，不与四应，故不涉及利害。

④ 积中不败：九二积阳德而居中。《大有》下体三阳曰积，九二居中曰中。败，坏。就车而言，因车强壮而行中道，故不会败坏。

⑤ 公用亨于天子：三公朝贡于天子。小人害："害"是释经文中"弗克"。九三爻得位利君子，不利小人，故对小人而言曰害。

⑥ 匪其彭：不以盛大骄人。彭，盛大。明辨哲：明辨清晰。九四处上体离卦之初，离为明，故可以明辨事理。哲，明智、清晰。一本作"晳"或作"哲""折"，四者古皆相通。

⑦ 厥孚交如：其诚信相交的样子。厥，其。信以发志：六五以柔居尊处中，虚以诚信，上下之阳皆归之，故有诚信以发上下之志，"信"是释"孚"。

⑧ 威如：威严之貌。易而无备：六五以阴居阳，以示有威严而不用，唯行平易而无所防备。易，即《系辞》"险易"之"易"。

⑨ 大有"上"吉：《大有》上九爻辞有"吉"。自天祐：有上天保佑。祐，助。

今 译

火在天上，《大有》之象。君子（效此）当遏绝恶行而褒扬善事，以顺天而休其命。《大有》"初九"，（在事之初）不涉及利害。"用大车以载物"，乃居中而不败坏。"三公朝献于天子"，对小人来说有害。"不以盛大骄人无咎"，明辨清晰。"其诚信相交"，以诚信发上下之志。"威严"而有"吉利"，（乃有威严勿用）唯行平易而无防备。《大有》"上爻"之"吉"，乃是因"有上天佑助"。

地中有山,谦①。君子以裒多益寡,称物平施②。"谦谦君子",卑以自牧也③。"鸣谦贞吉",中心得也④。"劳谦君子",万民服也⑤。"无不利㧑谦",不违则也⑥。"利用侵伐",征不服也⑦。"鸣谦",志未得也⑧。可"用行师","征邑国"也⑨。

注 释

此释《谦》卦卦爻之象。

① 地中有山:《谦》卦下艮上坤,坤为地,艮为山,山本高居地上,而今居地下,故有《谦》象。

② 裒多益寡:裒取其多,增益其寡。裒,古本郑、荀、董、蜀作"捊",有取之义。《字书》作"捂",《广雅》"捊,减"。称物平施:称量事物,以平均施予。

③ 谦谦:谦而又谦,形容十分谦虚。卑以自牧:《谦》初六处卑下而自养其德。牧,养。

④ 鸣谦:有声名而谦虚。中心得:六二居中,故曰中心。六二以阴居阴故曰"得"。得,即得正。

⑤ 劳谦:有功劳而能谦虚。万民服:九三之阳居《谦》下体之上,上下众阴归顺,故曰"万民服"。阴为民,众阴为万民。

⑥ 㧑谦:发挥其谦。不违则:六四以阴柔得正而发挥谦德,不违背谦之法则。

⑦ 征不服:六五以柔居尊,违背谦德,故曰征伐而不服从。

⑧ 志未得:上六居《谦》卦之上,为谦之终,故谦之志而未得。

⑨ 征邑国:讨伐邑国。

今 译

地中有山,《谦》卦之象。君子(效此)以裒取多而增益寡,称量其物以平均施予。"谦而又谦的君子",处卑下之位而自养其德。"有名声而谦虚,占问则吉",处中有所得。"有功劳而谦虚的君子",万民服从。"无所不利,发挥谦德",不违背谦之法则。"适合出征讨伐",征伐不服。"有名声而谦虚",其志未得实现。可以"兴师出兵","征伐邑国"。

雷出地奋,豫①。先王以作乐崇德,殷荐之上帝,以配祖考②。"初六鸣豫",志穷"凶"也③。"不终日贞吉",以中正也④。"盱豫有悔",位不当也⑤。"由豫大有得",志大行也⑥。"六五贞疾",乘刚也⑦。"恒不死",中未亡也⑧。"冥豫"在"上",何可长也⑨。

注 释

此释《豫》卦卦爻之象。

① 雷出地奋:《豫》下坤上震,震为雷,坤为地,雷在地上动,故曰雷出地奋。奋,动。

② 作乐崇德:制作音乐增充其德。崇,充。殷:盛。《说文》:"作乐之盛称殷。"荐:进献,即指祭祀。以配祖考:而祭祀祖先。以,王引之曰"'以配'之'以',犹而也"。配,祭祀,《汉书·艺文志》引作"享"。案金文配作𩰥,从酉从人,亦当训为"享"。《尚书·吕刑》:"惟克天德,自作元命,配享在下。"即是其证。高亨先生将"配"训为"人持酒以祭",其义甚确,此从之。

③ 鸣豫:豫乐而闻名。志穷凶:初六阴柔居下失正。故其志穷极而有凶。

④不终日：不待终日。以中正：六二以阴居阴得中，此指用中正之道。

⑤盱豫：仰视（媚颜）为乐。盱，张目。位不当：六三以阴居阳失位不中。

⑥由豫大有得：从事娱乐而有大得。由，从事。志大行：五阴顺从九四之阳，故阳志而得以行，阳为大。

⑦贞疾：占问疾病。乘刚：六五之柔乘九四之阳刚。

⑧恒不死：长久不死。中未亡：六五处尊居中，而没有死亡。

⑨冥豫在上："冥豫"之辞在上爻。冥豫，指夜晚而娱乐。何可长：上九居卦之终，故不会长久。

今 译

雷出地上而动，《豫》卦之象。先王（效此）制作音乐以增崇其德，用盛大祭祀进献于上帝，并配享祖宗。"初六爻豫乐而闻名"，其志穷极而有"凶"。"不待终日占问有吉"，因用中正之道。"仰视（媚颜）为乐将有悔"，（六三）位不正当。"由于从事娱乐而大有所得"，乃志大行。"六五占问有疾病"，是乘阳刚（造成的）。"长时间不死"，乃用中而未死亡。"日暮昏冥娱乐"，居上位，如何能长久呢？

泽中有雷，随①。君子以嚮晦入宴息②。"官有渝"，从正"吉"也③。"出门交有功"，不失也④。"系小子"，弗兼与也⑤。"系丈夫"，志舍下也⑥。"随有获"，其义"凶"也⑦。"有孚在道"，"明"功也⑧。"孚于嘉吉"，位正中也⑨。"拘系之"，上穷也⑩。

注 释

此释《随》卦卦爻之象。

① 泽中有雷：《随》下震上兑，兑为泽，震为雷，泽上雷下，故"泽中有雷"。
② 嚮晦人宴息：天将黑而卧寝休息。嚮，一本作"向""绑"，三者因音同而相通。宴息，指躺卧休息。宴，即偃。
③ 官有渝：馆舍有变。官，通馆。从正吉：初九从上而来，以阳居阳而得正，故"从正吉"。
④ 出门交有功：出门交遇而有功效。交，交遇。不失：初阴到上而不失正道。笔者认为"从正吉""不失"等，乃是以《彖》"刚来而下柔"释之。
⑤ 系小子：捆绑小孩。系，捆绑。弗兼与：初九阳刚在下为"小子"，九五在上为"丈夫"，六二依从初九"小子"则会失去九五丈夫。故二者不能兼而并有。与，并、偕。
⑥ 系丈夫：捆绑成人。丈夫，成人。古者男子二十而冠称丈夫。志舍下：六三之柔志向是舍弃下之初九。
⑦ 随有获：随从别人而有所获。其义凶：九四因处多惧之地，且失正，故其义有凶。
⑧ 有孚在道：有诚信合乎正道。明功：明示功效。
⑨ 孚于嘉：有诚信于善美。嘉，美。位正中：九五居中得正。正中，一本作"中正"。
⑩ 拘系之：遭到囚禁。上穷：上六处卦之极，乘刚无应，故"上穷"。

今 译

泽中有雷动，《随》卦之象。君子（效此）在晦冥之时，当入内卧寝而休息。"馆舍有变动"，从正道而得吉祥。"出门交遇而有功"，不失正道。"捆绑小孩"，（丈夫与小孩）不能兼而有之。"捆绑丈夫"，其志向是舍弃下（初九）。"随从别人而有所获"，其辞义有"凶"。"有诚信而合乎正道"，"明示"功效。"存诚于善美之中则有吉"，其位正中。"遭到囚禁"，上六其道穷极。

山下有风，蛊①。君子以振民育德②。"干父之蛊"，意承"考"也③。"干母之蛊"，得中道也④。"干父之蛊"，"终无咎"也⑤。"裕父之蛊"，往未得也⑥。"干父用誉"，承以德也⑦。"不事王侯"，志可则也⑧。

注　释

此释《蛊》卦卦爻之象。

① 山下有风：《蛊》下巽上艮，艮为山，巽为风。

② 振民育德：振济民众而培育道德，以增其感召力。此正与《象》释《蒙》卦"果行育德"之旨同。振，救。

③ 干父之蛊：匡正父之过失。干，匡正。即《文言》释《乾》所谓"贞固足以干事"之"干"。意承考：初六其意在顺其父。初六为阴爻，故称"承"。考，古称父为考。

④ 得中道：九二居《蛊》内卦之中，故曰得中道。

⑤ 终无咎：九三处下体之终，故曰终，九三得正位，故无咎。

⑥ 裕：宽容。往未得：六四为阴爻，故对父之蛊宽容，而未得其效。

⑦ 干父用誉：经文原为："干父之蛊用誉。"其意为：用荣誉匡正父之蛊事。承以德：顺承以德正之。六五为阴爻，故曰承。六五居中，故曰德，此指中德。

⑧ 不事王侯：不为王侯做事。事，事奉。志可则：上九阳刚居卦之上，故其清高之志，可以效法。则，效法。

今　译

山下有风，《蛊》卦之象。君子（效此）当振济民众而培养德性（以增其感召力）。"匡正父之过失"，其意在顺承"父"意。"匡正母之过失"，需得中道。"匡正父之过失"，最终"无咎"。"宽容父之过失"，往而未能正其过失。"用荣誉来匡正父之过失",需以德承受。"不为王侯做事",其清高志向可以效法。

泽上有地,临①。君子以教思无穷,容保民无疆②。"咸临贞吉",志行正也③。"咸临吉无不利",未顺命也④。"甘临",位不当也⑤。"既忧之","咎"不长也⑥。"至临无咎",位当也⑦。"大君之宜",行中之谓也⑧。"敦临"之"吉",志在内也⑨。

注 释

此释《临》卦卦爻之象。
① 泽上有地:《临》下兑上坤,坤为地,兑为泽。
② 教思无穷:教化思恤民众无尽。教,教化。《象》释《兑》:"君子以朋友讲习",《临》卦内卦为兑,故"教思无穷"。容:宽容。
③ 咸临:以感化之心临民。咸,感。临,本义为从高视下,引申为进、治、大之义。志行正:初九得正位,应六四,阳处下有上升之势,故其志行正道。
④ 未顺命:《临》之时阳刚当居五,今阳刚居二,且失位,故未能顺从天命。
⑤ 甘临:用甘言临民。甘,甜言蜜语。位不当:六三阴居阳位而不中,故"位不当"。
⑥ 既:已。咎不长:其咎不会长久。
⑦ 至临:至下临民。位当:六四以阴居阴。
⑧ 大君之宜:大君处事得当。宜,得当。行中之谓:六五以阴居中,故有行中之说。谓,说。
⑨ 敦临:以敦厚临民。志在内:阴以阳为主,上六穷极,其志在内卦二阳,二阳升,上六可得主,故其志在内。

今 译

泽上有地,《临》卦之象。君子(效此)当无穷地教化思念、宽容保护民众。"以感化之心临民守正则吉",其志行正道。"以感化之心临民则吉无所不利",(阳刚居二)未能听从天命。"用甘言临民",是说(六三)位不正当。"已知此而忧之",其"咎"不会长久。"至下临民则无咎",其位正当。"大君处理事得当",有行中道之说。"以敦厚临民而得吉",志在内卦(二阳)。

风行地上,观①。先王以省方观民设教②。"初六童观","小人"道也③。"闚观女贞",亦可丑也④。"观我生进退",未失道也⑤。"观国之光",尚"宾"也⑥。"观我生",观民也⑦。"观其生",志未平也⑧。

注 释

此释《观》卦卦爻之象。
① 风行地上:《观》下坤上巽,巽为风在上,坤为地在下,故"风行地上"。
② 省方:巡狩省察四方之事。观民设教:观示民情而设立政教。
③ 童观:像儿童一样观看。小人道:阴为小人。初六以阴居下而失位,观视不明,故曰"小人道"。
④ 闚观:由门缝向外偷看。亦可丑:六二之阴虽然得位居中,上应九五,窥视朝美,但不能大观故亦可为丑辱。
⑤ 观我生:观察自己庶民。生,指民。未失道:六三虽处上下体之间,进退不定,但上可以观示九五,故未失观道。
⑥ 观国之光:观察一国风俗民情。尚宾:六四之臣得正位,上顺从九五之君,适合用宾礼事奉君王。尚,上,此指九五。
⑦ 观民:即"观我生"。九五阳刚中正居尊位,以观示下四阴,下四阴

为民，故曰"观民"。

⑧ 观其生：观示他国民众。志未平：上九以阳居卦之极，且失位，故其志未能平和。

今 译

风行在地上，《观》卦之象。先王（效此）巡狩省察四方，观示民情以设政教。"初六孩童般幼稚地观看"，乃"小人"之道。"由门缝偷看，女子守正"，亦可为丑辱。"观察自己庶民以定进退政策"，未失观道。"观察一国风俗民情"，适合于用"宾"礼奉上。"观察自己的庶民"，观示民众。"观察它国民众"，其志未能平和。

雷电，噬嗑①。先王以明罚勅法②。"屦校灭趾"，不行也③。"噬肤灭鼻"，乘刚也④。"遇毒"，位不当也⑤。"利艰贞吉"，未光也⑥。"贞厉无咎"，得当也⑦。"何校灭耳"，聪不明也⑧。

注 释

此释《噬嗑》卦卦爻之象。

① 雷电：《噬嗑》下震上离，震为雷，离为电。朱熹、项安世等人改为"电雷"，案熹平石经本作"电雷"，又按《象》之惯例，称卦象皆由上而下，如"云雷，屯""雷风，恒""风雷，益"等。故此改动有道理。若依"雷电"，很易与《丰》卦卦象混淆。

② 明罚勅法：清明刑罚，修整法律。勅，又作"勑""敕""饬"。勅，西汉皆作"敕"，东汉始作"勅"。案李富孙《易经异文释》考证，勅、勑、敕、饬四者皆通。先儒多训"勅"为正、为理。

③ 屦校灭趾：刑具遮没了脚趾。屦，即履，此指加在足上。校，古代

木制刑具的通称。灭，遮没。不行：初九以阳居下，本当行，但因有刑具加足上，故曰不行。

④ 噬肤灭鼻：吃肉而掩其鼻。噬，吃。肤，肉，一般指柔软、肥美之肉。乘刚：六二之阴柔乘凌初九之阳刚。

⑤ 遇毒：指中毒。位不当：六三以阴居阳，不中不正，故"位不当"。

⑥ 利艰：利于艰难。未光：九四以刚明之才治之宜吉，但因九四为六五之柔所掩，故曰未能光大。光，通广。

⑦ 贞厉：守正则有危厉。得当：六五居刚用柔，而又居中，故噬嗑时得当。

⑧ 何校灭耳：脖子上所带的枷遮没了耳朵。何，荷。聪不明：上九虽处上体离明，但因居卦之极而失位，故曰耳听不明。

今 译

电闪雷鸣，《噬嗑》卦之象。先王（效此）明刑罚正法律。"刑具加于足上遮没了脚趾"，不能行走。"吃肉掩没鼻子"，（六二阴柔）乘凌（初九）阳刚。"中毒"，位不正当。"利于艰难中守正则有吉"，（阳刚）未有广大。"守正危厉而无咎"，适中而得当。"木枷遮没了耳朵"，耳朵听不清楚。

山下有火，贲①。君子以明庶政，无敢折狱②。"舍车而徒"，义弗乘也③。"贲其须"，与上兴也④。"永贞"之"吉"，终莫之陵也⑤。"六四"，当位疑也⑥。"匪寇婚媾"，终无尤也⑦。"六五"之"吉"，有喜也⑧。"白贲无咎"，上得志也⑨。

注 释

此释《贲》卦卦爻之象。

① 山下有火：《贲》卦下离上艮，艮为山，离为火，山下有火照，有文饰之义，故为《贲》象。

② 明庶政：明察繁多政事。庶，众。无敢折狱：古人称判决讼事曰折狱。此指不敢轻易判断讼事。

③ 舍车而徒：放弃车而徒步行。徒，徒步。义弗乘：弗，不。初九居下，虽与二比邻，但其位下贱，故此爻辞义为不乘车。

④ 贲其须：修饰毛须。须，指面毛与胡须。与上兴：六二与九三皆得位无应，故六二之阴上承顺九三之阳则可兴起。与，犹亲、从。

⑤ 终莫之陵：九三虽陷于二阴之中，但因以阳居阳位而得正，故最终未遭到凌侮。陵，侮。

⑥ 当位疑：六四当位，但因乘九三之阳故可疑。

⑦ 匪寇婚媾：不是盗寇而是求婚的。匪，非。终无尤：最终无怨尤。尤，怨。

⑧ 有喜：六五居中，故"有喜"。"喜"是释"吉"。

⑨ 白贲：以白色修饰。上得志：上九以阳居上，下饰二阴而得志。

今 译

山下有火照，《贲》卦之象。君子（效此）当明察众政，不敢轻易地判断讼狱。"舍弃车而徒步走"，其义为不乘车。"修饰面毛胡须"，（阴柔）从上而兴起。"永远守正"有"吉"，最终莫能遭受凌侮。"六四"，虽居正当位而可疑。"不是强盗而是求婚的"，终无怨尤。"六五爻"有"吉庆"，乃有喜事。"用白色修饰无咎"，在上位而得志。

山附于地，剥①。上以厚下安宅②。"剥床以足"，以灭下也③。"剥床以辨"，未有与也④。"剥之无咎"，失上下也⑤。"剥床以肤"，切近灾也⑥。"以宫人宠"，终无尤也⑦。"君子得舆"，民所载也⑧。"小人剥庐"，终不可用也⑨。

注　释

此释《剥》卦卦爻之象。

① 山附于地：《剥》下坤上艮。艮为山，坤为地。山在地上，故曰"山附于地"。附，依附。

② 上以厚下安宅：在上位君子当以厚施于下位（庶民）而安居。正如刘牧所言："山以地为基，厚其地则山保其高。君以民为本，厚其下则君安于上。"（《周易费氏学》引）上，指在上位君子。下，指庶民。宅，居。

③ 剥床以足：剥蚀床先及床足。剥，剥落、剥蚀。以灭下：初六以阴柔居下，以象床足，故剥床"以灭下"。下，指床足。

④ 剥床以辨：剥蚀床干。辨，床干。未有与：六二阴柔虽中正，但未有与阳刚比应。阴阳相得谓之"与"。与，犹亲。

⑤ 失上下：六三上下四阴皆剥阳，独三应上，故上下四阴相违背而失上下。

⑥ 剥床以肤：剥蚀床危及肌肤。肤，皮肤，此指身体。切近灾：六五近五，处多惧之地，而切近灾祸。

⑦ 以宫人宠：原文是"贯鱼以宫人宠"，是说受宠爱宫人如串鱼。宫人，宫中嫔妾。终无尤：阳衰之时，六五居中以柔顺奉承阳可得宠，故终无怨尤。

⑧ 舆：车。民所载：上九之阳为下众阴所载。上九阳为君子，下众阴为民。《剥》卦下为坤，五爻以下互体亦为坤，坤为众、为载。

⑨ 剥庐：剥夺房屋。终不可用：若小人居上位，剥夺屋舍，故"终不可用"。

今　译

山附着于地，《剥》卦之象。上位（君子）当以厚施于下位（庶民）而安其居。"剥灭床先及其足"，指灭其下。"剥灭床干"，无（阳）与之比应。"剥床无咎"，失去上下。"剥床已近皮肤"，切近灾祸。"以宫人而得宠"，终无尤过。"君子得车舆"，众民有所载。"小人剥夺房舍"，终不可用。

雷在地中，复①。先王以至日闭关，商旅不行，后不省方②。"不远"之"复"，以修身也③。"休复"之"吉"，以下仁也④。"频复"之"厉"，义"无咎"也⑤。"中行独复"，以从道也⑥。"敦复无悔"，中以自考也⑦。"迷复"之"凶"，反君道也⑧。

注 释

此释《复》卦卦爻之象。

① 雷在地中：《复》下震上坤，震为雷在下，坤为地在上，故"雷在地中"。

② 至日闭关：古俗至日（冬至、夏至）闭塞关口。冬至日阴之复，夏至日阳之复，故二至日有复象。而依卦气之说，《复》卦正当"冬至"。《象》既称"至日闭关"，或许作《象》之际已有卦气之说。商旅不行，后不省方：商人旅客不行于道路，君王不省视四方之事，此是说在《复》卦一阳之微居下之时，上（君）下（商旅）安静。如《白虎通·诛伐篇》所言："冬至日所以休兵，不举事，闭关，商旅不行，何？此日阳气微弱。王者承天理物，故率天下静，不复行役，扶助微气，成万物也。"商，商人。资货而行曰商。旅，旅客。行于途者曰旅。后，指君（详见《象》释《泰》）。方，四方之事。王弼注："方，事也。"

③ 不远之复：经文原为"不远复"，是指失去不远即返回。以修身：初九一阳始生于下，象知不善而复返，以此修身改过。即《系辞》所言："复以自知。"

④ 休复：休止（失误）而复返。以下仁：六二之阴上无阳而下亲附于初九之阳。初阳为仁。《文言》："元者，善之长也。"又曰："君子体仁足以

长人。"故知元初为仁。

⑤ 频复：频繁地复返正道。义无咎：六三过中失位，处下体震动之极，故有危厉，但因能复返正道，故此爻爻辞之义为"无咎"。

⑥ 中行独复：行道路正中，独自复返。以从道：六四之阴处上体坤之下，得正应初，故可用顺从之道。坤为顺从。

⑦ 敦复：敦促而复返。敦，敦促。中以自考：六五居中，故有中德而能察其过。考，察。又说为"成"，皆可通。

⑧ 迷复：迷途而复返。反君道：先儒有异议：（一）上六之阴居上，远离初爻之阳，故上六与初九反道而行。"反君道"即与初阳之道反。（二）上六之阴穷极而将生阳，故复返君道。君道即阳道。观其文义，当以第二说为胜，"反"当释为返，即《彖》"刚反"、《象》"闲而反则"、《序卦》"穷上反下"之"反"。故"反"不是相反之"反"。

今 译

雷动在地中，《复》卦之象。先王（效此）在至日闭塞关口，商人旅客不得行走于途，君王不省视四方之事。"不远就复返"，可以修正其身。"休止失误而复返则有吉"，下顺仁人。"频繁复返"有"危厉"，其义为"无咎"，"于道路正中而行独自复归"，可以顺从其道。"敦促复返而无悔"，居中处尊，自我成就善道。"迷途而复返"有"凶"，乃复返君道。

天下雷行，物与，无妄①。先王以茂对时育万物②。"无妄"之"往"，得志也③。"不耕获"，未富也④。"行人得"牛，"邑人灾"也⑤。"可贞无咎"，固有之也⑥。"无妄"之"药"，不可试也⑦。"无妄"之"行"，穷之灾也⑧。

注　释

此释《无妄》卦卦爻之象。

① 天下雷行：《无妄》下震上乾，震为雷在下，乾为天在上，故曰"天下雷行"。无妄：西汉人解作"无所希望"，此解于卦义较它解为胜。物与：物类。与，众说不一，有训为助，有训为应，有训为生，有训为参、人等。案上下文义，"与"字当以训作"类"为胜。《国语·周语》："夫礼之立，成者为饫，昭明大节而已，少曲与焉。"韦注："与，类也。"古人认为，冬季阳气潜藏，春季阳气始出而成雷，万物闻声而发育生长，即《说卦》所谓"万物出乎震"，"动万物者莫疾乎雷"，故卦象称"天下雷行，物与，无妄"。

② 以茂对时育万物：以勉力遂时长育万物。茂，勉。对，遂。育，长。《易纬·坤灵图》："天无云而雷，先王以茂对时，育万物。"郑注："茂，勉也。对，遂。育，长也。"

③ 得志：初九之阳处卦之下而得正，故曰"得志"。

④ 不耕获：不耕种而收获。未富：不富有。六二虽居中得正，但二为阴爻，故虚而不实，而不富有。《周易》多以阳为富，阴为不富。如《小畜》九五"富以其邻"，《泰》六四与《谦》六四之"不富以其邻"及《象》释《升》上六"消不富也"等。

⑤ 邑人灾：邑人有失牛之灾。

⑥ 固有之：九四之阳失位，但只要坚固而有所执守可以无咎。固有，指本来就有的。此是释"可贞无咎"，以"固"释"贞"。

⑦ 无妄之药：无妄之疾用药。不可试：不可轻易用药。试，用。

⑧ 穷之灾：上九居卦之上而穷极，必会有灾。

今　译

天下雷声振动，万物相应而类生，《无妄》之象。先王（效此）勤奋顺合天时，养育万物。"不抱希望而前往"，则得志。"不耕种而收获"，未能富有。"行人得"牛，"邑人（有失牛）之灾"。"可守正而无咎灾",是本来就有的。治"无所希望"病的"药",不可轻易试用。"不抱希望而有所行",穷极而有灾难。

天在山中,大畜①。君子以多识前言往行,以畜其德②。"有厉利已",不犯灾也③。"舆说輹",中无尤也④。"利有攸往",上合志也⑤。"六四元吉",有喜也⑥。"六五"之"吉",有庆也⑦。"何天之衢",道大行也⑧。

注　释

此释《大畜》卦卦爻之象。
① 天在山中:《大畜》下乾上艮,艮为山,乾为天,故曰"天在山中"。
② 多识前言往行:广泛学习前人言行。识,学习。往行,指过去。
③ 有厉利已:有危厉宜停止。不犯灾:初九之阳居下,故"不犯灾"。灾,是释"厉"。
④ 舆说輹:车子与车轴分离。舆,车。说,脱。中无尤:九二居中,有刚中之德,无过尤。
⑤ 上合志:九三近上艮山,但与上九志向相合。有说九三与六四之志相合。案三与上皆为阳爻、爻辞三为"利攸往",上为"何天之衢",皆有行道之义,故此说有失。
⑥ 有喜:六四畜初九之阳于初,故有"喜"。
⑦ 有庆:六五居中,畜九二于渐长之中,故"有庆"。
⑧ 何天之衢:荷负天之大道。何,荷。衢,四通八达之路。道大行:上九处《大畜》极,于阴之上,故其天道大行。

今　译

天在山中,《大畜》卦之象。君子(效此)当广泛学习前人言行,以畜养自己品德。"有危厉宜停止",(初九)不冒犯灾难。"车子与车轴分离",有中德无过尤。"利于有所往",(九三)与上六志向相投合。"六四开始即吉",而有喜事。"六五"有"吉",有福庆。"肩负天之大道",(阳)道大为通行。

山下有雷,颐①。君子以慎言语,节饮食②。"观我朵颐",亦不足贵也③。"六二征凶",行失类也④。"十年勿用",道大悖也⑤。"颠颐"之"吉",上施光也⑥。"居贞"之"吉",顺以从上也⑦。"由颐厉吉",大有庆也⑧。

注　释

此释《颐》卦卦爻之象。

① 山下有雷:《颐》下震上艮,艮为山在上,震为雷在下。故曰"山下有雷"。

② 慎言语:言语谨慎。节饮食:节制饮食。

③ 观我朵颐:观我隆起的两腮。朵颐,两腮隆起。亦不足贵:此处以贵贱论之,恐此爻辞乃言古人相面之事,曰两腮隆起其相貌不足贵。

④ 行失类:六二与六五皆为阴而不应,故"行失类"。

⑤ 道大悖:六三不中不正,处下震动之极,故曰"道大悖"。

⑥ 颠颐:晃动两腮。上施光:六四在上体而得正,又得初之刚应,故在上而德施广大。

⑦ 居贞之吉:居守正道则有吉。顺以从上:六五无应于下,以柔顺可以服从上九之阳。六五为阴故曰"顺",上九为"上"。

⑧ 由颐:从两腮看。大有庆:上九处外卦艮之上,以示颐养之德已成,故有福庆。阳为"大",艮为成。

今　译

山下有雷动,《颐》卦之象。君子(效此)当谨慎言语,节制饮食。"观我隆起的两腮",不足为尊贵之人。"六二出征则有凶",前往必失去同类。"十年不可以用",与正道大相违背。"颤晃两腮"有"吉",在上而德施光大。"居而守正则吉",(六五)柔顺可以服从上九(之阳)。"由两腮看有危厉却终有吉",(但可以预防)而大有吉庆。

泽灭木,大过①。君子以独立不惧,遁世无闷②。"藉用白茅",柔在下也③。"老夫女妻",过以相与也④。"栋桡"之"凶",不可以有辅也⑤。"栋隆"之"吉",不桡乎下也⑥。"枯杨生华",何可久也⑦。"老妇士夫",亦可丑也⑧。"过涉"之"凶",不可"咎"也⑨。

注 释

此释《大过》卦卦爻之象。

① 泽灭木:《大过》下巽上兑,兑为泽在上,巽为木在下,故有以泽灭木之象。

② 独立不惧:独立而不有畏惧。遁世无闷:退隐于世间而无烦闷。

③ 藉用白茅:用白色茅草铺地设置祭品。藉,铺垫。柔在下:初六以阴柔居卦之下。

④ 老夫女妻:爻辞称"老夫得其女妻"。女妻,小娇妻。过以相与:九二以刚过而与初相比,故九二之夫过而与初之女妻相亲。初六为"女妻",九二为"老夫"。以,而。

⑤ 栋桡:栋梁弯曲。不可以有辅:九三以阳居阳,与上六相应,但上六为"末"而"弱",故不可有阴相辅助。

⑥ 栋隆:栋梁隆起。不桡乎下:九四居上体不因与初相应而向下弯曲。下,指初六。

⑦ 枯杨生华:枯萎杨树开了花。华,花。何可久:九五虽与上六亲比,但因上六穷极,故不能长久。

⑧ 老妇士夫：爻辞称"老妇得其士夫"。士夫，指小丈夫。亦可丑：九五以刚居刚，上六以柔居柔，以示老妇与比自己少的丈夫匹配，只能为丑辱。丑是释经文中"无誉"。

⑨ 过涉之凶：渡河而带来了灭顶之凶。不可咎：此释"无咎"。

今 译

泽水灭没树木，《大过》卦之象。君子（效此）当以独立而不畏惧，隐退于世而无忧闷。"用白茅草铺地陈设祭品"，（初六）阴柔处卦下。"老夫（得）娇妻"，（九二阳刚）过而与（初六）相亲。"栋梁压弯"之"凶"，不可以有（上阴）辅助。"栋梁隆起"之"吉利"，不弯于下。"枯萎杨树开了花"，怎么能长久？"老妇（得到）小丈夫"，也不光彩。"渡河"而带来"凶险"，不可以"咎责"。

水洊至，习坎①。君子以常德行，习教事②。"习坎入坎"，失道"凶"也③。"求小得"未出中也④。"来之坎坎"，终无功也⑤。"樽酒簋贰"，刚柔际也⑥。"坎不盈"，中未大也⑦。"上六"失道，"凶三岁"也⑧。

注 释

此释《坎》卦卦爻之象。

① 水洊至：《坎》下坎上坎，坎为水，下坎水方至，上坎水再至，水流不息之象。洊，一本作"臻"，又作"荐"，三者通。洊，本指水荒，此训为再、仍。习：重。

② 以常德行：恒守德行。习教事：传习政教之事。

③ 习坎入坎：重重坎险而又进入坎险之中。失道凶：初六阴柔居重险之下而失正，上无应援，故失其出险之道而有凶。

④求小得：求仅有小得。未出中：九二失位居两阴之中，故未出险中。

⑤来之坎坎：来往皆坎险。之，往。终无功：六三处上下两坎之间，不中不正，进退皆坎，故"终无功"。

⑥樽酒簋贰：（得祭时）用一樽之酒，副之一簋之食。樽，古代盛酒之器。簋，古代盛黍稷的竹器。贰，副。刚柔际：六四之柔与九五之刚相比而交接。际，接。

⑦坎不盈：坎水未盈满。中未大：九五之刚居中，但陷于两阴之中，故未能广大而出险。

⑧上六失道：上六阴柔居坎之终而失去济险之道。岁：年。

今 译

水流再至而通，《习坎》之象。君子（效此）当以常守道德品行，传习政教之事。"重涉坎险而入于坎中"，失正道而有"凶"，"谋求仅有小得"，未出险中。"来往皆坎险"，最终只能徒劳无功。"（行祭时）一樽酒副之一簋之食"，乃（六四）柔与（九五）刚交接。"坎水未满盈"，处险难之中未能光大而出险。"上六"失去济险之道，"有三年凶险"。

明两作，离①。大人以继明照于四方②。"履错"之"敬"，以辟"咎"也③。"黄离元吉"，得中道也④。"日昃之离"，何可久也⑤。"突如其来如"，无所容也⑥。"六五"之"吉"，离王公也⑦。"王用出征"，以正邦也⑧。"获匪其丑"，大有功也⑨。

注 释

此释《离》卦卦爻之象。

①明两作：《离》卦上下皆离。离为明，故"明两作"，即《象》所谓

"重明"。作,起。

② 继明:连续不绝的光明。

③ 履错:行礼开始。履,礼。错,帛书《易》作"昔",指开始。以辟咎:初九以阳居明之初,象日出而升,当以恭敬则可避免灾咎。辟,避。

④ 黄离:用黄色网猎取禽兽。得中道:六二居中得正,故"得中道"。

⑤ 日昃之离:日倾斜而去狩猎。昃,日倾斜。何可久:九三过中,其明不能长久。

⑥ 突如其来如:不孝之子返回。突,不孝之子。无所容:无所容身。是释经文"焚""死""弃"。

⑦ 离王公:六五居两阳之间,故有吉当依上下王公。离,依附。九四、上九为阳称王公。

⑧ 王用出征:大王可以出征。以正邦:上九以刚处离之上,刚断而明照,以察天下,故可以正邦国。《释文》引王肃本在"以正邦也"下有"'获匪其丑',大有功也"。

⑨ 获匪其丑:执获的俘虏不是一般随从者。匪,非。丑,同类、随从。大有功,指有大功。

今 译

光明重重相续兴起普照,《离》卦之象。大人(效此)当以连绵不绝的光明照临天下四方。"礼始"之"敬",以避"灾咎"。"以黄色网狩猎,开始即吉",能得中道。"日倾斜时去张网",岂能长久!"不孝之子返回家",无所容身。"六五"之爻有"吉庆",依附王公而得助。"大王宜出征",以正治邦国,"擒获的不是一般随从者",立了大功。

象下

山上有泽,咸①。君子以虚受人②。"咸其拇",志在外也③。虽"凶居吉",顺不害也④。"咸其股",亦不处也⑤。志在"随"人,所"执"下也⑥。"贞吉悔亡",未感害也⑦。"憧憧往来",未光大也⑧。"咸其脢",志末也⑨。"咸其辅颊舌",滕口说也⑩。

注 释

此释《咸》卦卦爻象。

① 山上有泽:《咸》下艮上兑,兑为泽,艮为山,山高而在下,泽卑而在上。泽下润,山土受润,有山泽二气相通感应之象,故为咸。

② 以虚受人:以谦虚之心受纳于人。此取泽水下润,山虚以受。

③ 咸其拇:脚趾感应。拇,脚趾。志在外:初六与九四相应,志在应外卦九四。外,外卦。

④ 顺不害:六二居中得正,谨慎则不会有害。二在艮,艮为止,若二上应九五感动则违背艮止之义,故失礼则有害。此谓"不害",指与九三相比而言。顺,慎。

⑤ 咸其股:大腿感应。股,大腿。亦不处:九三阳刚居艮之上。本当处,但因它与上六相应而感动,故"亦不处"。处,止。"处"在人事,指女未婚。亦,指六二而言,六二与九五感应,故"不处"。

⑥ 志在随人,所执下:是释"执其随",九三之阳与六二之阴相比,虽与上六感动"不处",但其心志在于随从,所操执为下六二之阴。九三处下体艮之上,艮为手,故曰"执"。下,指二。

⑦ 贞吉悔亡:守正则吉,悔事消失。未感害:九四与初六皆失正,只有得正才无感应之害。

⑧ 憧憧往来:往来心意不定。憧憧,心意不定之貌。未光大:九四失正,故其感不能广大。

⑨ 咸其脢:脊背感应而动。脢,背。志末:九五与上六相比,九五志向在于与上六相感。末,上六,《系辞》"其初难知,其上易知,本末也",《象》释《大过》曰"本末弱也"。其"末"均指上爻。

⑩ 咸其辅颊舌:因感而牙床面颊舌头一齐动。辅,牙床。颊,面颊。

滕口说：众口说。上六居兑之上，故为"口"、为"说"。滕，一本作"媵"，或作"腾"。古"腾""媵"通。媵，当读为"腾"，今文"媵"皆作"腾"，"媵"为古文"腾"，故"滕""腾""媵"三者通。先儒"滕"字多解：（一）训"滕"为送。《燕礼》"媵觚于宾"，郑注"媵，送也"。（二）《尔雅·释诂》"滕，虚也"。亦可训为以虚言相感。（三）训"滕"为传。《后汉书·隗嚣传》"帝数腾书陇蜀"，高诱皆训腾为传。（四）《释文》引九家作众。（五）《正义》训"滕"为"竞与也"，云云。若案《象》文以"滕口说"而释感其"辅颊舌"之义，似以训滕为众于义更胜。

今 译

山上有泽水，《咸》卦之象。君子（效此）当以谦虚之心受纳于人。"脚趾感应"，其志向在外（卦九四）。虽有"凶险安其居则吉"，谨慎不会有害。"大腿感应"，亦不能安静居处。志在于"随从"别人，（九三）所"操执"为下（六二之阴）。"守正吉、悔事消亡"，（九四与初六）无感应之害。"往来心意不定"，未能广大。"脊背感应"，志向是与（上六）之末感应。"牙床、两颊及舌头皆受感动"，乃众口说。

雷风，恒①。君子以立不易方②。"浚恒"之"凶"，始求深也③。"九二悔亡"，能久中也④。"不恒其德"，无所容也⑤。久非其位，安得"禽"也⑥。"妇人贞吉"，从一而终也⑦。"夫子"制义，从妇"凶"也⑧。"振恒"在上，大无功也⑨。

注 释

此释《恒》卦卦爻之象。
① 雷风：《恒》下巽上震，震为雷，巽为风。

② 立不易方：确立不变的道理。方，犹道。

③ 浚恒：始求太久。浚，帛书《易》作"复"，训为"求"。始求深：初六处卦之下，故有始求深之义。初下为深。

④ 能久中：九二居中，故于《恒》卦之时能恒久行中道。

⑤ 不恒其德：不能恒守其德。无所容：九三居内外卦之间，处不中之位，上下皆阳，进退无所容身。

⑥ 久非其位：九四以阳居阴，处《恒》时而失位，故曰"久非其位"。

⑦ 从一而终：六五应九二，五在外，二在内，以六五阴从九二阳，故六五从一夫（九二）终其身而不改。此可证战国时代已有了妇女从一而终的思想。一夫，指九二。

⑧ 夫子制义：夫子制事适宜。制，裁制。"制义"之义，先儒多解，笔者以为此"义"即《文言》所谓"义以方外"之"义"，指夫子在外处世的原则。

⑨ 振恒在上："振恒"之辞在卦之上爻。振恒，恒久而求。大无功：上六处《恒》上体震动之极，不能守恒，故"大无功"。

今 译

雷风（长相交），《恒》卦之象。君子（效此）当以确立不变的道理。"始求"之"凶"，（在于）开始其求太深。"九二悔事消亡"，能久行中道。"不能恒守其德"，无所容身。（九四）久居不当之位，怎么能猎取"禽兽"？"妇人占问有吉"，（妇）终身跟从一夫。若"夫子"处事适宜，一味盲从妇人则有凶险。"恒久而求"发生上位，会大无功效。

天下有山，遯①。君子以远小人，不恶而严②。"遯尾"之"厉"，不往何灾也③。"执用黄牛"，固志也④。"系遯"之"厉"，有疾惫也⑤。"畜臣妾吉"，不可大事也⑥。"君子好遯，小人否"也⑦。"嘉遯贞吉"，以正志也⑧。"肥遯无不利"，无所疑也⑨。

注　释

此释《遯》卦卦爻之象。

① 天下有山：《遯》卦下艮上乾，乾天在上，艮山在下，故"天下有山"。远，疏远。

② 不恶而严：不憎恶而有威严。

③ 遯尾：逐，经文本指小猪，《易传》取隐退之义。尾随而退曰"遯"。不往何灾：初六居艮体，艮为止，故不往则可以免于灾。此是释"勿用有攸往"。

④ 执用黄牛：用黄牛皮捆缚。同志：六二居中得正，又处下体艮，艮为止，故曰同志。

⑤ 系遯：经文是指捆绑小猪。《易传》是指系恋而不知及时退去。有疾惫：九三居下艮之上，为阴所系而不能去，故必有疾病而陷入困境。惫，困。

⑥ 畜臣妾吉：畜养臣妾则有吉。畜，养。不可大事：不可做大事。九三之阳因系于下阴，阴为小，故"不可大事"。

⑦ 君子好逐，小人否：九四阳刚处上下体之间，失位在外，开始消退，以示君子决然而退去在外，而小人则不知退。

⑧ 嘉逐：经文本指小猪受到赞美。而此是指受到赞美而退去。以正志：九五居中得正，退而得正位，故曰"以正志"。此释"贞吉"。

⑨ 肥遯：经文是指小猪被养肥。而此指纵容退去。肥，先儒解为从容。无所疑：上九处外卦之极，退避在外，心无所疑虑。

今　译

天下有山，《遯》卦之象。君子（效此）当以远避小人时，不予憎恶而有威严。"尾随而退"有"危厉"，不前往能有何灾？"用黄牛（皮绳）捆缚"，固守其志。"一味追求而不知及时退去"

而有"危厉",有疾病而陷入困境。"畜养臣妾有吉",不可以作大事。"君子知好及时退去,小人不知道。""在赞美中退去,占问有吉",以中正守志。"从容中退去,没有什么不利的",心中无所疑虑。

雷在天上,大壮①。君子以非礼弗履②。"壮于趾",其"孚"穷也③。"九二贞吉",以中也④。"小人用壮,君子罔"也⑤。"藩决不羸",尚往也⑥。"丧羊于易",位不当也⑦。"不能退,不能遂",不详⑧。"艰则吉",咎不长也⑨。

注 释

此释《大壮》卦卦爻之象。

① 雷在天上:《大壮》下乾上震,震为雷在上,乾为天在下,故曰"雷在天上"。

② 非礼弗履:非礼事而不行。即孔子所谓:"非礼勿视,非礼勿听,非礼勿言,非礼勿动。"(《论语·颜渊》)履,践行。

③ 壮于趾:伤了脚趾。壮,伤。其孚穷:初九居下,上进而无应,其诚信必穷困。

④ 以中:用中。以,用。九二居中,故"以中"。

⑤ 小人用壮,君子罔也:九三处下体乾之极,以阳居阳,过刚不中,小人用之以强壮骄人,君子则以无为处世。罔,无。

⑥ 藩决不羸:藩篱被羊触裂挣脱了绳索。尚往:上往。九四处震动之下,有上升之势,故曰"尚往"。

⑦ 丧羊于易:丧失羊于场。易,场。位不当:六五以阴居阳,其位不正当。

⑧ 不能遂:不能进。遂,进。不详:一说通"祥",一说详审,通观此爻文义,以前者为胜。

⑨艰则吉：艰难中守正，则吉。咎不长：上六处《大壮》之终，终则有变，能艰难守正，妄动之咎不会长久。

今 译

雷在天上，《大壮》卦之象。君子（效此）不履行非礼之事。"伤了脚趾"，其"诚信"困穷。"九二守正则吉"，因用中道。"小人用壮（骄人），君子用无（处世）。""藩篱（被公羊）触裂，绳索被解脱"，往上而去。"丧失羊于场中"，（六五）位不正当。"既不能退又不能进"，此举不祥。"艰难中守正吉"，咎害不会长久。

明出地上，晋①。君子以自昭明德②。"晋如摧如"，独行正也③。"裕无咎"，未受命也④。"受兹介福"，以中正也⑤。"众允"之，志上行也⑥。"鼫鼠贞厉"，位不当也⑦。"失得勿恤"，往有庆也⑧。"维用伐邑"，道未光也⑨。

注 释

此释《晋》卦卦爻之象。

① 明出地上：《晋》卦下坤上离，离为明在上，坤为地在下。故"明出地上"。

② 自昭明德：自我昭著完善德性。昭，明。"昭明德"即《礼记·大学》之"在明明德"。

③ 晋如摧如：前进样子、忧愁样子。如，样子、状态。独行正：初六居下以应九四，而行正道。独，指初、一，《方言》："一，蜀也。南楚谓之独。"

④ 裕无咎：宽容处之则无咎。未受命：初六居下，其位卑贱，未受爵命。

⑤ 受兹介福：承受此大福。兹，此。介，大。以中正：六二居中得正，故"以中正"。

⑥ 众允：众人信任。允，信。上行：六三居坤与上九相应，故"上行"。

⑦ 鼫鼠：鼠的一种。位不当：九四以阳居阴，不中不正，又处多惧之地，故"位不当"。

⑧ 失得勿恤：失得皆勿忧虑。恤，忧虑。往有庆：六五居尊，处离明之中，以大明之德得天下之附，前往必有福庆。

⑨ 维用伐邑：只用来讨伐邑国。维，唯。道未光：上九处《晋》之终，离之极。日之偏，光明将息，其道未能光大。

今 译

光明出现地上，《晋》卦之象。君子（效此）当以自我昭示光明之德。"前进受阻"，当独行正道。"宽裕处之无咎"，未受到爵命。"承此大福"，用中正之道。"众人信任"，其志上行（以应上九）。"占问鼫鼠，有危厉"，其位不正当。"失而复得不要忧虑"，前往则有福庆。"只宜征伐邑国"，其道未能光大。

明入地中，明夷①。君子以莅众用晦而明②。"君子于行"，义"不食"也③。"六二"之"吉"，顺以则也④。"南狩"之志，乃大得也⑤。"入于左腹"，获心意也⑥。"箕子"之"贞"，"明"不可息也⑦。"初登于天"，照四国也⑧。"后入于地"，失则也⑨。

注 释

此释《明夷》卦卦爻之象。

① 明入地中：《明夷》下离上坤，离为明在下，坤为地在上，故"明入

地中"。明人地中，以示光明被遮而受伤，故为明夷。夷：伤。

② 莅众：莅临众人。用晦而明："用"，帛书《易》"用九"作"迵九"。迵，通。可证"用""通"互假。古"而""能"又互通。故用晦而明，即通晦能明，亦即能使晦者明也。

③ 于行：有所行。义不食：初九之阳处下，其爻辞之义当不吃饭。义，先儒多误释为义礼之"义"。案《象》释《小畜》"其义'吉'也"，释《同人》"义'弗克'也"，释《随》"其义'凶'也"，释《复》"义'无咎'"，可知"义"于此当指意义之"义"。

④ 顺以则：六二之阴居中得正。故顺以则。阴为"顺"，中正之道为法则。

⑤ 南狩：到南方放火烧草以狩猎。乃大得：九三之阳以应上六，前往必得"大首"。上六为坤阴之首，故为"大首"。获大首为"大得"。

⑥ 入于左腹：进入（明夷）左腹。获心意：六四以阴得位，上比六五，故曰"获心意"。此是释"获明夷之心"。

⑦ 箕子：商末纣王伯父。明不可息：六五虽处昏暗之中，但光明中德不可熄灭。《明夷》上坤为昏暗。

⑧ 初登于天：日开始登上天。照四国：上六居卦之上，当光照四国。《明夷》由《晋》而来。《序卦》："晋者，进也，进必有所伤，故受之以明夷。"此指《晋》时明在地上。故"照四国"。

⑨ 后入于地：《明夷》日进入地中。失则：《晋》变《明夷》，《晋》上九变成《明夷》上六，阳为阴代替，而失去法则。

今 译

光明进入地中，《明夷》之象。君子（效此）当莅临群众，用藏晦而更光明。"君子有所行"，其辞义当"不吃饭"。"六二"有"吉祥"，柔顺而又有法则。"南方烧草狩猎"之志，在于大有所得。"进入左腹"，而获其心愿。"箕子的守正"，（说明）光明（之德）不可熄灭。"初之光明升天"，以照四方众国。"后没入地中"，失则而无光。

风自火出，家人①。君子以言有物，而行有恒②。"闲有家"，志未变也③。"六二"之"吉"，顺以巽也④。"家人嗃嗃"，未失也⑤。"妇子嘻嘻"，失家节也⑥。"富家大吉"，顺在位也⑦。"王假有家"，交相爱也⑧。"威如"之"吉"，反身之谓也⑨。

注　释

此释《家人》卦卦爻之象。

① 风自火出：《家人》下离上巽，巽为风在外卦，离为火在内卦，故"风自火出"。

② 言有物：说话有事实根据。行有恒：行动有常度法则。恒，常度法则。

③ 闲有家：家中有防闲。闲，防。志未变：初九以阳居阳位而得正，故家人之志向未变。

④ 顺以巽：六二之阴居中得正故顺以巽。巽，践履之义（详见《巽·象》注）。此有居之义。

⑤ 家人嗃嗃：家人经常受到嗃嗃严叱。嗃嗃，严厉叱责声。未失：九三得位，刚严治家而得正，故未失家道。

⑥ 嘻嘻：骄佚喜笑之貌。失家节：九三以阳刚过中，以示失家节而有难。

⑦ 富家：使家庭富裕。顺在位：六四上承九五而得位。六四之阴为"顺"，六四以阴居阴曰"在位"。

⑧ 王假有家：大王到家。假，至，也有释为宽大者。交相爱：九五居尊位下应六二，五二夫妇交相爱。

⑨ 威如：威严的样子。反身之谓：《家人》卦诸爻皆正，独上九不正，君子于此，当反身求正。

今 译

风从火出,《家人》卦之象。君子(效此)说话有事实根据,而行动则恒守其德。"家中有防备",说明家人之志未变。"六二"之"吉",顺从而又履行。"家人受到嗃嗃的严叱",(治家)未失其道。"妇人和孩子骄佚喜笑",则失去家节。"家庭富裕是大的吉利",以柔顺居守正位。"大王到家中",(夫妇)交相爱慕。"(家道)威严"之"吉",是说反身求正。

上火下泽,睽①。君子以同而异②。"见恶人",以辟"咎"也③。"遇主于巷",未失道也④。"见舆曳",位不当也⑤。"无初有终",遇刚也⑥。"交孚无咎",志行也⑦。"厥宗噬肤","往"有庆也⑧。"遇雨"之"吉",群疑亡也。

注 释

此释《睽》卦卦爻之象。

① 上火下泽:《睽》下兑上离,离为火,兑为泽。火性炎上,水性润下,二者相违悖,故为《睽》象。

② 同而异:道同而事异。即"天下同归而殊途"。

③ 见恶人:遇见恶人。以辟咎:可以避免咎灾。

④ 遇主于巷:在巷道中遇见主人。巷,道。未失道:九二以阳居阴而失正,然而上应六五而得援,故"未失道"。

⑤ 见舆曳:见车被牵引。舆,车。曳,拉。位不当:六三的阴居阳位而不中。

⑥ 无初有终:起初不利,后有好的结果。遇刚:六三与九四相比,与上九相应,故曰"遇刚"。

⑦交孚：以诚信相交。志行：九四之阳处坎中，坎为通，故"行"。
⑧厥宗噬肤：其与宗族人一起吃肉。厥，其。噬，吃。肤，柔软的肉。

今 译

上为火，下为泽，《睽》卦之象。君子（效此）当取道同而存事异。"遇见恶人"，以避免咎灾。"在巷道中遇见主人"，尚未失道。"见大车被牵引"，（六三）位不正当。"初不利而有好的结果"，（六三阴柔）遇到阳刚。"诚信相交无咎"，志在行施。"其与家人一起吃肉"，"前往"有福庆。"遇到雨"有"吉利"，众多疑惑消失。

山上有水，蹇①。君子以反身修德②。"往蹇来誉"，宜待也③。"王臣蹇蹇"，终无尤也④。"往蹇来反"，内喜之也⑤。"往蹇来连"，当位实也⑥。"大蹇朋来"，以中节也⑦。"往蹇来硕"，志在内也⑧。"利见大人"，以从贵也⑨。

注 释

此释《蹇》卦卦爻之象。
①山上有水：《蹇》下艮上坎，艮为山在下，坎为水在上，故曰"山上有水"。
②反身修德：反求于己，修养其德。
③往蹇来誉：前往遇险难，回来则得荣誉。坎水为险，艮山为止，君子见险而止，故"往蹇来誉"。蹇，难。宜待：《释文》："张本作宜时也；郑本以待时也。"案之《象》文自"'王臣蹇蹇'，终无尤也"，"'王蹇来反'，内喜之也……"直至"'利见大人'，以从贵也"皆以四字为句，故此句亦应四字，以郑本作"以待时也"为是。"以待时"是说初六阴柔才弱，且失位，

前有险难,见险而止,待时而进。

④ 王臣蹇蹇:王臣皆在坎险之中,故"蹇蹇"。终无尤:笔者以为此"尤"即"忧",言王臣皆在险中而最终无忧。六二居中得正,上救患难九五之君,故终无忧。

⑤ 往蹇来反:前往遇险,只得返回来。内喜:九三近上坎,进则有险,但因与六二相比,近而相得,在内卦而有喜事。内,谓内卦六二。

⑥ 往蹇来连:前往有险,回来亦有险。连,通"辇",有险难之义。当位实:六四以阴居阴为"当位",上下皆阳故为"实"。

⑦ 大蹇朋来:有大难,朋友来助。中节:九五以阳刚居中,故有中之法度。节,先儒有解为节操者,有解为质者,亦有解为法度、节度者。案《象》之文义,当以解节为"节操"为是。

⑧ 往蹇来硕:前往有难,返回则丰大。硕,由"硕果"思之,此处当有丰大之义。志在内:上六处外卦与内卦九三相应,故"志在内"。

⑨ 以从贵:上六与九五相比,故可以顺从九五。九五位尊故曰"贵"。

今 译

山上水积,《蹇》卦之象。君子(效此)当以反省自身而修养道德。"往有险难,返回获荣誉",宜待时(而进)。"王臣皆在险难中",最终无忧。"往遇险难而返回来",内有喜事。"往有险难,返回亦险",(六四)当位(上下)皆为阳实。"大难中朋友来助",得中道而有节操。"前往遇险难,返回则丰大",其志向在于内卦。"宜见有权势的人",(上六)依从富贵。

雷雨作,解①。君子以赦过宥罪②。刚柔之际,义"无咎"也③。"九二贞吉",得中道也④。"负且乘",亦可丑也⑤。自我致戎,又谁咎也⑥。"解而拇",未当位也⑦。"君子有解","小人"退也⑧。"公用射隼",以解悖也⑨。

注 释

此释《解》卦卦爻之象。

① 雷雨作:《解》下坎上震,坎为雨,震为雷。雷雨交织而兴起。
② 赦过宥罪:赦免过失,宽宥罪恶。赦,放、免。宥,宽宥。过轻则赦,罪重则宥,皆有缓解之义。
③ 刚柔之际:初六之阴柔与九二之阳刚相比,故有刚柔交接之义。际,接。
④ 得中道:九二居中而"得中道"。
⑤ 负且乘:肩负东西而又乘车(此指小人之行为)。亦可丑:六三之阴失位而不中,且以柔乘刚,故亦可为丑辱。
⑥ 自我致戎:由自己招致兵戎来伐。此释爻辞"致寇至"。又谁咎:言兵寇至,咎由自取,非他人之咎。故曰"又谁咎"。此与《象》释《同人》《节》"又谁咎"不同。
⑦ 解而拇:解开被缚的拇指。拇,古人指手与脚的大拇指。未当位:九四以阳居阴位。
⑧ 君子有解,小人退:六五居尊得中,已离开坎险,故曰"君子有解"。但六五为阴,又像小人自退。前者就爻位言,后者就爻而言。
⑨ 公用射隼:王公射鹗鸟。隼,鹰之属。以解悖:上六居卦之上而得正,故能解除悖逆。

今 译

雷雨交作,《解》卦之象。君子(效此)当赦免过失者宽宥罪恶者。阳刚与阴柔交接,其义"无咎"。"九二占问则吉",(九二)得中道。"肩负物而乘车",也为可丑。自己招致兵戎(来伐),又是谁的过错?"解开被缚的拇指",(九四阳在阴位)未当其位。"君子解脱","小人"自退。"王公射隼鸟",解除悖逆。

山下有泽，损①。君子以惩忿窒欲②。"已事遄往"，尚合志也③。"九二利贞"，中以为志也④。"一人行"，"三"则疑也⑤。"损其疾"，亦可"喜"也⑥。"六五元吉"，自上祐也⑦。"弗损益之"，大得志也⑧。

注 释

此释《损》卦卦爻之象。

① 山下有泽：《损》下兑上艮，艮为山在上，兑为泽在下。故为"山下有泽"。

② 惩忿窒欲：制止忿怒，窒塞情欲。惩，一本作"澄"或"澂"，三者音近而相通。先儒有训为清者，有训为止者，当以后者为胜。窒，一本作"愼"或"侄"。此当训为止、塞。

③ 已事遄往：治病之事要速往。古之病曰"已"。遄，速。尚合志：初九与六四正应而合志。尚，上，指六四。另从爻辞看，初与四皆言治病之事，故其志相合。

④ 中以为志：九二失位居中，虽与六五相应，但因失位而利守中，故"中以为志"。

⑤ 一人行，三则疑：此释"三人行则损一人，一人行则得其友"。指一人可以独行，三人行则互相猜疑。案《彖》所谓"损下益上"，六三之位本为阳，因三阳相行相互猜疑，而减损一阳，故"三则疑"。

⑥ 损其疾：减轻疾病。亦可喜：六四与初九相应，六四赖初九而损病，故有喜。

⑦ 自上祐：六五以柔居尊，虚中谦受，必得到上天保佑。

⑧ 弗损益之：不减损而得到增益。大得志：上九自下而上，于《损》之时，而被增益，故"大得志"。

今 译

山下有泽，《损》卦之象。君子（效此）当制止忿恨窒塞情欲。"治病之事速往",与上(六四)其志合。"九二利于守正",守中以为其志。"一人行(可得其友)","三"(人行)则互相猜疑。"减轻疾病",亦可欢喜。"六五始则吉",来自上天保佑。"不减损反增益",则大得其志。

风雷,益①。君子以见善则迁,有过则改②。"元吉无咎",下不厚事也③。"或益之",自外来也④。"益用凶事",固有之也⑤。"告公从",以益志也⑥。"有孚惠心","勿问"之矣⑦。"惠我德",大得志也⑧。"莫益之",偏辞也⑨。"或击之",自外来也⑩。

注　释

此释《益》卦卦爻之象。
① 风雷:《益》下震上巽,震为雷,巽为风。
② 见善则迁:见善行则从之。迁,徙。
③ 元吉:开始即吉。下不厚事:初九阳刚自上而下,在下而不厚劳其民,不夺其时。厚事,益以他事。厚,益。《国语·晋语》"以厚其欲",韦注"厚,益也"。《益》下体本为坤,坤为"厚事"。下,谓初。
④ 或益之:或许增益。自外来:先儒多解:(一)乾上称外,来益之(虞翻等)。(二)帝者生物之主,兴益之宗,出震而齐巽者也。六二居益之中当位而应于巽,亨帝之美在此时(王弼)。(三)益之者,从外而来,不召而至也(孔颖达)。(四)六二中正,以虚能受,固守则有益之事,众人自外来益(程颐)。(五)《益》初九自《损》上九而来。《损》六五受上九之益。《象》曰"自上枯"。《损》变《益》,《益》六二受初九之益,这种益来自外卦(俞琰等)。(六)六二应九五有所增益,是从外卦九五来,《益》是《损》变来。《益》六二是从《损》九五而来(吴澄等)。案《损》六五爻辞"或益之十朋之龟,弗克违,元吉"。《益》六二爻辞"或益之十朋之龟,弗克违,永贞吉"。二者爻辞相同。又案《序卦》:"损而不已必益,故受之

益。"故当以后两解为是。正如今人徐志锐所言:"六二既受初九之益,又受九五之益,可见其受益匪浅,其所得的益处可与《损》卦的六五同。"

⑤ 益用凶事:把增益用于凶事。固有之:六三阴柔不中不正,故"凶事"为此爻本来就有。同,本来。

⑥ 告公从:告诉王公要依从。以益志:四本为阳,益下而为阴,即《象传》所谓"损上益下"。四在上外卦,增益到下内卦,故"以益志"。以,用。

⑦ 有孚惠心:有诚信惠施于心。勿问之:是释"勿问元吉"。之,指吉。

⑧ 惠我德:施惠于我品德之中。大得志:九五居中得正,故"大得志"。

⑨ 莫益之:得不到增益。偏辞:不正之辞。

⑩ 或击之:或许有人攻击。自外来:上九以阳刚处上,受到外卦九五攻击。五在外卦,故言攻击来自外。

今 译

风雷(相助),《益》卦之象。君子(效此)见善行则迁徙顺从,有过失则改正。"始得吉无咎",(初九)不增加额外负担。"或许有增益",是从外部而来。"把增益用于凶事",(乃是六三)本来就有的。"告诉王公顺从",以增益其志。"有诚信惠施于心","勿需多问"。"惠施于我德",其志向大行。"得不到增益",偏见之辞。"或许有人攻击",自外部而来。

泽上于天,夬①。君子以施禄及下,居德则忌②。"不胜"而"往","咎"也③。"有戎勿恤",得中道也④。"君子夬夬",终"无咎"也⑤。"其行次且",位不当也⑥。"闻言不信",聪不明也⑦。"中行无咎",中未光也⑧。"无号"之"凶",终不可长也⑨。

注　释

此释《夬》卦卦爻之象。

① 泽上于天：《夬》卦下乾上兑，兑为泽在上，乾为天在下，故"泽上于天"。

② 施禄及下，居德则忌：施其禄泽于下，贪居其得则犯禁忌。居，安居，一说为积。德，得。则，《尔雅·释诂》"则，法也"。《礼记·礼运》："百姓则君以自治也。"郑注："则，当为明。""居德则忌"正与《序卦》"益而不已必决，故受之以夬，夬者，决也"之旨符。"益而不已"者，即"居德"，"必决"者乃"则忌"也。亦有说施其禄及至于下，居积得多则戒。前者是说君子当威惠兼施，后者是从前句对举分析，亦有其理，故亦可备一说。

③ 不胜而往，咎也：初九阳刚居阳位，在《夬》时果决而健壮，必无胜理，前往必有灾。

④ 有戎勿恤：有兵戎来犯，不需忧虑。恤，忧虑。得中道：九二居中，刚而不暴，故"得中道"。

⑤ 夬夬：刚决而不疑。终无咎：在众阳决阴之时，九三与上六应，助阴为凶，当有咎。但因九三以阳居阳，刚决不疑，最终能决去阴，故"终无咎"。

⑥ 其行次且：行动越趄困难。次且，越趄，即行动不便。位不当：九四之阳失位而不中，故曰"位不当"。

⑦ 闻言不信：闻听此言不相信。聪不明：九四位不正当，故闻听不明确。聪，听。

⑧ 中未光：九五居中得正，但因近比上六之阴，而为阴所掩，故"中未光"。

⑨ 无号：没有呼号。终不可长：上六阴柔居卦之末，为众阳所决，阴道已尽，故"终不可长"。

今　译

泽水上于天，《夬》卦之象。君子（效此）以施其禄泽于下民,贪居所得(而不施)则犯禁忌。"无胜理"而"前往",必有"灾眚"。"有兵戎"(来犯)勿忧虑,(是因)得到了中道。"君子刚强不疑",最终"无咎"。"行动赸赺",位不正当。"听说而不相信",闻听不明。"行中道而无咎",中正之道尚未光大。"无呼号"而有"凶",最终不可长久。

天下有风,姤①。后以施命诰四方②。"系于金柅",柔道牵也③。"包有鱼",义不及"宾"也④。"其行次且",行未牵也⑤。"无鱼"之"凶",远民也⑥。"九五含章",中正也⑦。"有陨自天",志不舍命也⑧。"姤其角",上穷"吝"也⑨。

注 释

此释《姤》卦卦爻之象。

① 天下有风:《姤》下巽上乾,巽为风在下,乾为天在上,故"天下有风"。风行天下,无物不遇,故为《姤》象。姤,遇。

② 后以施命诰四方:君王效此发布命令禁止天下四方旅行。后,君。命,命令。诰,先儒多训作"告"。郑玄、王肃皆作"诘",并训"诘"为止。清人惠士奇、朱骏声及近人杨树达等皆从之。案《尚书》作"刑以诘四方"。又《复》卦一阳始生于下,《姤》卦一阴始生于下。《象》释《复》为"先王以至日闭关,商旅不行,后不省方"。《白虎通·诛伐篇》注:弋王者承天理物,故率天下静,不复行役,扶助微气,成万物也。故《孝经谶》曰:夏至阴气始动,冬至阳气始萌。《易》曰:'先王以至日闭关,商旅不行。'"故知此当训以"诘"为是。"诘四方"即禁止四方行走。正如《后汉书·鲁恭传》所言"君以夏至之日施命止四方行者,所以助微阴也"。

③ 系于金棍:牵制铜车闸煞车。系,帛书《易》作"击",有牵引之义。棍,帛书《易》作"梯",训为车闸。柔道牵:初六一阴初生,与上阳爻相遇,阴柔牵引,阳刚而止。

④ 包有鱼：厨房有鱼。包，即庖。义不及宾：初六为阴为鱼，初四相应，其鱼当为九四之宾所有。今为二所有，故其爻辞之义为不利于宴请宾客。

⑤ 次且：赵趄。即指行动不便。未牵：九三得正位，隔二未与初六之阴牵，但因初牵二不及三，故"未牵"。

⑥ 远民：九四阳刚失位，与初六相应，但因初六近九二，故九四远离初六之民，初六之阴为民。

⑦ 含章：包含章美。中正：九五之阳居中得正。

⑧ 有陨自天：自天而落。陨，落。志不舍命：是说"有陨自天，命中有之，故志不违舍"。舍，违。

⑨ 姤其角：与其角相遇。上穷吝：上九阳刚居高而求遇，故必困穷而致难。

今 译

天下有风，《姤》卦之象。君王（效此）发布命令，禁止天下四方（旅行）。"制动铜车闸"，阴柔之道牵引。"厨房有鱼"，其义不及于宾客。"其行动赵趄"，行动未牵制。"（厨房）无鱼"而"凶险"，远离（初六）之民。"九五包含章美"，因其中正。"白天而陨落"，志不舍其天命。"遇其角（而被触）"，上九其道穷尽而有"灾"。

泽上于地，萃①。君子以除戎器，戒不虞②。"乃乱乃萃"，其志乱也③。"引吉无咎"，中未变也④。"往无咎"，上巽也⑤。"大吉无咎"，位不当也⑥。"萃有位"，志未光也⑦。"赍咨涕洟"，未安上也⑧。

注 释

此释《萃》卦卦爻之象。

① 泽上于地：《萃》卦下坤上兑，兑为泽在上，坤为地在下，故"泽上于地"。
② 除戎器，戒不虞：修治兵器，戒备意外之患。戎，兵。除，去旧取新，即修整。虞，臆度。
③ 乃乱乃萃：混乱而又相聚。萃，聚。其志乱：初六正应九四，但与上二阴同类相聚，故心志惑乱。
④ 引吉：迎吉。中未变：六二居中得正，不因与阴近比而有所改变。
⑤ 上巽：六三之阴向上而巽顺。六三与九四、九五互体为巽。故曰"上巽"。上，先儒多解，一说为向上往，一说六三之上阳刚，一说上六，当以前者为胜。
⑥ 位不当：九四以阳居阴，故"位不当"。
⑦ 萃有位：聚合而有其位。志未光：九五虽居中得正，但为上六阴柔所掩，故其志未能光大。
⑧ 赍咨涕洟：钱财丢失以致泪流满面。赍咨，钱财丧失。涕洟，眼泪、鼻涕。未安上：上六阴柔居上，乘刚而无应，未能安居其上。

今 译

泽水居地上，《萃》卦之象。君子（效此）以修治兵器，戒备意外之患。"既乱而又聚会"，其志错乱。"迎吉无咎"，居中未有改变。"前往无咎"，向上顺从。"大吉无咎"，其位不正当。"聚而有其位"，其位尚未光大。"丢失了钱财泪流满面"，未能安居其上。

地中生木，升①。君子以顺德，积小以高大②。"允升大吉"，上合志也③。"九二"之"孚"，有喜也④。"升虚邑"，无所疑也⑤。"王用亨于岐山"，顺事也⑥。"贞吉升阶"，大得志也⑦。"冥升"在上，消不富也⑧。

注 释

此释《升》卦卦爻之象。

① 地中生木：《升》卦下巽上坤，坤为地，巽为木，木在地下，故曰"地中生木"。

② 顺：一本作"慎"，二者互通。以高大：一本作"以成高大"，取象木在地中生长壮大。

③ 允升：进升。上合志：初六阴柔向上顺从九二，故"上合志"。

④ 有喜：九二居中，上应六五，上升有应，为上所信，故有喜事。

⑤ 升虚邑：登上高丘之上邑城。虚，丘。无所疑：九三以阳居阳，上三阴为坤顺，故上升"无所疑"。

⑥ 王用亨于岐山：大王祭祀于岐山。亨，祭祀。顺事：案之上下文义，"顺"字在此当作慎解，指谨慎事奉鬼神，故登山祭祀为顺利事情。

⑦ 升阶：登阶而上。大得志：六五处尊，下有九二之刚相应，升而有吉，故"大得志"。

⑧ 冥升在上："冥升"在上爻。上，上六。上六之辞为"冥升"。消不富：上六阴柔居上，升极则消退，而不富有。阴为"不富"。

今 译

地中生长树木，《升》卦之象。君子（效此）当以慎修其德，积小（善）以成高大。"进升大吉"，上合志（同升）。"九二"的"诚信"，有喜事。"登上高丘城邑"，无所疑虑。"大王祭享于岐山"，谨慎事奉（鬼神）。"占问吉而后登阶"，将大得其志。"昏冥而升"在上，（阴）消而不富有。

泽无水，困①。君子以致命遂志②。"入于幽谷"，幽不明也③。"困于酒食"，中有庆也④。"据于蒺藜"，乘刚也⑤。"入于其宫，不见其妻"，不祥也⑥。"来徐徐"，志在下也⑦。虽不当位，有与也⑧。"劓刖"，志未得也⑨。"乃徐有说"，以中直也⑩。"利用祭祀"，受福也⑪。"困于葛藟"，未当也⑫。"动悔有悔"，"吉"行也⑬。

注释

此释《困》卦卦爻之象。

① 泽无水：《困》卦下坎上兑，坎为水在下，兑为泽在上，水在泽下而泽上枯，故"泽无水"。

② 致命遂志：舍弃生命实现其志向。致，犹援。遂，行。

③ 幽谷：幽暗峡谷。幽不明：初六为阴柔而居最下，故曰"幽"，幽即"不明"。先儒有谓"不明"是释经文中"幽"字者，案《象》释《丰》卦亦有"幽不明"，而爻辞并无"幽"字，可证此说有误。

④ 困于酒食：为酒食所困，即指醉酒。中有庆：九二居中而有中德，故"中有庆"。

⑤ 据于蒺藜：有蒺藜占据。据，占据。乘刚：六三乘凌九二之刚。

⑥ 入于其宫，不见其妻：进入宫室，而见不到妻子。不祥：一本作"不详"，详、祥通。三失位不为天所佑，故为不祥之兆。即《系辞》所谓"死期将至"。祥，善。有人训为详审，可备一说。

⑦ 来徐徐：缓缓而来。志在下：九四之阳与初六之阴相应，故九四之志在于应下之初六。

⑧ 虽不当位，有与也：九四以阳居阴为"不当位"，但九四与初六相应，故曰"有与"。有与，即有援助。

⑨ 劓刖：古代一种刑罚。割鼻称"劓"，断足称"刖"。志未得：九五与九二无应，又为上六之阴所掩，故其志未得行。

⑩ 乃徐有说：于是慢慢脱下。说，脱。以中直：九五以阳居中得正，故曰中直。直，犹正。《文言》："直其正也。"

⑪ 受福：祭祀享受福。

⑫ 困于葛藟：为草莽所困。葛藟，葛藤草类。未当：上六处卦之上，穷极而又乘刚，故其位"未当"。

⑬ 动悔有悔：案"'动悔有悔'，'吉'行也"。以上下文思之，以"'吉'行"释"动悔"似文义难通，故先儒之解，恐多有不妥。屈万里先生疑前"悔"字当作"晦"，"晦"有迟义，乃言动迟则有悔，此正与"吉"行之义协，故可取之。行吉：上六为困之终，知悔而能去之，而有吉。"行"是释"征"。

今 译

（水在泽下而）泽上无水，《困》卦之象。君子（效此）当舍弃生命以实现志向。"进入幽暗峡谷"，幽暗不明。"醉于酒食"，守中道而有福庆。"蒺藜据其上"，（阴柔）乘凌（九二）阳刚，"进入宫室而见不到其妻"，乃不祥之兆。"缓缓而来"，其志在于应下（之初六）。虽不当位，却有援助。"受割鼻断足之刑"，其志愿未得（实现）。"于是慢慢脱下"，因有中正之德。"适合于祭祀"，受到福庆。"为草莽所困"，（其位）未当。"动迟而有悔"，行则吉。

木上有水，井①。君子以劳民劝相②。"井泥不食"，下也③。"旧井无禽"，时舍也④。"井谷射鲋"，无与也⑤。"井渫不食"，行"恻"也⑥。求"王明"，"受福"也⑦。"井甃无咎"，修井也⑧。"寒泉"之"食"，中正也⑨。"元吉"在"上"，大成也⑩。

注 释

此释《井》卦卦爻之象。

① 木上有水：《井》卦下巽上坎，坎为水在上，巽为木在下，故"木上有水"。木，先儒以为此象桔槔，即井上吸水工具。若此说成立，则《井》象应是"水上有木"而非"木上有水"了。又说此象盛水器。案经文"羸其

瓶"的"瓶"字,"瓮敝漏"的"瓮"字,可知盛水器指瓦器,而不是木器,故二说皆属穿凿。由近年出土之古井考之,皆在井底之部制以四方型木框,此恐"木上有水"之所本。

② 劳民劝相:使民劳作而又劝勉辅助。相,助。

③ 井泥不食:井中有泥其水不能食用。下,初六之阴居《井》之下,井底有泥之象。初六与六四无应,故有水不能食用之象。

④ 旧井无禽:废弃的井连禽鸟也不至。时舍:指井当随时而舍弃。

⑤ 井谷射鲋:井底射小鱼。鲋,小鱼。谷,王引之云"谷即壑,井中容水处也"。无与:九二阳刚与下初六相比,与九五无应。"无与"即无所应援。

⑥ 井渫:井已修好。渫,治。行恻:《尔雅,释诂》"行,言也"。此指言恻。恻,忧伤。

⑦ 求王明:求得大王英明。受福:享受其福。

⑧ 井甃:修治其井。甃,帛书《易》作"椒",其义为修治。修井:六四阴柔得正,故有修井之象,此是释"井甃"。

⑨ 寒泉之食:冰冷的泉水可以食用。中正:九五居中而得正。

⑩ 元吉在上:"元吉"之辞在上爻。元吉,大吉。大成:上六井养之大功已告成。屈万里先生《读易三种》中疑此"成"字,当为"诚"字,此恐先生见爻辞"有孚元吉"而发此疑。然由《象》释《井》卦上下文通读之:"'旧井无禽',时舍也。'井谷射鲋',无与也。'井渫不食',行'恻'也。求'王明','受福'也。'井甃无咎',修井也。'寒泉'之'食',中正也,'元吉'在上,大成也。"显以"成"字为是。

今　译

木上有水,《井》卦之象。君子(效此)当使民劳作而又劝勉辅助。"井有泥而不能食用",(初六)居井最下。"旧井无禽鸟",过时而舍弃。"井底射小鱼",无所应援。"井修好而不食用",心中忧伤。祈求"大王英明",以"受福禄"。"井修治好无灾害",(因)修治井(的缘故)。"甘冽井水"被"食用",乃有中正之德。"大吉"在"上"位,大功已告成。

泽中有火,革①。君子以治历明时②。"巩用黄牛",不可以有为也③。"巳日革之",行有嘉也④。"革言三就",又何之矣⑤。"改命"之"吉",信志也⑥。"大人虎变",其文炳也⑦。"君子豹变",其文蔚也⑧。"小人革面",顺以从君也⑨。

注 释

此释《革》卦卦爻之象。

① 泽中有火:《革》下离上兑,兑为泽在上,离为火在下,故"泽中有火"。

② 治历明时:修治历法以明天时。

③ 巩用黄牛:经文为"巩用黄牛之革",是说用黄牛皮革巩固。不可以有为:初九阳刚得位,但因居下位,而上无应,故"不可以有为"。

④ 巳日革之:到了巳日才变革。巳,已日。行有嘉:六二之阴得位居中,上应九五,故行动必有嘉赏。"行"是释"征"。嘉是释"吉"。

⑤ 革言三就:变革须经三次详审才能成功。又何之矣:又有何往。是说九三变革已成功,没有什么可往的。之,往。

⑥ 改命,改天命。信志:有诚心。九四改革之志上达于九五之君,下达六三之民。信,是释"孚"。

⑦ 大人虎变:大人于变革之际像虎换毛一样。其文炳:九五居中处尊,以象大人革命如虎纹彪炳。炳,明亮、显著。

⑧ 君子豹变:君子于变革之时,如豹换毛一样。其文蔚:此指上六处卦之上,以象君子变革如豹纹茂密。蔚,草多貌,此指豹纹茂密成斑。

⑨ 小人革面:小人改变昔日面目。顺以从君:上六为阴,故为"顺"。上六在九五之上,变革时,只有顺从九五,九五为君。

今 译

泽中有火，《革》卦之象。君子（效此）当修治历法以明天时。"以黄牛之革巩固"，不可有所作为。"到巳日变革"，行动必有嘉赏。"变革须经三次辩论才能成功"，又有何往？"改天命"有"吉祥"，（乃）有诚心。"大人像虎（换毛）一样变化"，其虎纹彪炳。"君子如豹（换毛）一样变化"，其豹纹茂密。"小人改变了本来的面目"，皆顺从君王。

木上有火，鼎①。君子以正位凝命②。"鼎颠趾"，未悖也③。"利出否"，以从贵也④。"鼎有实"，慎所之也⑤。"我仇有疾"，终无尤也⑥。"鼎耳革"，失其义也⑦。"覆公餗"，信如何也⑧。"鼎黄耳"，中以为实也⑨。"玉铉"在"上"，刚柔节也⑩。

注 释

此释《鼎》卦卦爻之象。

① 木上有火：《鼎》卦下巽上离，离为火在上，巽为木在下，木上有火燃烧，是鼎烹饪之象，故为《鼎》。

② 正位凝命：此取象鼎形端正，故曰"正位"；鼎体稳重，故"凝命"。

③ 鼎颠趾：鼎足被颠倒。未悖：初六失位而"颠趾"，故"不悖"。"悖"，逆乱。

④ 利出否：利于逐斥妇人。否，帛书《易》爻辞作"妇"。以从贵：初六之阴以顺从阳之贵。

⑤ 鼎有实：鼎器中有食物。慎所之：所之，所往。此指移动。

⑥ 我仇有疾：我妻有病。仇，指妻子。古代称理想的妻子为妃，不称心的妻子为仇。终无尤：九二居中而有中德，故最终无过尤。

⑦ 鼎耳革：鼎耳变形。失其义：九三处巽木之极，与上离火相遇，木火太过，则失去烹饪之宜。义，宜。

⑧ 覆公餗：把王公的八珍菜倒出。餗，是一种糁与笋做成的八珍菜粥。信如何：九四阳刚为鼎中之实，故今将食物倒出，怎么样呢？信，实。

⑨ 鼎黄耳：鼎器有黄色的耳。中以为实：六五居中谓"中"，鼎铉为"实"。此指鼎耳中虚而能受铉。

⑩ 玉铉在上：玉"铉"在上爻。刚柔节：上九以阳居阴，下与六五之阴相比，刚而能柔，刚柔节制而适宜。

今 译

木上有火（燃烧），《鼎》卦之象。君子（效此）当正其所居之位，巩固所受之命。"鼎足颠倒"，不为悖理。"宜于逐斥妇人"，顺从贵人。"鼎中有食物"，当慎于搬动。"我妻有病"，最终无过尤。"鼎耳变形"，（使鼎）失去（烹饪）之义。"（鼎中）菜粥倾泼出"，其食物如何？"鼎有黄色的耳"，（鼎）巾虚可以（受铉之）实。"将王公（鼎的）玉铉"在上，刚柔相互节制。

洊雷，震①。君子以恐惧修省②。"震来虩虩"，恐致福也③。"笑言哑哑"，"后"有则也④。"震来厉"，乘刚也⑤。"震苏苏"，位不当也⑥。"震遂泥"，未光也⑦。"震往来厉"，危行也。其事在中，大"无丧"也⑧。"震索索"，中未得也⑨。虽"凶""无咎"，畏邻戒也⑩。

注 释

此释《震》卦卦爻之象。

① 洊雷：《震》上下皆为震，震为雷，故曰"洊雷"。洊，重、再。

② 修省：修身省察。

③ 震来虩虩：雷电袭来，令人恐惧。虩虩，恐惧貌。恐致福：初九之阳居下，以示震之始能以恐惧自修以致福祥。
④ 笑言哑哑：主祭者谈笑自如。哑哑，笑语声。后有则：初九以阳居阳得正，故不因恐惧而失去法度。则，法度、法则。
⑤ 震来厉：雷声传来十分危厉。厉，危厉。乘刚：六二之阴柔乘凌初九之阳刚。
⑥ 震苏苏：震雷令人畏惧不安。苏苏，惧貌。至今北方人仍用"吓苏了"形容恐惧至极。位不当：六三失位不中。
⑦ 震遂泥：雷进入泥土中。未光：九四之阳处二阴之间，故"未光"。
⑧ 震往来厉：震雷来往危厉。危行：六五以柔居尊，无应乘刚，故"危行"。其事在中：六五居中，故"其事在中"。事，谓祭祀之事。
⑨ 索索：恐惧不安。中未得：上六阴柔居震动之极而未居中，故"中未得"，即未得中道。
⑩ 畏邻戒：上六与六五比邻，雷及邻而知畏，故得以戒备。

今 译

二雷相重，《震》卦之象。君子（效此）当知惊恐畏惧、修正省察其过。"震雷袭来令人惊恐"，因恐惧（自省）而致福祥。"（主祭者）谈笑自如"，"（雷电）后"从容而有法度。"震雷传来十分危厉"，（阴柔）乘凌阳刚。"震雷把人吓苏"，位不正当。"震雷堕入泥中"，（预示其事）不能广大。"震雷往来不停十分危厉"，是危难之行动。（祭祀之）事居（外卦）中，大"无所丧失"。"震雷让人哆嗦"，中道尚未得。虽有"凶险"而终"无灾"，（震及于）邻知畏而有戒备。

兼山，艮①。君子以思不出其位②。"艮其趾"，未失正也③。"不拯其随"，未退听也④。"艮其限"，危熏心也⑤。"艮其身"，止诸躬也⑥。"艮其辅"，以中正也⑦。"敦艮"

之"吉",以厚终也⑧。

注　释

此释《艮》卦卦爻之象。

① 兼山:《艮》上下皆艮,艮为山,两山相立而为"兼山"。兼,两、重。

② 思不出其位:思虑不出其所处之位。即《象》释《艮》所谓"艮其止,止其所也"。此语出自《论语》,清儒崔述曾指出,此为《象》作者引用曾子之言,由此可知,《象》成于曾子之后。

③ 艮其趾:脚趾不动。未失正:初六居下失位,但因初六为阴,处艮止而能止,故未失止之正理。

④ 不拯其随:不能抬腿。拯,举。随,腿。未退听:六二居中得正,处艮之时,未退让听从九三。

⑤ 艮其限:腰不能动。限,人体中部,即腰。惠士奇曰:"限为身半,《内经》谓之天枢。"危薰心:危厉中心急如焚。九三处上下两阴之间,故"危薰心"。经文作"厉薰心"。可证《象》视"危""厉"为一义。

⑥ 艮其身:使整个身体不动。止诸躬:六四居《艮》上体,以阴居阴位,以象人身上体不动。止,是释"艮"。躬,即身。

⑦ 艮其辅:使面颊不动。辅,面颊。以中正:六五之阴居中,以象言有序不失中而为正,故曰以中正,一本又作"正中"。

⑧ 敦艮:敦厚知止。敦,厚,有说为头。案《象》"以厚终",知此"敦"为"厚"。以厚终:以敦厚而终结。"厚"是释"敦"。上为终。

今　译

两山相重,《艮》卦之象。君子(效此)思虑问题当不出其所处职位。"脚趾止而不动",未失止之正理。"不能随之抬腿",未能退而听从。"腰止不动",危厉"心急如焚"。"止其身不动",止之于身而不动。"面颊两旁不动",用中正之道。"敦厚知止"

而有"吉祥",以厚道而终结。

山上有木,渐①。君子以居贤德善俗②。"小子"之"厉",义"无咎"也③。"饮食衎衎",不素饱也④。"夫征不复",离群丑也⑤。"妇孕不育",失其道也⑥。"利用御寇",顺相保也⑦。"或得其桷",顺以巽也⑧。"终莫之胜吉",得所愿也⑨。"其羽可用为仪吉",不可乱也⑩。

注 释

此释《渐》卦卦爻之象。

① 山上有木:《渐》下艮上巽,艮为山在下,巽为木在上,故"山上有木"。

② 居贤德善俗:朱熹认为"贤"字衍,或"善"下有脱字。案石经本、岳本、闽监本,同《释文》王肃本"善俗"当作"善风俗"。今从之。

③ 小子之厉:小子有危厉。小子,小孩。义无咎:初六失位有危厉,但因居下位,故辞义为"无咎"。

④ 饮食衎衎:饮食和乐。衎衎,和乐。不素饱:不仅为吃饱饭而处之。素,空。《诗·魏风》"不素餐兮",毛传"素,空也"。

⑤ 夫征不复:男人出征没有返回。离群丑:九三依附群类。九三处上下三阴之间,故"离群丑"。离,依附。丑,类,此指三阴。

⑥ 妇孕不育:妇女只怀孕而没有生育。失其道:九三之阳过中而入坎险,故"失其道"。道,指坤阴之道。

⑦ 御寇:防御盗寇。顺相保:九三上下两阴,阴为顺,故有顺相保。

⑧ 或得其桷:有(鸿)栖息在椽木上。桷,椽。古者秦曰"榱",周曰"椽",齐鲁曰"桷"。顺以巽:六四以阴居阴而得正,又居上巽体之下,故"顺以巽"。巽,此处有逊义。

⑨ 终莫之胜:最终没有成功。得所愿:九五阳刚居中得正,以应六二,阴阳相得,故"得所愿"。

⑩ 其羽可用为仪：鸿鸟的羽毛可用于装饰。仪，装饰。清儒毛奇龄、姚配中及近人马其昶等皆释为舞，指古者仪舞用鸿羽，可备一说。不可乱：上九穷高而不可乱其志。清儒释为羽舞有节而不可乱。

今 译

山上有木，《渐》卦之象。君子（效此）当以居积贤德、改善风俗。"小子"有"危厉"，其义在"无咎"。"饮食喜乐"，不只为吃饱饭。"丈夫出征不返回"，依附群类。"妇女怀孕而不生育"，失其（渐进）正道。"利于防御盗寇"，顺从其道而相保护。"（鸿雁）有的栖息在橡木上"，柔顺而谦逊。"最终没有成功而有吉利"，得到（渐进相合之）愿望。"它的羽毛可用于装饰吉利"，不可乱其志。

泽上有雷，归妹①。君子以永终知敝②。"归妹以娣"，以恒也③。"跛能履吉"，相承也④。"利幽人之贞"，未变常也⑤。"归妹以须"，未当也⑥。"愆期"之志，有待而行也⑦。"帝乙归妹"，"不如其娣之袂良"也⑧。其位在中，以贵行也⑨。"上六无实"，"承"虚"筐"也⑩。

注 释

此释《归妹》卦卦爻之象。

① 泽上有雷：《归妹》下兑上震，兑为泽在下，震为雷在上，故"泽上有雷"。

② 以永终知敝：永终，先儒多解为永长。敝，坏。其意为以永长其终而知不终之敝，此言夫妇长久之道。

③ 归妹以娣：少女出嫁，其妹从嫁。娣，指嫁者妹妹。古时一夫多妻，妹妹可随姐姐同嫁一夫，侄女可随姑姑同嫁一夫。以恒：指夫妇之道当

恒久。

④ 跛能履：跛脚而能行走。相承：初九处兑之下，故有顺从相承之义。

⑤ 利幽人之贞：宜于囚人之占。幽人，囚人。贞，占。未变常：九二居中没有改变夫妇常道。

⑥ 归妹以须：少女出嫁，姐姐从嫁。须，古本作"嬬"，此当通"娶"。楚人谓姊曰"娶"。未当：六三不中不正，其位不正当。

⑦ 愆期：（少女出嫁）延误日期。马其昶云："案'愆'，差违也。过不及皆愆也。期，谓二十而嫁之期。"有待而行：有待佳配而出嫁。

⑧ 不如其娣之袂良：（其君夫人衣饰）不如其陪嫁妹妹衣饰好看。袂，衣袖。良，好。

⑨ 其位在中，以贵行：六五居中位，故"其位在中"，五位为尊，故"贵行"。

⑩ 上六无实：上六筐中无实物。无实是指爻辞"女承筐无实"。承虚筐：上六为阴，阴虚无实，故"承虚筐"。

今 译

泽上有雷，《归妹》之象。君子（效此）当以永保其终，知（不终的）敝病。"少女出嫁，其妹从嫁"，乃恒久之道。"跛脚而能行路吉"，相承助其正室。"宜于囚人之占"，未改变常道。"少女出嫁，姐姐从嫁"，其位不当。"（少女出嫁）延期"的志向，有待佳配而出嫁。"帝乙嫁女"，"（其君夫人衣饰）不如其陪嫁妹妹衣饰好看"。其位居中，以高贵而嫁人。"上六（筐中）无实物"，"承奉"的空虚之"筐"。

雷电皆至，丰①。君子以折狱致刑②。"虽旬无咎"，过旬灾也③。"有孚发若"，信以发志也④。"丰其沛"，不可大事也⑤。"折其右肱"，终不可用也⑥。"丰其蔀"，位不当也⑦。"日中见斗"，幽不明也⑧。"遇其夷主"，"吉"

行也⑨。"六五"之"吉","有庆"也⑩。"丰其屋",天际翔也⑪。"阒其户,阒其无人",自藏也⑫。

注 释

此释《丰》卦卦爻之象。

① 雷电皆至:《丰》卦下离上震,震为雷,离为电,故"雷电皆至"。

② 折狱致刑:决断狱讼动用刑罚。雷,有威严之象,法之而威严致刑。电,有明照之象,法之而明察折狱。

③ 虽旬无咎:只在十天内无咎。虽,即唯,古"虽""唯"互假。爻辞既以旬计日,恐周人占卦已用干支。过旬灾:初九居初,以象未过旬而无咎,但若过了旬则会有灾。

④ 有孚发若:有诚信而发。若,助词。信以发志:六二居中得正,可以感发丰大之志。信,释"孚"。

⑤ 丰其沛:昏暗不断变大。沛,先儒有释为水草相生,也有释为荒秽不治,此训为暗而无光。不可大事:九三虽得正,但不中又为四所蔽,而不能应上,故九三不可与上六共济大事。

⑥ 折其右肱:折断了右臂。肱,臂。终不可用:右臂既折,故"终不可用"。

⑦ 丰其蔀:(光明)大片被遮住。蔀,遮光物。位不当:九四以阳居阴。

⑧ 日中见斗:中午出现了星斗。日中,中午。幽不明:九四阳刚当光大,但因居阴位,且处二阴之下,故"幽不明"。

⑨ 遇其夷主:遇见西戎族首领。吉行:九四之阳向上遇见六五,故有吉行。

⑩ 有庆:六五居中处尊,故"有庆"。

⑪ 丰其屋:屋子宽大。天际翔:际,先儒以为犹降。翔,通祥,谓妖祥,指天降恶祥。笔者以为此"际"应作"察"字解,古际、察互假。所谓"天际翔",乃言天察其祥也。《汉书·五行志》:"妖孽自外来谓祥。"

⑫ 阒其户,阒其无人:窥视其门户,静悄悄空无一人。阒,窥视。阒,有静之义。自藏:上六居丰大之极当丰大,但因上六以阴居阴,故丰大

"自藏"。

今 译

雷电交加而至,《丰》卦之象。君子（效此）当以决断狱讼,动用刑罚。"唯在十天内无灾害",过十天即有灾害。"有诚信而发",诚信可以感发丰大的志向。"昏暗不断变大",不可以做大事。"折断了右臂",最终不可用。"（光明）被遮住的越来越大",其位不正当。"中午看见星斗",幽暗不明。"遇见了西戎首领",有"吉利"之行。"六五"之"吉",有福庆。"宽大的屋子",天察其妖祥。"窥视其门户,静悄悄空无一人",（丰大）自藏。

山上有火,旅①。君子以明慎用刑,而不留狱②。"旅琐琐",志穷"灾"也③。"得童仆贞",终无尤也④。"旅焚其次",亦以伤矣⑤。以旅与下,其义"丧"也⑥。"旅于处",未得位也⑦。"得其资斧","心"未"快"也⑧。"终以誉命",上逮也⑨。以"旅"在"上"⑩,其义"焚"也⑪。"丧牛于易",终莫之闻也⑫。

注 释

此释《旅》卦卦爻之象。

① 山上有火：《旅》下艮上离,艮山在下,离火在上,火在山上燃,其势不久留,故为《旅》象。

② 明慎用刑,而不留狱：明察谨慎用刑而不稽留狱讼。离有明象,故法此当明察。艮为止,故法此为慎用。旅有行义,故法此当"不留狱"。

③ 旅琐琐：旅途中猥琐卑贱。志穷灾：初六之阴处卦最下而失正,故旅时,心志穷困狭隘而有灾。

④得童仆贞：得到忠贞的童仆。终无尤：六二居中得正，终无过失。

⑤旅焚其次：旅人焚烧其旅舍。次，旅舍。亦以伤：九三以阳刚过中，失其所安，故亦可悲伤。

⑥以旅与下，其义丧：九三居下卦之上，下据六二，旅时以阳自高待下，其辞义必丧其（六二）忠贞。

⑦旅于处：旅途受阻。处，止。未得位：九四以阳居阴位而失正，又居艮山之上，故"未得位"。

⑧得其资斧：得到了斋斧。经文中"资斧"，本又作"齐斧"，古"齐""斋"通，"斋斧"是指斋戒入庙而受的斧，它是君王授权的象征。资，也有解为"利"者，还有训资为粢者，即谓古人旅途自带粮食，皆可备为一说。心未快：九四虽得资斧，但因不得其位心中不愉快。

⑨终以誉命：最终得到了荣誉被受爵命。上逮：先儒主要有三说：（一）六五居尊位，而能下及六二。（二）上九及六五，即六五有柔顺中德，为上九所尊显，即以誉命及五。（三）六五之柔能向上顺承上九。案《象》："柔得中乎外而顺乎刚。"当以后者为是。上，指上九，此是释"终"。逮，及。

⑩以旅在上：旅客在上爻。

⑪其义焚：上九居离火之上，故其辞有"焚"义。

⑫丧牛于易：把牛丢失在疆场。易，场。终莫之闻：上九居卦之极而失正，最终失而未得闻。终，指上九。

今　译

山上有火（燃烧），《旅》卦之象。君子（效此）当明察（是非）慎重地使用刑罚，而又不滞留狱讼。"旅途中猥琐卑贱"，志向穷困而又有"灾难"。"得到忠贞的童仆"，终无过失。"旅人焚烧其旅舍"，亦可悲伤。旅时（自高）待下，其义必"丧"。"旅途受阻"，未得正位。"得到斋斧"，"心中"还是不"痛快"。"最终得到荣誉而受爵命"，能（顺承）及上。以"客旅"在"上位"，其义在于"焚烧"。"丧牛于场"，最终没有闻知（下落）。

随风，巽①。君子以申命行事②。"进退"，志疑也③。"利武人之贞"，志治也④。"纷若"之"吉"，得中也⑤。"频巽"之"吝"，志穷也⑥。"田获三品"，有功也⑦。"九五"之"吉"，位正中也⑧。"巽在床下"，上穷也⑨。"丧其资斧"，正乎"凶"也⑩。

注 释

此释《巽》卦卦爻之象。
① 随风：《巽》上下皆巽，巽为风，故有两风相随之义。随，从。
② 申命行事：申复其命令，履行其事。
③ 志疑：初六之阴处巽下，其心志疑惑不决，巽为进退，故其志必疑。
④ 武人：勇武之人，又指将帅。志治：初位若为阳刚则得正，即用武人之刚正，其心志修治而不乱。
⑤ 纷若：盛多之貌。此指许多史巫求福驱灾。得中：九二以阳刚居中。
⑥ 频巽：多次占筮。志穷：九三居下巽之极，上无应，又为六四所乘，故其志穷屈不得申。
⑦ 田获三品：田猎获三品之兽。三品，三种野兽。先儒有几说：（一）指狼、豕、雉。（二）鸡、羊、雉。（三）羊、牛、豕。另有解"三品"为"上杀""中杀""下杀"。古代天子诸侯打猎，获得野兽分三等：射中心脏的是"上杀"，晒干后作为祭品；射中腿的是"中杀"，可供宾客享用；射中腹的为"下杀"，供自己食用，以此表示尊神敬宾。据爻辞之义断之，"三品"以后解为妥。有功：六四以阴而得位，上承九五，故必有功效。
⑧ 位正中：九五以阳居中而得正。
⑨ 巽在床下：在床下占筮。上穷：上九处卦之上，巽道穷极。
⑩ 丧其资斧：丢失了斋斧。正乎凶：此释爻辞"贞凶"，"贞"为"正"，九三阳得正，应上九失正，故有"凶"。经文中"贞"训为占问，而《象》训为正，经传有异。

今 译

两风相随,《巽》卦之象。君子(效此)当申复命令,履行其事。"进退不定",心志疑惑。"宜武人守正",其心志在修治。"纷纷(史巫祈福而得到)"的"吉祥",因得中道。"多次占算"(而得到)的"灾吝",(在于)心志穷困。"田猎获得三品之兽",必有功劳。"九五"而有"吉祥",其位得正而守中。"在床下占算",在上穷困。"丢失了斋斧",(上九失正)正有"凶险"。

丽泽,兑①。君子以朋友讲习②。"和兑"之"吉",行未疑也③。"孚兑"之"吉",信志也④。"来兑"之"凶",位不当也⑤。"九四"之"喜",有庆也⑥。"孚于剥",位正当也⑦。"上六引兑",未光也⑧。

注 释

此释《兑》卦卦爻之象。

① 丽泽:《兑》上下皆兑。兑为泽,有两泽相依,相互滋益,故为《兑》象。丽,依附。

② 朋友讲习:朋友聚居讲其所知,习其所行。"朋友"法象水合流相承。同门曰朋,同志曰友。习,从羽,本指鸟飞,借鸟以明学。兑为口,故为讲习。

③ 和兑:和颜悦色。行未疑:初九处兑之初得正,故行动未有疑惑。

④ 孚兑:心悦诚服。信志:九二阳刚之实居中,诚实出于刚中,故有诚信之志。

⑤ 来兑:(诌邪)求悦。位不当:六三失位而不中,故"位不当"。

⑥ 有庆:九四而有喜庆,"庆"是释"喜"。

⑦ 孚于剥：存诚信于剥离之道。位正当：九五居中得正。
⑧ 引兑：引导而有喜悦。未光：上六阴柔居上，又乘阳，故其道未能广大。

今 译

两泽相依附，《兑》卦之象。君子（效此）当以朋友相聚而讲习（学业）。"和颜悦色"而带来的"吉祥"，行动没有疑惑。"心悦诚服"而带来的"吉祥"，有诚信之志。（谄邪）而来求"悦"而带来的"凶"，其位不正当。"九四"之"喜"，有福庆。"存信于剥离"，其位得正。"上六引致喜悦"，（其道）未能广大。

风行水上，涣①。先王以享于帝，立庙②。"初六"之"吉"，顺也③。"涣奔其机"，得愿也④。"涣其躬"，志在外也⑤。"涣其群元吉"，光大也⑥。"王居无咎"，正位也⑦。"涣其血"，远害也⑧。

注 释

此释《涣》卦卦爻之象。

① 风行水上：《涣》下坎上巽，坎为水在下，巽为风在上，故"风行水上"。"涣"义先儒多解为水象披离解散，但笔者以为若以此义解，多有不通，如九二爻之"涣奔其机"，《象》释为"得愿也"，若水及于阶，何以"得愿"？由《象》文之义思之，"涣"义似为古代祭祀大典中的某种仪式，但因证据尚不足，故仍以传统之解释之。

② 享于帝，立庙：上祭享上帝，下立宗庙，象以合其散心。享，祭祀。

③ 顺：初六为阴爻上承九二，故曰"顺"。

④ 涣奔其机：水流奔到房子台阶。机，帛书《易》爻辞作"阶"，指台阶。得愿：九二居坎险之中，本不可济，但因以阳刚居位，险难中求安而得

济涣之愿。二为安静之位。

⑤ 涣其躬：大水冲击自身。志在外：六三居坎险之终，与上九相应，故济难之志在于外卦上九之应援。外，外卦。

⑥ 涣其群：先儒解水冲及众人。然笔者疑此爻及九五爻"涣汗大号"，似应解"涣"谓呼唤，即"涣"通"唤"。光大：六四得位上承九五，以示处臣守正顺从上，故其道"光大"。

⑦ 王居：（水冲击）大王居住的地方。正位：九五阳刚居中得正，下有六四顺从，故为大王之"正位"。

⑧ 涣其血：水披离散失，以示伤害消失。血，一说被伤害出血，一说通恤。案《象》"远害"也，此"血"是指下坎，坎为血，故以前者为胜。远害：上九居卦之上，远离下坎险，故"远害"。"害"是释"血"。

今 译

风行水上，《涣》卦之象。先王（效此）当祭享上帝，设立宗庙。"初六"的"吉祥"，在于柔顺。"水流奔至台阶"，得其（济涣）之心愿。"水及自身"，志在于外（上九）。"水及众人，开始即吉"，其道广大。（水及）"大王居处无灾害"，（九五处）正位。"大水造成灾害"，但灾害远去。

泽上有水，节①。君子以制数度，议德行②。"不出户庭"，知通塞也③。"不出门庭凶"，失时极也④。"不节"之"嗟"，又谁"咎"也⑤。"安节"之"亨"，承上道也⑥。"甘节"之"吉"，居住中也⑦。"苦节贞凶"，其道穷也⑧。

注 释

此释《节》卦卦爻之象。

① 泽上有水：《节》下兑上坎，兑为泽在下，坎为水在上，故"泽上有

水"。泽上有水而泛滥,以堤防为节,故为《节》象。

② 制数度,议德行:制定数度,审议德行。取其休节之义。数,指十、百、千、万。度,指分、寸、尺、丈、引。

③ 不出户庭:不出门户庭院。知通塞:初九上应六四,六四处上坎中,坎为"通"。又三、四、五互为艮,即六四又处艮之中,艮为止,故"塞"。

④ 门庭:大门内庭院。失时极:失时中。九二居中而失位,故"失时极"。极,本指栋,栋居屋脊之中,故引申为"中"。《周颂》毛传、《天官》郑注皆云"极,中也"。

⑤ 不节之嗟:不节俭而带来忧愁叹息。嗟,叹息。又谁咎:六三以阴居阳,以柔乘刚,违背节道,又怨咎谁呢?

⑥ 安节:安于节俭。承上道:六四得位上顺承九五中正之道。道,中正之道。

⑦ 甘节:以节俭为美。甘,美。居位中:九五居正位而得中。

⑧ 苦节:以节俭为苦。其道穷:上六居卦之终,乘阳无应,其节道穷困。

今 译

泽上有水,《节》卦之象。君子(效此)当以制定数度,审议德行。"不出户门庭院",知通知塞。"不出大门庭院有凶",失时中。"不节俭"而带来的"叹息",又怨咎谁?"安于节俭"的"亨通",顺承上面(九五)中正之道。"以节俭为美"而有"吉祥",居正位而得中。"以节俭为苦占问有凶",节道穷困。

泽上有风,中孚①。君子以议狱缓死②。"初九虞吉",志未变也③。"其子和之",中心愿也④。"或鼓或罢",位不当也⑤。"马匹亡",绝类上也⑥。"有孚挛如",位正当也⑦。"翰音登于天",何可长也⑧。

注 释

此释《中孚》卦卦爻之象。

① 泽上有风:《中孚》下兑上巽,巽为风在上,兑为泽在下,故"泽上有风"。风施泽受,以虚受实,上下感应,是《中孚》之象。

② 议狱缓死:审议狱讼,延缓死刑。

③ 虞吉:安乐则有吉。虞,安,一说为度。志未变:初九阳刚得正,上应六四,其中孚之志未改变。

④ 其子和之:小鹤应声而和。其,母鹤。中心愿:九二以阳居中,表示以诚信应和出自中心愿望。

⑤ 或鼓或罢:有的击鼓,有的班师。或,有的。位不当:六三失位不中。

⑥ 马匹亡:马匹丧失。绝类上:先儒多解:(一)六四绝初之党类而上信于五;(二)《中孚》是南《讼》变来,即《讼》九四到初与上乾绝,即变为《中孚》,上谓《讼》乾;(三)六四绝六三之阴类而上孚于五。案《系辞》"方以类聚","触类而长之","于稽其类",《象》释《坤》"乃与类行",《象》释《同人》"君子以类族辨物",《象》释《颐》六二"行失类"等,此"类"皆作"同类",此当指阴类。即《文言》所谓"本乎天者亲上,本乎地者亲下,则各从其类也"之类。因六四为阴,六三为阴,故绝类,当指六四绝六三,故以后者为胜。

⑦ 有孚挛如:有诚信系恋。挛,恋。位正当:九五阳刚居中得正。

⑧ 翰音登于天:以鸡祭天。翰音,鸡。凡祭宗庙之礼,祭品中鸡曰"翰音"。何可长:上九以阳居《中孚》之上,且又失位,故"何可长"。

今 译

水泽之上有风,《中孚》之象。君子(效此)当审议狱讼,延缓死刑。"初九安乐则吉",志向未改变。"其子(鹤)应声而和(鸣)",发自中心愿望。"有的击鼓,有的班师",(六三)其位不正当。"马匹丧失",(六四)断绝(六三)同类而顺上。"有诚信维系",(九五)位正当。"用鸡祭天",如何可长久?

山上有雷,小过①。君子以行过乎恭,丧过乎哀,用过乎俭②。"飞鸟以凶",不可如何也③。"不及其君","臣"不可过也④。"从或戕之","凶"如何也⑤。"弗过遇之",位不当也⑥。"往厉必戒",终不可长也⑦。"密云不雨",已上也⑧。"弗遇过之",已亢也⑨。

注 释

此释《小过》卦卦爻之象。

① 山上有雷:《小过》下艮上震,艮为山在下,震为雷在上,故"山上有雷"。山上有雷,是雷过于山,故为《小过》卦象。

② 恭:恭敬。

③ 飞鸟以凶:飞鸟带来的凶兆。不可如何:初六失位,在艮之下,当止,而今飞之,当有凶,故自取凶无可奈何。

④ 不及其君:没有到国君那里。及,到。臣不可过:是释"遇其臣",是说不可越过臣。

⑤ 从或戕之:放纵就有被杀的危险。从,纵。戕,杀害。凶如何:九三应上六而有害,故"凶如何"。

⑥ 弗过遇之:没有过失而相遇。位不当:九四之阳失位。

⑦ 往厉必戒:前往有危厉必须戒备。不可长:九四上有二阴,前往不会长久,必有危厉。

⑧ 密云不雨:阴云密布而不下雨。已上:先儒释此象为六五之阴过九三、九四之阳而上,阴阳不交,不能形成雨而降下。笔者以为此"已上",乃指六五居中,震雷已居艮山之上,故曰"已上"。即"山上有雷"之"上"。《小过》下为艮,艮为止,故雨不达于下,而称"已上",即经文曰"不雨"。

⑨ 弗遇过之:没有相遇而有过失。已亢:上六之阴居卦之上,过而已亢极。

今 译

山上有雷，《小过》之象。君子（效此）当行动过于恭敬，居丧过于悲哀，费用过于节俭。"飞鸟带来凶兆"，无可奈何。"没有到国君那里"，（六二）不可越过"臣"。"放纵就有被杀的危险"，"凶险"会怎么样？"没有过失而相遇"，位不正当。"前往有危厉必须戒备"，最终不可长久。"阴云密布而不下雨"，（雨）已在（艮山）之上。"没有相遇而经过"，（阴）已"亢上"。

水在火上，既济①。君子以思患而豫防之②。"曳其轮"，义"无咎"也③。"七日得"，以中道也④。"三年克之"，惫也⑤。"终日戒"，有所疑也⑥。"东邻杀牛"，"不如西邻"之时也⑦。"实受其福"，吉大来也⑧。"濡其首厉"，何可久也⑨。

注 释

此释《既济》卦卦爻之象。

① 水在火上：《既济》下离上坎，坎为水在上，离为火在下，水火相济以成，故为《既济》象。

② 思患而豫防之：思虑后患而预防它发生。

③ 曳其轮：拖拉车轮。曳，拖拉。义无咎：初九阳刚得正，应六四，故爻辞之义当有"无咎"。

④ 七日得：七日可以得到。中道：六二居中得正，故曰"中道"。

⑤ 三年克之：三年攻克（鬼方）。惫：训为疲极。九三居下卦之上，处坎之中，坎为劳卦，故曰"惫"。一本作"备"，备、惫二者通。

⑥ 终日戒：终日戒备。有所疑：六四处上下两卦之间，履多惧之地，故"有所疑"。

⑦ 东邻杀牛：东邻杀牛举行大的祭祀。不如西邻之时：不如西邻所处之时。九五居上中得正，但陷入坎险之中，六二虽居下，但处离明之中，有上升之势，故九五虽有中正之德，但已过，不如六二所处之时。先儒以为，东邻，指九五。两邻，指六二。时，指爻时，象征天时。

⑧ 实受其福：实际承受上天福分。吉大来：六二之吉自九五而来，九五为阳。阳为大。

⑨ 濡其首厉：沾湿了头而有危厉。何可久：上六之阴居上处坎之极，沾湿头，而不会长久。

今 译

水在火上，《既济》之象。君子（效此）当思虑后患而预防它（发生）。"拖拉车轮"，其义当为"无咎"。"七日可以复得（其茀）"，用中道。"三年攻克（鬼方）"，（已）疲惫不堪。"终日戒备"，有所疑惑。"东邻杀牛"，举行大的祭祀，倒"不如西邻（六二）"得时。"实际承受了（上天）福分"，大的吉祥已来到。"沾湿了头"，怎么会长久呢！

火在水上，未济①。君子以慎辨物居方②。"濡其尾"，亦不知极也③。"九二贞吉"，中以行正也④。"未济征凶"，位不当也⑤。"贞吉悔亡"，志行也⑥。"君子之光"，其晖"吉"也⑦。"饮酒濡首"，亦不知节也⑧。

注 释

此释《未济》卦卦爻之象。

① 火在水上：《未济》下坎上离，坎为水在下，离为火在上。火性炎上，水性润下，二者不交通，故为《未济》之象。

② 慎辨物居方：先儒多解为慎重分辨事物所居方所。笔者认为应解为

慎重分辨事物处理四方之事。居，处。方，与《象》释《复》"后不省方"及《系辞》"方以类聚"之"方"同，作四方之事解。

③ 濡其尾：沾湿了尾巴。亦不知极：初六阴柔失位居坎险之下而不知中。极，中（详见《象》释《节》九二）。

④ 中以行正：九二居中，九二为阳，阳为直，直即正。《文言》："直，其正也。"故曰"中以行正"。

⑤ 未济：本指未渡过河，引申为未能成功。位不当：六三以阴居阳，不中不正。

⑥ 志行：九四阳刚居坎险之上，以示渡过险难，其志得以行施。

⑦ 君子之光：君子的光辉。其晖吉：六五处上离之中，离为明，故曰"晖"。晖，光之散。

⑧ 饮酒濡首：饮酒时沾湿了头。亦不知节：先儒称事不过中曰"节"，然南《象》中上下文义思之，此"节"似作节制。上九居卦之上，言饮酒而至于濡其首，乃不知节制自己。

今 译

火在水上，《未济》之象。君子（效此）当以谨慎分辨事物处理四方之事。"（小狐狸）沾湿了尾巴"，亦不知用中。"九二守正则吉"，用中而行正。"未渡过河、出征则有凶险"，位不正当。"占问有吉、悔事消亡"，其志得以行施。"君子的光辉"，光明有晖而"吉祥"。"饮酒而沾湿头"，也是不知节制（自己）。

系辞上①

（一）

天尊地卑，乾坤定矣。卑高以陈，贵贱位矣②。动静有常，刚柔断矣③。方以类聚，物以群分，吉凶生矣。在天成象,在地成形,变化见矣④。是故刚柔相摩,八卦相荡。鼓之以雷霆,润之以风雨⑤。日月运行,一寒一暑。乾道成男,坤道成女⑥。乾知大始,坤作成物。乾以易知,坤以简能⑦。易则易知,简则易从。易知则有亲,易从则有功。有亲则可久,有功则可大。可久则贤人之德,可大则贤人之业,易简而天下之理得矣。天下之理得,而成位乎其中矣⑧。

注　释

①系辞:系,繁体作"繫",古字作毄,有系属义。辞,即词,有说义。系辞本义是系辞于卦爻之下。案《系辞》:"系辞焉以断吉凶。""系辞焉以尽其言。"即是其证。此处以"系辞"为名,乃指系在《周易》古经后面的文辞,为"十翼"之一。它是《周易》的通论,追述易之起源,推论易之作用,兼释卦义以补《彖》《象》《说卦》之不足,并言明占筮方法等。《系辞》分章,先儒多有不同:马融、荀爽、姚信等分上篇为十三章,虞翻分为十一章,周氏、孔颖达等分为十二章,陆德明分为七章,李心传分为十五章,王申子分为十六章。《系辞》下篇一般分为十二章。今从马融等的分法。

②尊:高、贵。天阳气轻清在上,故曰尊。卑:下、贱。又作"坤",卑、坤通。地阴气浊重在下,故曰卑。定:谓定其方位。以:已。《国语·晋语》"吾以除之矣"即其证。陈:列。

③动静有常:此指天地自然而言,天运转不已,故曰动;地凝重不移,故曰静。常:规律。天动地静之说,战国时代极为普遍。如《庄子·天道篇》:"其动也天,其静也地。"刚柔:刚谓奇画以象阳,柔谓偶画以象阴。断:分、判。

④方:先儒多解为方所、道、理、行虫动物类等,然以上诸说似皆不妥。通观此段文意,"方"在此应解作"事"。《象》之《复》"后不省方"句,王弼注"方,事也"即其证。象:天象,日月星辰。形:地形,山川草

木。变化：天时变，故在天为"变"；变，熹平石经作"辩"，由成象到成形辨其化，可备一说。坤化成物，故在地为"化"。见：显现。

⑤刚柔相摩：乾刚坤柔之画相互摩荡而成八卦，即《说卦》所谓乾三阳坤三阴相互作用而生"六子"。摩：旋转，此指切摩。八卦相荡：八卦相互涤荡而运动。荡，又作"盪"。《释名》："荡，盪也。"此有推移之义。鼓，通"郭"。《风俗通义·声音篇》："鼓者，郭也，春分之音也，万物郭皮甲而出也，故谓之'鼓'。"所以鼓有"动"之义。霆：雷之余气。《春秋榖梁传》："云雷者何？霆也。"润：滋。

⑥乾道：即阳道。男：阳性事物，即《说卦》所谓"长男""中男""少男"。坤道：即阴道。女：阴性事物，即《说卦》所谓"长女""中女""少女"。

⑦知：先儒多训为"主""为"。笔者管见，由《彖》释《乾》称"万物资始"考之，此"知"应解作"资"，"资""知"音近互假耳。作：一本作"化"。笔者以为，由上文"乾资大始"考之，此处"坤作成物"之"作"，当训为"为"，即化生。易：平直，无所难。马其昶云："易者，易直也。光体浑同虚空，普遍群物，故曰易。《尔雅》'平、均、夷、弟，易也'，注云：皆谓易直。此可识易之训也。"案《系辞》："夫乾，其静也专，其动也直，是以大生焉。"故马氏之说极是。简能：简约之能。先儒有谓作"简从"者，由下文"易则易知，简则易从。易知则有亲，易从则有功"考之，此解可备为一说。简，简约而不繁。

⑧易简：平易简约。成位乎其中：人得天地之理，位于天地之中。位，居位。

今 译

天尊贵（于上），地卑贱（于下），乾坤（由此）确定。卑下高上已经陈列，贵贱之位确立。（天地）动静有其常规，（阳）刚（阴）柔即可断定。万事以其类相聚，万物以其群相分，（这样）吉凶便产生了。在天形成象，在地生成形，（因而）变化就显现了。所以刚柔相互切摩，八卦相互推移。以雷霆鼓动，以风雨滋润,日月运行,寒暑交替。乾道成就男性(事物),坤道成就女性(事物)。乾资主(万物)初始,坤化生成万物。乾以平直资主,坤以简约顺从。易,则是易资主;简,则是易顺从。平直资主则有亲附,简易顺从则有功效。有亲附则可长久,有功效则可广大。可长久才是贤人的德性,可广大才是贤人的事业。(因此)易简而天下之理可得,天下之理可得而成位于(天地)之中。

(二)

圣人设卦观象系辞焉而明吉凶[①],刚柔相推而生变化。是故吉凶者,失得之象也;悔吝者,忧虞之象也[②];变化者,进退之象也;刚柔者,昼夜之象也[③]。六爻之动,三极之道也[④]。是故君子所居而安者,易之序也;所乐而玩者,爻之辞也[⑤]。是故君子居则观其象而玩其辞,动则观其变而玩其占。是以"自天祐之,吉无不利"[⑥]。

注 释

① 卦:指六十四卦。象:卦象。象,帛书《系辞》皆作"马"。系辞:于卦爻之后系属其文辞。在此句"吉凶"之后"虞本更有悔吝二字"(《释文》)。以上下文义考之,似当以虞说为是。

② 吉凶:善恶。吉,善。凶,恶。悔吝:悔难。悔,恨。吝,通"遴",行难。虞,度。吉凶悔吝,为《易》之辞。失得忧虞,为人之事,故吉象得,凶象失,悔象忧,吝象虞。

③ 变化:指六爻之变化。亦即《系辞》所谓"变动不居,周流六虚,上下无常,刚柔相易","爻者,言乎变者也"。进退:由爻之变化而产生。阳动为进,阴动为退。刚柔:指阴阳二画,阳刚为"—",阴柔为"--"。

④ 三极:三才,即天地人。八卦有三画,上画象天,下画象地,中画象人。六爻兼三才,故初二为下象地,三四为中象人,五六为上象天。

⑤ 居:静处。安:依。序:次序。虞翻认为当作"象"。依据下文"君

子居则观其象",故认为作"象"为胜。然案之《系辞》"八卦成列,象在其中矣",成列即《易》之序也。且"齐小大者存乎卦,辩吉凶者存乎辞,忧悔吝者存乎介,震无咎者存乎悔。……"此皆"易之序"也。玩:有玩味、玩习之义。《列子·黄帝篇》"吾与若玩其文也久矣",张湛注"玩,习也"。乐:一本作"变",案下文"动则观其变","爻者言乎变者也",似从"变"为是。

⑥此引《大有》上九爻辞。祐:保佑。

今 译

圣人设置易卦,观察其象而系之文辞,以明示吉凶,(阳)刚(阴)柔相互推移而产生变化。所以(《易》辞)吉凶,为失得之象;悔吝,为忧虞之象;变化,为进退之象;(阳)刚(阴)柔,为昼夜之象。六爻的变动,含有(天地人)三才之道。所以闲居而依者,是卦的次序;喜乐而玩习者,是(卦)爻的文辞。因此君子闲居时则观察卦象,而玩味其文辞;行动时则观察卦爻的变化,而玩味其筮占。所以"自有上天保佑,吉祥而无不利"。

(三)

彖者,言乎象者也;爻者,言乎变者也①。吉凶者,言乎其失得也。悔吝者,言乎其小疵也。无咎者,善补过也。是故列贵贱者存乎位,齐小大者存乎卦,辩吉凶者存乎辞,忧悔吝者存乎介,震无咎者存乎悔②。是故,卦有小大,辞有险易。辞也者,各指其所之③。

注 释

①彖:"材","材"通"裁",故有裁断之义,此指彖辞。言:说明。象:指一卦之象。爻:指爻辞。变:指刚柔两画的变化。

② 小疵：小瑕。列：分布。位：六爻之位。齐，正定。大小：指卦而言，阳卦大，阴卦小。辞：爻辞。介：微小。此指"悔吝"处"吉凶"之间细小界限。震：惊惧。

③ 险：凶恶。易：平易，此即善吉。之：适。

今 译

象辞，是说明卦象的；爻辞，是说明（阴阳爻画）变化的。吉凶，是说明事务失得的。悔吝，是说明有小的过失。无咎，是说明善于补救过失。所以贵贱的分列，存在于所处的爻位；齐定其小大，存在于各卦之中；辨别吉凶，存在于卦爻辞中；忧虑悔吝，存在于（吉凶之间）细小的界限；戒惧而无咎，存在于能够悔改。因此卦有（阴阳）小大，辞有凶险平易，《易》辞就各有所指向。

（四）

易与天地准，故能弥纶天地之道①。仰以观于天文，俯以察于地理，是故知幽明之故，原始反终，故知死生之说②。精气为物，游魂为变，是故知鬼神之情状③。与天地相似，故不违。知周乎万物而道济天下，故不过。旁行而不流，乐天知命，故不忧。安土敦乎仁，故能爱④。范围天地之化而不过，曲成万物而不遗⑤，通乎昼夜之道而知，故神无方而易无体⑥。

注 释

① 易：《周易》所包含道理，即易理。准：等同、齐平。"准"，帛书《易》作"顺"。弥纶：包罗、遍论。弥，遍。纶，本指青丝绶，此通"论"，

帛书作"论"为证。

② 幽明：幽暗光明。原始反终：由事物开始返归到事物的终结。原，推究。反，一本作"及"，此训为"返"。

③ 精气为物：阴阳精灵之气聚则物成其形。精气，指阴阳精灵之气。游魂为变：气之游散而物变其故。游魂，气之游散。阳气曰魂，以上下文思之，精气指神，游魂指鬼。鬼神：阴阳之气屈伸变化。鬼，归，即气之屈而归，物终气归曰鬼。神，伸，即气之伸而至，物生气伸曰神。

④ 违：违背。济：助。旁：偏。《广雅》："旁，广也、大也。"《周礼·春官·男巫》："旁招以茅。"贾公彦疏："旁，谓四方。"王引之曰："谓遍招于四方也。"流：《释文》："京作留。"乐天：顺行天道。知命：知性命之理。安土：安居坤土。敦：笃厚。仁：爱。《墨子·经说下》："仁，仁爱也。"

⑤ 范围：包括、法周。范，铸金之范，引申为法。围，匡郭、周围。"范围"，今人黄沛荣解作笼罩，其说甚是。不过，汉儒释此为乾坤消息法周天地变化而不过于十二辰。然由上下文思之，此"不过"恐指"在天成象，在地成形，变化见矣"，因无其他证据，故此仍依汉人之说。曲：本义为器受物之形。成：当为盛。曲成：即受盛。不遗：不遗失细微。

⑥ 昼夜之道：指阴阳刚柔之道。《系辞》："刚柔者，昼夜之象。"方：处所。体：固定形体。

今 译

《易》道与天地等同，所以能包罗天地之道，仰首以观看天文，俯首以察看地理，所以知晓幽明变化的原故。由事物开始返归到事物终结，因而知晓死生的学说。精气聚合而生成物形，游魂（气散）导致（物形）变化，因此可知鬼神的情状。（易）与天地相似，所以不违背（天地的规律）。知道周围万物而以其道成就天下，所以不会有过失。遍行而不停留，顺应天道，知晓性命之理，因而不会忧愁。安居坤土，敦厚而施仁德，故能够爱民。笼罩天地变化而不超过（十二辰），承盛万物而不遗失（细微），通达昼夜变化之道而极其睿智，故（阴阳）神妙变化无一定处所，而易道亦无固定的形体。

（五）

一阴一阳之谓道。继之者，善也；成之者，性也①。仁者见之谓之仁，知者见之谓之知。百姓日用而不知，故君子之道鲜矣。显诸仁，藏诸用，鼓万物而不与圣人同忧，盛德大业至矣哉②。富有之谓大业，日新之谓盛德。生生之谓易，成象之谓乾，效法之谓坤③。极数知来之谓占，通变之谓事，阴阳不测之谓神④。

注 释

① 继：秉受、继续。成：生成、成就。性：天性、本性。朱熹曰："造化所以发育万物为'继之者善'，'各正其性命'为'成之者性'。"（《朱子语类》卷第七十四）

② 知：智。鲜：少。显：显现。诸，之于。用：功用。鼓：动（解见上"鼓之以雷霆"注）。至：极。"显诸仁，藏诸用，鼓万物而不与圣人同忧"，帛书《易》作"圣者仁勇，鼓万物而不与众人同忧"。

③ 富有：无所不备。日新：变化不息，日日增新。生生：阴阳相互变化而不穷。成象：生成天象。效法：效地之形。法即形。项安世曰："古语'法'皆谓'形'，《系辞》皆以'形'对'象'。"（《周易孔义集说》）

④ 极数：穷极蓍策之数。占：筮占。通变：即变通，指变化而通达、趋时而利。阴阳不测：阴阳变化迅速微妙而不可测度。

今 译

一阴一阳（互变）叫作道，秉受（其道）的，为善；顺成（其道）的，为性。仁者看见（道）的仁便称道为仁，智者看见（道）的智便称道为智。百姓日用（其道）却不知道，所以君子之道已很少见了。显现道的仁德（于外），潜藏道的功用（于内），鼓动万物（生长）而不去与圣人同忧虑，（造就万物）盛德大业（完备）至极呀！富有叫作大业，日新叫作盛德。（阴阳变化）生生不已叫作易，成（天）象为乾，效（地）形为坤，穷极蓍策之数预知未来叫作占，通达变化的叫作事，阴阳（变化）不可测度叫作神。

（六）

夫易广矣大矣，以言乎远则不御，以言乎迩则静而正，以言乎天地之间则备矣①。夫乾，其静也专，其动也直，是以大生焉。夫坤，其静也翕，其动也辟，是以广生焉②。广大配天地，变通配四时，阴阳之义配日月，易简之善配至德③。

注 释

① 广：宽广，坤为广。大：盛大，乾为大。御：止。迩：近。正：定。
② 专：一本作"塼"，专、塼二者通，此当训为"圜"。《说卦》"乾为圜"即其证。直：刚直。翕：闭合。辟：开。
③ 配：匹配。变通：变化通达。易简：指"易则易知，简则易从"，即易知易从谓易简。至：大。

今 译

这易道宽广啊！盛大啊！要说它远，则无所穷止；要说它近，则宁静而方正；要说天地之间则（万物）具备。这乾，静止时圆圜，运动时则刚直，所以能大生（万物）。这坤，静止时闭合，运动时开辟，所以广生（万物）。（易道）广（生）大（生）

与天地相配合，变化通达与四时相配合，阴阳之义可以与日月相配合，易道简约的善性与至大的德性相配合。

（七）

子曰①："易，其至矣乎！夫易圣人所以崇德而广业也。知崇礼卑②，崇效天，卑法地，天地设位，而易行乎其中矣。成性存存，道义之门③。"

注 释

① 子曰：《系辞》《文言》所谓"子曰"，乃指孔子，然"子曰"所引是否真为孔子言论，已无从考证。
② 知：即智。礼：礼仪。一本作"体"，"礼""体"相通。
③ 存存：常在。《尔雅·释训》："存存，在也。"阮元曰："存存，在也。如孟子说'存其心，养其性也'。"道：所由之路，乾阳为道。义：所处之宜，坤阴为宜。

今 译

孔子说："易，其道至极！易道，圣人用之增崇其德而广大其业。智慧崇高礼仪谦卑，崇高效法天，卑下效法地。天地设定位置，而易道运行于其中。成物之性常存，（阴阳）道义之门。"

（八）

圣人有以见天下之赜，而拟诸其形容，象其物宜，是故谓之象①。圣人有以见天下之动，而观其会通，以行其典礼②。系辞焉以断其吉凶，是故谓之爻。言天下之至赜而不可恶也，言天下之至动而不可乱也。拟之而后言，议之而后动，拟议以成其变化③。"鸣鹤在阴，其子和之，我有好爵，吾与尔靡之④。"子曰："君子居其室，出其言善，则千里之外应之，况其迩者乎！居其室，出其言不善，则千里之外违之，况其迩者乎！言出乎身，加乎民。行发乎迩，见乎远。言行，君子之枢机。枢机之发，荣辱之主也。言行，君子之所以动天地也，可不慎乎⑤？""同人先号眺而后笑⑥。"子曰："君子之道，或出或处，或默或语。二人同心，其利断金。同心之言，其臭如兰⑦。"

注 释

① 赜：古文作"啧"，本义是指口里说话杂乱，此指事物繁杂。拟：比拟、摹仿。诸：之于。形：形态、形状。容：容貌。宜：相称、适宜。

② 会通：会合交通。典礼：一本作"等礼"，此指典章礼仪。

③ 恶：厌恶。一本作"亚"，古者亚、恶二字通。先儒有训"亚"为次第者，亦可备为一说。议：一本作"仪"，通观上下文义，"仪"与"拟"对举，当作"仪"为是。仪，仿效。

④ 此引《中孚》九二爻辞。其意为：母鹤在树荫下鸣叫，其子应声而和。（若）我有美酒，我愿与你共同分享。阴：通"荫"。和：应和。爵：古代饮酒器，此指酒。靡：系恋、分享。

⑤ 此释《中孚》九二爻辞。君子居其室，九二居内卦，以象君子居其家室，九二为阳爻，故为君子。言：言语。九二居《中孚》下兑之中，故曰言。枢：户枢，即门轴。机：弩机。"枢机之发，荣辱之主也。"帛书《易》作"区机之发，营辰之年也"。

⑥ 此引《同人》九五爻辞。其意为：与人同志，先哭后笑。同人：即同仁。号眺：啼哭。

⑦ 此释《同人》九五爻辞。默：不语。利：锐利。臭：通"嗅"，即气味。

今 译

  圣人因见天下事物繁杂,从而比拟其形状容貌,象征其事物所宜,所以就叫作卦象。圣人因见天下事物的变动,从而观察其会合与交通,以推行其典章礼仪,并附之文辞以断其吉凶,所以就叫作爻。述说天下事物至为繁杂而不会厌恶,指出天下事物变动至极而不会杂乱。比拟后发表言论,仿效后而行动,通过比拟仿效以成就其变化。"鹤鸣在树荫,其子和而应之,我有好酒,我与你共享。"孔子说:"君子居于室,口出善言,千里之外的人都响应,况且近处呢!君子居于室,口出不善之言,千里之外的人都违抗,况且近处呢!言语出于身,影响于民。行动发生在近处,而显现于远处。言行,这是君子的门枢和弩机。枢机在发动时,主宰着荣辱(的变化)。言行,君子是可以用它来惊动天地的,怎可不慎重呢?""与人同志,先号哭而后笑。"孔子说:"君子之道,或出行或居处,或沉默或言语。二人同心,其力量可以断金。同心的言语,气味相投香如兰草。"

  "初六,藉用白茅,无咎①。"子曰:"苟错诸地而可矣。藉之用茅,何咎之有?慎之至也。夫茅之为物薄,而用可重也。慎斯术也以往,其无所失矣②。""劳谦君子有终,吉③。"子曰:"劳而不伐,有功而不德,厚之至也。语以其功下人者也。德言盛,礼言恭。谦也者,致恭以存其位者也④。""亢龙有悔⑤。"子曰:"贵而无位,高而无民,贤人在下位而无辅,是以动而有悔也⑥。""不出户庭,无咎⑦。"子曰:"乱之所生也,则言语以为阶。君不密则失臣,臣不密则失身,几事不密则害成,是以君子慎密而不出也⑧。"子曰:"作《易》者,其知盗乎!《易》曰:'负且乘,致寇至。'负也者,小人之事也。乘也者,君子之器也。小人而乘君子之器,盗思夺之矣。上慢下暴,盗思伐之矣。慢藏诲盗,冶容诲淫。《易》曰:'负且乘,致寇至。'盗之招也⑨。"

注　释

① 此引《大过》初六爻辞。其意为:用白茅铺地(摆设祭品)无咎。藉:铺垫。茅:茅草。

② 此释《大过》初六爻辞。苟,助词。王引之曰:"苟,犹但也。"错:措,有放置之义。慎:谨慎。薄:犹轻。斯:此。术:道。"慎斯术",一本作"顺斯术",有训"慎"为遵循者,可备一说。

③ 引《谦》九三爻辞。其意为:有功劳而又谦虚,君子则有好的结果,吉利。

④ 此释《谦》九三爻辞。伐:夸。德:得。《管子·心术上》:"故德者,得也。"厚:笃厚。功下人:有功劳而卑下于人。致:推致。

⑤ 引《乾》卦上九爻辞。亢:穷极。

⑥ 此释《乾》上九爻辞。贵而无位:《乾》上九之阳处上为贵,上九穷极失位故无位。高而无民:上九居卦上故曰高,六爻皆无阴,故无民。

⑦ 引《节》初九爻辞。

⑧ 此释《节》初九爻辞。阶:《释文》:"姚本作机。"考《涣》卦九二爻"涣奔其机",帛书《易》作"阶",故阶、机互通。此处应解为契机。密:隐密。几事:几微之事。

⑨ 此释《解》六三爻辞。乘:古时指车辆,引申为乘坐。小人而乘君子之器:小人乘坐君子的交通器具。小人,古代统治者对下层人民的蔑称,后指不正派或见闻浅薄之人。君子,指有德才之人。从卦象看,阳为君子,阴为小人,《解》六三以阴居阳位,故有"小人乘君子之器"之象。慢:骄慢。诲:教。"慢藏诲盗",帛书《易》作"曼暴谋盗思夺之"。冶:郑、陆、虞、姚、王肃作"野",《太平广记》引作"蛊","野""冶",皆"蛊"之假

借。(详见李富孙《易经异文释》)郑玄曰:"饰其容而见于外曰野。"(《后汉书》注)

今 译

"初六,用白色茅草铺地(摆设祭品),无灾。"孔子说:"(祭品)直接放在地上就可以了,再用茅草铺垫(以示其敬),还能有什么灾呢?已经是非常慎重了。茅草作为物虽然很轻薄,但作用重大,能谨慎地用这套礼术行事,就不会有所失了。""有功劳而谦虚,君子有好的结局,吉利。"孔子说:"有功劳而不夸耀,有功绩而不贪得,太厚道了。所说的是有功劳而能礼下于人。德讲究要盛大,礼讲究要恭敬。所谓谦,就是以恭敬而保存其禄位啊!""龙飞过高处则有悔。"孔子说:"尊贵而无实际的职位,高高在上而失去民众,贤人在下位而无所辅助,所以一行动就有悔。""不出门户庭院,无咎灾。"孔子说:"祸乱的产生,是以言语为契机。国君(说话)不机密则失掉大臣,大臣(说话)不机密则有杀身之祸。机微之尊不保密则妨害事情的成功,所以君子谨守机密而不轻易出言。"孔子说:"作《易》的人,大概很了解盗寇吧!《易》说:'以肩负物而又乘车,以致招来盗寇打劫。'以肩负物,这是小人做的事情;车乘,是君子(使用)的器具。小人乘坐君子的器具,所以盗寇想来抢夺他。对上骄慢而对下暴虐,盗寇想来讨伐。懒于收藏财富是教盗寇来抢,打扮妖艳是引诱盗寇来奸淫。《易》说:'以肩负物而又乘车,招致了盗寇。'(说的是)自己招来盗寇。"

(九)

天一,地二;天三,地四;天五,地六;天七,地八;天九,地十①。天数五,地数五,五位相得而各有合。天数二十有五，地数三十，凡天地之数五十有五。此所以成变化而行鬼神也②。大衍之数五十③，其用四十有九④。分而为二以象两⑤，挂一以象三⑥，揲之以四以象四时⑦，归奇于扐以象闰⑧，五岁再闰⑨，故再扐而后挂⑩。乾之策二百一十有六，坤之策百四十有四，凡三百有六十，当期之日⑪。二篇之策，万有一千五百二十，当万物之数也⑫。是故四营而成易，十有八变而成卦⑬。八卦而小成，引而伸之，触类而长之，天下之能事毕矣⑭。显道神德行，是故可与酬酢，可与祐神矣⑮。子曰："知变化之道者，其知神之所为乎⑯？"

注　释

① 案唐李鼎祚《周易集解》及清阮元刻《十三经注疏》本，此节在十一章之首（即在"夫易，何为者也"之上）。自"天数五"至"行鬼神也"一节在"故再扐而后挂"之下。宋代张载、程颐、朱熹疑为错简，认为此两节相连当在"大衍之数"之上。元人吴澄、明人来知德、清人李光地等人皆从之。案汉熹平石经本，自"天一"至"行鬼神也"在"故再扐而后挂"之下，《汉书·律历志》与卫元嵩《元包蓍篇》皆同熹平石经，故当以汉熹平石经本为是。然案上下文义，程朱之顺序较胜，故今从之。此章列"一"到"十"自然数，旨在说明筮法中所演五十之数是以这天地之数为根据的。

② 进一步阐述天地之数与大衍之数的关系。五位：先儒多解：（一）指天地之数各有五位数。（二）五个方位，一六居北，二七居南，三八居东，四九居西，五十居中。（三）五行之位，一六合为水位，二七合为火位，三八合为木位，四九合为金位，五十合为土位。通观文意，当以第一种为胜。相得：相加。合：即和。变化：指蓍数变化。鬼神：气之屈伸往来。鬼，归。神，伸。故"行鬼神"，是指数能贯通天地鬼神，即易通鬼神而能行鬼神。

③ 衍：演，即演算。五十：先儒多解：（一）朱熹认为，以河图中宫天五乘地十而得之。（二）荀爽认为卦各有六爻，又有八经卦 $6 \times 8 = 48$，乾坤又有二用，故 $48 + 2 = 50$。（三）京房等认为：五十者，谓十日十二辰二十八宿也。$10 + 12 + 28 = 50$。（四）郑玄认为，天地之数五十有五，以五行气通，故减五为五十。（五）崔憬认为，天地之数配八卦，八卦之数为五十，$3（艮）+ 5（坎）+ 7（震）+ 9（乾）+ 2（兑）+ 10（离）+ 8（巽）+ 6（坤）= 50$。（六）《汉书·律历志》认为，五十数由元始象一，与春秋二，三统之三，四时之四，相加得十，再与此五体相乘而得：$(1 + 2 + 3 + 4) \times 5 = 50$。笔者认为，大衍之数只用"五十"，除了先儒之说，还可以补充如下：天地生成之数止于五十，生数止于五，成数止于十。故人一手之手指数为生数五，两手之手指数为成数十。筮者以左右两手演算，故两手分数之蓍草数当为五与十的乘数。

④ 其用四十有九：五十根蓍草，只用四十九根，其中一根不用，以象太极，也有说四十九根象太极者。前者为胜。

⑤ 两：两仪，指天地或阴阳。此是说把四十九策分为二，象征太极生两仪。

⑥ 挂一以象三：依宋人说，从右手蓍策中任取一根置于左手无名指与小指之间，象征"三才"。挂一，从右手蓍策中任取一根。"一"，象征三才中人。三，三才。

⑦ 揲：取、数。此是说将左右手之策以四根为一组而数之，象征有"四时"。

⑧ 奇：余。在分完左右手之后，每只手中策数必有余数。或一，或二，或三，或四，此就是奇。扐：勒，将蓍草勒于指间。译文中蓍草之"挂"法与"扐"法皆据宋人之说。闰：闰月。

⑨ 五岁：五年。一挂两揲两扐为五，故为"五岁"。再：两。此句是说一变之中，有两次归奇于扐，故象两次闰月在五年之中。

⑩ 挂：一本作"卦"，二者通，此指布卦之一爻。

⑪ 策：古人称蓍草根数为"策"，一根蓍草为一策。如：《乾》卦六爻，每一爻经三变之后，皆得36策，故六爻之策为：$36 \times 6 = 216$（策）。同样《坤》六爻，每一爻经三变皆得24策，故六爻之策为：$24 \times 6 = 144$，《乾》《坤》两卦策数相加，即：$216 + 144 = 360$，360正与一年三百六十天数相

当,故曰"当期之日"。

⑫ 二篇之策：指《周易》共上下两篇,六十四卦,三百八十四爻所有的策数。其中阳爻为一百九十二,阴爻为一百九十二。

若阳爻为老阳,阴爻为老阴,则：
$$36 \times 192 = 6912$$
$$24 \times 192 = 4608$$

所以：$4608 + 6912 = 11520$（策）

若阳爻为少阳,阴爻为少阴,则：
$$32 \times 192 = 6144$$
$$28 \times 192 = 5376$$

所以：$6144 + 5376 = 11520$（策）

故"二篇之策,万有一千五百二十"。《系辞》作者认为"二篇策数"正与万物之数相当。

⑬ 四营：四求。指一爻生成须经过四次演算才得出：(一)分二,(二)挂一,(三)揲四,(四)归奇于扐,共为"四营"。十有八变而成卦：四营称"一变",三变成一爻,《周易》一卦六爻,故 6×3 变 $= 18$ 变。

⑭ 小成：先儒多解,有曰八卦虽有三画以象三才,但未尽万物之情理,故曰小成；有曰此八卦指经卦而言,十有八变方成一卦,九变出一经卦,只是一半,故曰"小成"。以上下文义观之,以第二说为是。伸：一本作"信",二者相通。触：动、逢。毕：尽。

⑮ 显：明。道：易道。德行：品德行为。与：参。酬酢：古代一种宾主饮酒之礼。古代饮酒,主人酌宾为献,宾酌主人为酢。主人饮之,又酌宾为酬。先举为酢,答报为酬。此象阳唱阴合,变化相配,阳往为酬,阴来为酢。祐：助。

⑯ 荀爽、马融、王弼等人皆将此句放在第十章首,李鼎祚据虞翻而放在九章之末,朱熹等人从之。通观上下文,放在第九章末为妥。

今 译

天数一,地数二；天数三,地数四；天数五,地数六；天数七,地数八；天数九,地数十。天数五位,地数五位,天地之数五位各自相加而有和。天数和为二十五，地数和为三十，天地之数总和为五十五，此所以生成（蓍数）变化，而通行天地鬼神的原因。（借用蓍草）演算天地之数是五十，实际用四十九（根），（将这四十九根蓍草）一分为二，以象两仪。（从右手蓍策中）任取一根（置于左手小指间），以象（天地人）三才。（左右手之策）以四为一组数之象征四时。归置（左右手所余之数）于手指之间以象余日而成闰月。五年中有两次闰月，所以再一次归余策于手指间，而后经三变而成卦（一爻）。《乾》卦策数为二百一十六，《坤》卦策数为一百四十四，（《乾》《坤》策数）共为三百六十，正好与一年三百六十天数相当。（《周易》）上下两篇策数为一万一千五百二十，正好与万物之数相当。所以经过四道程序的经营而成《易》卦一爻，十八次变化而成一卦，（九次变化出）八经卦为小成，再引申其义，触动类推而增长，天下所能之事皆无所遗了！显明易道，神化德行。所以如行宾主饮酒应对之礼，可以佑助神化之功。孔子说："通晓阴阳变化之道的，恐怕一定知道'神'的功用吧！"

（十）

《易》有圣人之道四焉：以言者尚其辞，以动者尚其变，以制器者尚其象，以卜筮者尚其占①。是以君子将有为也，将有行也，问焉而以言②，其受命也如响，无有远近幽深，遂知来物，非天下之至精，其孰能与于此③。参伍以变，错综其数④。通其变，遂成天下之文；极其数，遂定天下之象⑤。非天下之至变，其孰能与于此？《易》无思也，无为也，寂然不动，感而遂通天下之故。非天下之至神，其孰能与于此⑥？夫《易》，圣人之所以极深而研几也。唯深也，故能通天下之志；唯几也，故能成天下之务；唯神也，故不疾而速，不行而至⑦。子曰"《易》有圣人之道四焉"者，此之谓也。

注　释

①以：用。尚：取、主。辞：指卦爻辞。变：爻变。象：卦象。卜筮：龟卜蓍占。占：占问预测。

②为：作为。古人多指建立诸侯国。行：行动，多指行师出征。吴澄曰："有为谓作内事，有行谓作外事。"可备一说。问：以上下文义思之，"问"显然指求问于《易》。言：言其吉凶。

③命：命蓍命龟之语，即占问前对蓍龟所问的话。响：一本作"向"，二字古通，此指响之应声。远近：就天地而言，天远地近。幽：隐暗。深：深奥。物：事。精：精细微妙。孰：谁。与：参与。

④参伍以变，错综其数：古人众说纷纭。有谓参伍即三五行者；有谓参五十五，七八为象，其数十五，九六为爻，其数亦十五者；有谓三五以相参合以相改变者。《淮南子·泰族训》针对"参伍"专门做了论述："何谓参五？仰取象于天，俯取度于地，中取法于人……此之谓参；制君臣之义，父子之亲，夫妇之辨，长幼之序，朋友之际，此之谓五。"凡此种种，恐怕是后人附会曲解之辞，与"参伍"本义未必相符。案《周易本义》曰："参者，三数之也；伍者，五数之也。既参以变，又伍以变，一先一后，更相考核，以审其多寡之实也。错者，交而互之，一左一右之谓也；综者，总而挈之，一低一昂之谓也。此亦皆谓揲蓍求卦之事。"又曰："'参伍'、'错综'皆古语，而'参伍'尤难晓。按《荀子》云：'窥敌制变，欲伍以参。'《韩非》曰：'省同异之言，以知朋党之分，偶参伍之验，以责陈言之实。'又曰：'参之以比物，伍之以合参。'《史记》曰'必参而伍之'，又曰'参伍不失'。《汉书》曰：'参伍其贾，以类相准，此足以相发明也。'"《周易本义》在此承认"'参伍'尤难晓"，不强行曲解，殊为可贵，同时也提出一些很有价值的想法，如"错者，交而互之，一左一右之谓也；综者，总而挈之，一低一昂之事也，此亦皆谓揲蓍求卦之事"，点出了"参伍"的实质。笔者陋见，此"参伍"之数，与"参天两地"之数一样，皆古人论天地之数以定"揲蓍求卦之事"。《系辞》中有一段文字，对于揭示此点，提供了重要线

索:"道有变动,故曰爻;爻有等,故曰物;物相杂,故曰文。"由此而思之,恐"参"即《系辞》"六爻之动,三极之道也","六者非它,三材之道也"的"三";而"伍",应是《系辞》"天数五,地数五,五位相得而各有和",体现了"凡天地之数五十有五,此所以成变化而行鬼神也"之"五"。故"参伍以变,错综其数",即蓍筮时的卦变,亦"道有变动,故曰爻";而"通其变,遂成天地之文",即"爻有等,故曰物;物相杂,故曰文"也,亦《贲》之《象》"刚柔交错,天文也"。故"参"乃三材之"三",而"伍"乃天地之数各有五之"五",此亦与《周易本义》所引之"参之以比物,伍之以合三"说正符。故笔者不揣卑陋,试述"参伍"管见如上,尚祈方家正之。

⑤ 通其变:通达蓍变。遂:就。文:物相杂故曰文,即一卦六爻刚柔相参杂以成文采。极:推究。象:卦象。卦象象征了天下万物,故"遂定天下之象"。

⑥ 此句言尚占之事。"无思""无为""寂然不动",是就卦爻而言。"感而遂通",就行蓍而言,如下章所言"蓍之德圆而神,卦之德方以知"。寂:静。感:触动。故:事。

⑦ 研几:研尽其几微。几,一本作"机",训几为微。志:心志。疾:急。

今 译

《周易》包含有圣人之道四条:用以讲说的崇尚卦爻辞;用以指导行动的崇尚卦变;用以制造器物的崇尚卦爻之象;用以卜筮预测的崇尚占问。所以君子将要有所作为,要有所行动,求问于(《易》)后才知道(吉凶)。蓍受人之命(答疑)如应声之响,不管远近幽深,皆知未来的事物(变化)。不是天下万物的至极精微,其何以能至于此?参(材)五(位)的变化,错综蓍数(而成卦)。通达其变化,就可以成就天下万物的文采;极尽其蓍数,就可定天下万物之象。若不是天下万物的至极变化,谁能达到此种地步?《易》无思无为,寂然不动,感悟而能通晓天下之事。若不是天下事物变化至极神妙,谁能至于此种地步?《易》这套道理,乃是圣人之所以穷极其深奥,研尽其机微所在。因为深奥,所以能通晓天下的心志;因为几微,所以能确定天下的事物;因为神妙,所以它不急却极其迅速,不必行动而已经到达。孔子说"《周易》中含圣人之道四条",就是这个意思。

(十一)

子曰:"夫《易》何为者也?夫《易》开物成务,冒天下之道,如斯而已者也。"是故圣人以通天下之志,以定天下之业,以断天下之疑①。是故蓍之德圆而神,卦之德方以知,六爻之义易以贡②。圣人以此洗心,退藏于密,吉凶与民同患。神以知来,知以藏往,其孰能与于此哉!古之聪明睿知、神武而不杀者夫③!是以明于天之道,而察于民之故,是兴神物以前民用。圣人以此斋戒,以神明其德夫④。是故阖户谓之坤,辟户谓之乾。一阖一辟谓之变,往来不穷谓之通,见乃谓之象,形乃谓之器,制而用之谓之法,利用出入,民咸用之谓之神⑤。

注 释

① 何为:即为何。虞翻作"何为而作也"(《周易集解》)。开物:揭开事物。成务:成就事务。冒:覆,即包括。斯:此。"开物成务,冒天下之道",帛书《易》作"古物定命,乐天下之道"。

② 蓍之德:行蓍的所得。圆而神:即圆能神,古"而""能"二字互通。此指效法了天的圆,故能神奇变化。方:本指为地之性质,即方正。此指卦效法了地,具有地之性质。知:智慧。贡:告示。

③ 洗心:先儒多解"先心"。然帛书《易》作"佚心"。先儒训"洗"为涤除、洗濯,然南下文"退藏于密"思之,当依帛书《易》为是。"佚

是佚乐其心，无所作为之义。密：静。神武而不杀：武艺至于神而不假杀伐以服人。杀，杀伐，有读为衰者，古"杀""衰"通。

④故：事。兴：举。神物：蓍龟。前民用：先于民而用神。前，先，又说导。斋戒：一本作"齐戒"。湛然纯一之谓斋，肃然警惕之谓戒；斋戒，指古代祭祀前沐浴更衣，不饮酒，不吃荤，不同房，以洁身心。

⑤阖户：关门。阖，闭。辟户：开门。辟，开。此用"阖户""辟户"以喻阴阳。乾为阳，坤为阴。一阖一辟：本指门户白昼开，黑夜闭，此象阴阳交替变化，与"一阴一阳"同义。见：现。形：成形。制：制裁。法：法度。咸：皆。

今 译

孔子说："这《周易》为何而作？这《周易》揭示事物（本质）而成就事业，概括天下事物的规律，如此而已。"所以圣人可以通达天下的心志，完成天下大业，决断天下的疑惑。因此蓍占的所得在于（效法天）圆故能神妙，易卦的所得在于（效法地）方故能隐藏智慧。六爻之义在于以其变化而告（吉凶）。圣人以此自娱其心，退藏于隐密之处，吉凶与庶民共济，其神妙可以预知未来，其智慧可以蕴藏过去。谁能达到如此地步？（只有古代）聪明智慧武功至神而又不假杀伐的人（才能做到）。所以明了天道而察访民事，因而兴创神物（占筮）而先于民用之。圣人以此斋戒身心，以神化明示他的品德。所以闭户叫作坤，开户叫作乾，一闭一开叫作变，往来不穷叫作通。显现的为象，取其形的就是器，裁制而用的叫作法，利用（门户）出入，民众都用的就叫作神。

（十二）

是故易有太极①，是生两仪，两仪生四象，四象生八卦，八卦定吉凶，吉凶生大业②。是故法象莫大乎天地，变通莫大乎四时，县象著明莫大乎日月，崇高莫大乎富贵。备物致用，立成器，以为天下利，莫大乎圣人。探赜索隐，钩深致远，以定天下之吉凶。成天下之亹亹者，莫大乎蓍龟③。是故天生神物，圣人则之；天地变化，圣人效之；天垂象，见吉凶，圣人象之；河出图，洛出书，圣人则之④。《易》有四象，所以示也；系辞焉，所以告也；定之以吉凶，所以断也。《易》曰："自天祐之，吉无不利。"子曰："祐者，助也。天之所助者，顺也；人之所助者，信也。履信思乎顺，又以尚贤也。是以自天祐之，吉无不利也⑤。"

注　释

① 太极：先儒众说不一。虞翻训为"太一"："太极，太一也。"(《周易集解》) 马融释为"北辰"："太极，北辰也。"(《经典释文》) 郑玄释为"道"："极中之道，淳和未分之气。"(《文选》注) 王弼释为"无"："太极者，无称之称，不可得而名，取有之所极，况之太极者也。"(《周易注》) 孔颖达释为"气一"："太极谓天地未分之前元气混而为一，即是太初太一也。故《老子》云'道生一'，即此太极是也。"(《周易正义》) 朱熹释为"理"："太极者，其理也。"(《周易本义》) 邵雍释为"无为之本"："太极，何物也? 曰无为之本也。"(《周易折中》引) 郑维岳释为"乾"："乾者，一而已；一者，太极也。"(同上) 徐在汉释为"乾坤"："同一，乾坤也。以其一神则谓之太极，以其两化则谓之两仪。"(同上) 崔憬、朱震、毛奇龄、胡渭等人皆认为太极是就筮法而言，蓍策未分、奇偶未形即是太极。(见《汉上易传》《仲氏易》《易图明辨》) 案闽监毛本、石经本、岳本"太"皆作"大"，故太、大通，太即大。极，《说文》训为栋，《逸雅》训"栋"为"中"，即指居屋之中，而《广雅·释诂》云"极，至也""极，高也"，

此"至""高"皆缘"栋"而生,故"太极"有高大而中和之义。极大曰"太",中而未分曰"一",故"太极"又称"太一"。而"太一"古人多指"太一"星,《史记·天官书》:"中宫天极星,其一明者,太一常居也。"太一又称北辰,《易纬·乾凿度》云:"故太一取其数以行九宫,四正四维皆合于十五。"郑玄注:"太一者,北辰之神名也,居其所曰太一。"太一、北辰即指北极星,《尔雅》"北极谓之北辰"。案《文耀钩》:"中宫大帝,其精北极星,含元出气,流精生一也。"故知大一(或北极)为含元生气之本。因而"太极"在古代又常常被解释为无所不包、浑沦未判的宇宙本原,《庄子》"道在太极之先"之"太极"即是此意。帛书《系辞》作"大恒",若非误写,其义与"太极"一致。

② 两仪、四象:先儒有不同解释,然南"易与天地准"及"法象莫大乎天地,变通莫大乎四时"考之,还以解"两仪"为阴阳,"四象"为七八九六为妥。八卦:乾、坤、震、巽、坎、离、艮、兑。从"是故易有太极"到"吉凶生大业"一节,历来多从宇宙产生角度或从画卦角度理解。笔者认为,此节当言筮法:(一)此节有"易""八卦定吉凶"等字眼,显然乃就《周易》筮法而言,仅从宇宙本原来理解是不妥的。(二)此节多用"生"字,《系辞》凡言"生",如"生变化""生吉凶""生情伪""生利害"及"生生之谓易"皆是筮卦,非画卦,凡论画卦不用生,而用"作",如"始作八卦""作易者,其有忧患乎"。(三)此节与"大衍章"相合。

③ 法:指地。象:指天。《系辞》:"成象之谓乾,效法之谓坤。"变通:四时推移终而复始,变而通达。崇:充实。立成器:创立成就器物。探赜索隐:探讨事物之繁杂,求索事物之几微。索,求寻。隐,几微。钩深致远:钩取深奥推致远大。钩,曲而取之。致,推致。成:由上下文义思之,成即盛,作容纳解。亹亹:一本作娓娓,先儒释为勉勉,亦有释作微妙者。然由"探赜索隐,钩深致远"思之,当以作微妙于义更胜。《庄子》云:"其作始也简,其将毕也必巨,蓍龟决,皆断于几先。"即其证。蓍龟:蓍草龟甲。"蓍之言耆,龟之言久,龟千岁而灵,蓍百年而神,以其长久能辨吉凶。"(刘向语)莫大于蓍龟,汉书引作"莫善于蓍龟"。

④ 神物:指蓍龟。则:法。河出图,洛出书:河,黄河;洛,洛水。关于河图洛书众说不一。郑玄认为二者皆为书:"河图有九篇,洛书有六篇。"(《周易折中》)孔安国认为河图即八卦,洛书即洪范九畴。也有人认为

河图洛书为天象图、为玉石宝器等。宋代陈抟等人自称发现了由黑白圆点组成了古河图洛书,邵雍、刘牧等人又传授发明之。图书之学逐渐成为易学中的一大分支。到了清代以胡渭为代表,朴学家们经过考证,提出宋人所谓河图洛书是伪造。自此,图书之学开始衰微。战国乃至春秋时代的河图洛书到底是什么样子?有待于考古发掘进一步证实。

⑤ 四象:古者多解:(一)"神物""变化""垂象""河图洛书"。(二)水火木金。(三)阴阳老少。(四)实象,假象,义象,用象。案上下文义,当以阴阳老少为胜。

今 译

所以《周易》中有太极,(由太极)生成两仪,两仪生成四象,四象生成八卦,八卦推断吉凶,吉凶成就大业。所以效法而成象莫过于天地,变化通达莫过于四季,悬垂其象而显著明示莫过于日月,崇实高大莫过于富足尊贵。具备天下之物而致其用,创立与成就器物,以利天下之民,莫过于圣人。探寻事物繁杂,求索事物几微,钩取深奥推致远大,以断定天下吉凶。促成天下几微之事,莫过于蓍龟。所以天生(蓍龟)神物,圣人效法它;天地变化,圣人效法它;天垂示(日月星)象,现示吉凶,圣人效法它;黄河出图,洛水出书,圣人效法它。故《周易》有这四象,昭示其义,系以文辞,所以告人。确定吉凶,赖以推断。《周易》说:"白天祐之,吉无不利。"孔子说:"祐,就是佑助。天所佑助的,是顺从;人所佑助的,是诚信。履行诚信而思于顺天,又崇尚圣贤,所以'白天祐之,吉无不利'。"

(十三)

子曰:"书不尽言,言不尽意。"然则,圣人之意,其不可见乎?子曰:"圣人立象以尽意,设卦以尽情伪,系辞焉以尽其言,变而通之以尽利,鼓之舞之以尽神①。

乾坤,其易之缊邪?乾坤成列,而易立乎其中矣。乾坤毁,则无以见易。易不可见,则乾坤或几乎息矣②。是故形而上者谓之道,形而下者谓之器,化而裁之谓之变,推而行之谓之通,举而错之天下之民谓之事业③。是故夫象,圣人有以见天下之赜,而拟诸其形容,象其物宜,是故谓之象。圣人有以见天下之动,而观其会通,以行其典礼,系辞焉以断其吉凶,是故谓之爻④。极天下之赜者存乎卦,鼓天下之动者存乎辞,化而裁之存乎变,推而行之存乎通,神而明之存乎其人,默而成之,不言而信,存乎德行⑤。

注 释

① 书:文字。言:言语。意:心意。情伪:真情虚伪。阳为情,阴为伪,阴阳变化,而情伪在其中。变而通之:变化三百八十四爻使之交通。鼓之舞之:就蓍占而言,鼓为动,舞为起行。

② 缊:藏,此指渊源。成列:分布。此指乾坤各三爻而成体,阴阳分布。毁:毁弃。息:止。此是说明乾坤为阴阳之宗,变化所出。易无体,以乾坤见之,六十四卦皆由乾坤所生,乾坤毁,卦爻灭,易即不存在。

③ 形而上:指超出形体、在形体以外、无形而不可见的、抽象的事物。形而下:指没有超出形体、在形体以内、有形可见的具体事物。化而裁之:阴阳转化而裁成事物。化,阴阳转化。裁,裁成。推而行之:阴阳推移,行施不穷。举:用、推。《论语·为政》:"举直错诸枉。"《礼记·儒行》:"怀忠信以待举。"《淮南子·主术》:"无小而不举。"均是此义。错:通措,当训为置于、施加。

④ 此节与前八章重复,注详见八章。

⑤ 存:依存、依赖。卦:卦象。辞:爻辞。变:爻变。神而明之:神妙莫测而能明示。德行:品德行为。

今 译

孔子说:"文字不能写尽言语(所能表达的意思),言语不能表达尽心意(所想到的意境)。"那么,圣人的心意就不可见了吗? 孔子说:"圣人创立卦象以穷尽所要表达的心意,设置卦爻以穷尽所要表达的真伪,用文辞以穷尽所要表达的言语,变动(阴阳爻)使之通达,以穷尽天下之利,鼓动起舞(而行蓍)以穷尽其神妙。"乾坤,大概是《易》的渊源吧! 乾坤(阴阳)分布排列,而《易》就立于其中了。乾坤毁灭,则无以显现《易》。《易》不可现,则乾坤也许几乎止息了。所以,形体以上(而不可见)的叫道;形体以下(而可见)的叫器;(阴阳)转化而裁成万物的叫变;(阴阳)推移往来运行的叫通;将(《易》的作用)施加于天下民众的,就叫作事业。所以这卦象,是圣人看见天下事物繁杂,因而比拟其外部形状容貌,象其事物之所宜,这就是卦象。圣人看到天下事物的变动,因而观察其会合变通,以推行其典章礼仪,附上爻辞以推断吉凶,这就是爻。极尽天下繁杂事物的,依存于卦象;鼓动天下变化的,依存于爻辞;(阴阳)转化裁成万物的,依赖于卦变;(阴阳)推移运行的,依存于变通;(蓍占)神妙而能示(吉凶)的,依存于人;在默然中成就一切,不用言语而致诚信,依存于德行(的感召)。

系辞下

(一)

八卦成列,象在其中矣;因而重之,爻在其中矣。刚柔相推,变在其中矣;系辞焉而命之,动在其中矣[①]。吉凶悔吝者，生乎动者也。刚柔者，立本者也；变通者，趣时者也②。吉凶者，贞胜者也；天地之道，贞观者也；日月之道，贞明者也；天下之动，贞夫一者也③。夫乾，确然示人易矣；夫坤，㥟然示人简矣④。爻也者，效此者也。象也者，像此者也。爻象动乎内，吉凶见乎外，功业见乎变，圣人之情见乎辞⑤。天地之大德曰生，圣人之大宝曰位。何以守位曰仁，何以聚人曰财。理财正辞、禁民为非曰义⑥。

注　释

① 八卦成列：八卦各列其位。象：卦象。刚柔：指爻画。阳爻为刚，阴爻为柔。相推：相推移。变：爻之变化，此指九六相变。命：一本作"明"，命、明互通，当训明为是。动：爻象变动。

② 吉凶悔吝：《易》之断辞。立本：立卦之根本。变通：阴阳相变而不穷。趣时：随卦爻之时取义。趣，趋。时，卦爻之时。即卦爻所处的具体条件。此句帛书《易》作"变迵也者，聚者也"。

③ 贞：正。屈万里《读易三种》曰："贾子《道术篇》：'言行抱一谓之贞，反贞为伪'，据此贞即真。十三经无真字，盖直即真也。"笔者以为此说极有新义，足可备一说。笔者提出补证的是：古"贞""正"互假，"直""正"互通。《文言》："直，其正也。"《说文》："直，正见也。"皆其证。《说文》："正，是也。"《广雅·释言》："真，是此也。"可知"真""正"亦同。据此"贞"与"真"相通无疑。"贞"，帛书《易》作"上"，下同。观：瞻。一：乾元，即天一，万物始于一而终于一。帛书《系辞》作"天"即其证。

④ 确：《说文》作"雀"，先儒有训为刚健貌者，通观文义，"确"与"隤"对举，当训为高至。天尊故高。易：平易。隤：下坠，从阜。地卑下故曰隤。隤，一本作"退"或作"妥"。古音每随义转，"卑"，"退"声之转，"退""妥"音近，故三者互通。

⑤ 此：代词。此指乾坤易简。"效法之谓坤"，故"爻也者，效此者也"；"成象之谓乾"，故"象也，像此者也"。即三百八十四爻效此，六十四卦卦象像此。内：卦内。外：卦外。辞：卦爻之辞。

⑥ 大德，帛书《易》作"大恩"。生：生育。"大宝"，帛书《易》作"大费"。位：职位，《周易》多指爻位。仁：一本作"人"，"仁""人"古者通。《中庸》："仁也者，人也。"理财：管理财物。正辞：匡正言辞。"禁民为非曰义"，帛书《易》作"爱民安行曰义"。

今 译

八卦布列（成位），卦象就包含在其中了；又将八卦相重，六爻亦包含在其中了；阴阳刚柔爻画相互推移，变动也包含在其中了；系上文辞而明示，爻动就包含在其中了。吉凶悔吝，产生于爻动。刚柔，是立卦的根本；变通，取义于（卦爻之）时。吉凶，以正而取胜；天地之道，以正而能观瞻；日月之道，以正而得光明；天下之动，以正而归于一。乾，高大而示人平易；坤，卑下而示人简从。爻，仿效于此；卦象，取像于此。爻象发动于（蓍占）内，吉凶显现于（蓍占）外，建功立业显现于知变，圣人的情感体现于卦爻之辞。天地最大的德性是生育，圣人最大的宝是权位。如何守住权位，是行仁政；如何聚合众人，是用财富。而管理财物、匡正言辞、禁止民众为非作歹的是义。

（二）

古者包栈氏之王天下也①，仰则观象于天，俯则观法于地，观鸟兽之文，与地之宜②，近取诸身，远取诸物，于是始作八卦，以通神明之德，以类万物之情③。作结绳而为罔罟，以佃以渔，盖取诸《离》④。包牺氏没，神农氏作，斫木为耜，揉木为耒，耒耨之利，以教天下，盖取诸《益》⑤。日中为市,致天下之民,聚天下之货,交易而退,各得其所,盖取诸《噬嗑》⑥。神农氏没,黄帝、尧、舜氏作,通其变,使民不倦,神而化之,使民宜之。易穷则变,变则通,通则久。是以自天祐之,吉无不利⑦。黄帝、尧、舜垂衣裳而天下治,盖取诸《乾》《坤》⑧。刳木为舟,剡木为楫,舟楫之利,以济不通,致远以利天下,盖取诸《涣》⑨。服牛乘马,引重致远,以利天下,盖取诸《随》⑩。重门击柝,以待暴客,盖取诸《豫》⑪。断木为杵,掘地为臼,臼杵之利,万民以济,盖取诸《小过》⑫。弦木为弧,剡木为矢,弧矢之利,以威天下,盖取诸《睽》⑬。上古穴居而野处,后世圣人易之以宫室,上栋下宇,以待风雨,盖取诸《大壮》⑭。古之葬者,厚衣之以薪,葬之中野,不封不树,丧期无数,后世圣人易之以棺椁,盖取诸《大过》⑮。上古结绳而治,后世圣人易之以书契,百官以治,万民以察,盖取诸《夬》⑯。

注 释

① 包犧氏:传说中原始社会圣王,风姓,被称为三皇之一。包,又作"庖"。按《世纪》始取犧以供庖厨,故号包犧氏。包犧氏:一本作"伏戏氏"。伏,服。戏,化。据说伏戏画八卦以治天下,天下服而化之,故称"伏戏氏"。中国古代其他典籍又称包戏氏为伏犧、伏羲、炮犧、包羲、庖羲、虙仪、宓犧等。又说是太昊氏。其族居住在黄河流域自东向西、泰山一带高地,以渔猎为主,为中国东方氏族之祖。

② 象:天象。法:形。鸟兽:先儒多释为飞鸟走兽者。由上下文义读之,似指天上四象,即朱雀、白虎、苍龙、玄武。文:文采。与地之宜:

《后汉书·荀爽传》引作"与天地之宜"。"宜"在此有适宜、适合之义。

③ 诸：之乎，即于。神明之德：指天地变化神妙之德，也指健顺动止之性。类：比拟。情：情况。

④ 作：始。罔：一本作"網""纲"。《周易集解》虞翻注无"罔"字。取兽之纲曰罔。罟：也指網，取鱼之纲曰罟。佃：一本作"田"，取兽曰佃。渔：通鱼，取鱼曰渔。盖：大概。离：古读罗，帛书《易》之"雛"皆为"罗"，籬、蘿二字通。《方言》："羅谓之籬，籬谓之蘿。"此指网罗。《离》卦也有网之象。《离》两离相重，离为目，两目相连，外实中虚，互体又有巽，巽为绳，故有结绳为网罟之象。案《系辞》"象也者，像此者也"，"以制器者尚其象"，当知自此以下指"观象制器"之事。

⑤ 没：终。神农氏：传说中原始社会人物。古史又称炎帝、烈山氏，相传教民为耜耒以兴农业，尝百草发明医药，故称神农氏。作：起。斫：读 zhuó，有砍削之义。耜耒：皆上古农具。耜，读 sì，犹如今之犁头。耒，读 lěi，犹今之犁柄。耨，读 nòu，一本作"鉏"。通观上下文义，"耨"当作"耜"。《汉书·食货志》引此文作"吕"（耜）。《重定费氏学》云："王昭素曰：'耨，诸本或作耜。'"即其证。益，指《益》卦。《益》下震上巽，巽为木、为人，震为动，互体有艮坤，艮为手，坤为土，故有手持木入土之象。

⑥ 日中：中午。致：招致。噬嗑：卦名，有咬合之义。以齿咬物为"噬"，合口为"嗑"。《噬嗑》卦下震上离，离为日、为明，震为动，上光明，而下有动，有日中集市之象。

⑦ 黄帝：姬姓，号轩辕氏、有熊氏，中原部落之祖。尧：陶唐氏，名放勋，又称唐尧。舜：姚姓，有虞氏，名重华，史称"虞舜"。三人为传说中原始社会中人物。案《史记》三人为五帝中三帝。穷：穷极。

⑧ 垂：垂示。衣：上衣。裳：下服。以衣在上者象天，以裳在下者象地，故衣裳制作取象乾坤。

⑨ 刳：音 kū，一本作"挎"，刳、挎二者互通，有剖判义。此指把木凿空。剡：音 yǎn，一本作"掞"，训为削、锐。楫：一本作"檝"，船桨。《涣》下坎上巽，巽为木、为风，坎为水，有木在水上乘风而行之象。

⑩ 服：用、驾。《说文》引作"犕"。服牛即驾牛。案《随·彖》"刚来而下柔"，《随》䷐是从《否》䷋而来，乾为马，坤为牛，如李道平所言："变乾上为初，变坤初为上，制而御之之妙法也。"（《周易集解纂疏》）故有

服牛乘马之象。

⑪柝：音 tuò。《说文》引作"𣜩"，指巡夜敲击的木梆。待：防备。暴客：盗寇。豫：本义指象之大，引申为娱乐。《豫》下坤上震，震为动、为木，坤为夜，互体有艮，艮为手，故有击梆巡夜之象。又艮为门阙，震倒象也为艮，故有重门之象。

⑫杵：古代舂米用的木椎。臼：舂。济：受益。《小过》下艮上震，互体又有巽，震为动，巽为木，艮为手，有手持木而动、向下而止，即舂米之象。

⑬弦木：曲木加弦。弧：木弓。矢：箭。睽：乖。《睽》卦象上离为矢，中互体坎为弓，故有弓矢之象。

⑭上古：先儒多释为三皇五帝时代。野处：生活于野外。处，在此有停留之义。后世：指三代。栋：栋梁。宇：屋边。又说为房上方屋檐廊檐。宫：室。《大壮》下乾上震，震一阳在下而承二阴，上栋之象；乾三阳在下，宇之象。

⑮衣：依附、覆盖。《说文》："衣，依也。上曰衣，下曰裳，象覆二人之形。"薪：柴草。中野：荒野之中。不封：不造坟墓。封，聚土为坟，古代坟墓有尊卑之别。《周礼·冢人》："以爵等为丘封之度。"郑注："王公曰丘，诸臣曰封。"不树：不植树标记。棺椁：古者丧葬设棺椁两层，内层为棺，外层为椁。《大过》卦象下巽上兑，兑为口，巽为木，中互体有乾，乾为人，巽木有口，中有人，故有棺椁之象。一说上为兑，兑反为巽，故《大过》上下有巽木，中为人，故有棺椁之象。又说《大过》初上坤爻，即上下皆土，木在土中，棺椁之象。

⑯结绳：结绳记事。书：文字。契：在木竹上刻字。夬：有决断之义。先儒认为：《夬》☱是由《大壮》☳阳进而成，乾为金，《大壮》震为竹木，以金决竹木象故为书契。笔者认为《夬》下乾上兑，乾为金，兑为口、为折毁，有以刀契刻之象。《大壮》，帛书《系辞》作《大有》。

今 译

古时包牺氏称王于天下，仰以观察天象，俯身以取法地形，观察鸟兽的花纹与大地相适宜，近取象于自身，远取象于万物，于是开始创制八卦，藉以通达神明的德性，以类比万物的情状。（包犠氏）结绳索而制网罗，用来猎兽捕鱼，这大概取象于《离》卦。包牺氏死后，神农氏开始，砍削木头做成了耜，弯曲木头制成了耒，用耒耜耕种的便利，以教天下（百姓），这大概取象于《益》卦。以中午作为集市的时间，招致天下民众，聚集天下货物，相互交换而归，各自获得所需要的物品，这大概取象于《噬嗑》卦。神农氏死后，黄帝、尧、舜氏开始，通达其变革，使百姓不倦怠，神奇而化育，使民众相适应。易道穷尽则变化，变化则（又重新）通达，能通达才可以长久。所以"有来自上天的保佑，吉祥而无所不利"。黄帝、尧、舜垂示衣裳（之用）而天下大治，大概取象于《乾》《坤》二卦。凿空木头以成舟船，剡削木材以成桨楫，舟楫的便利在于渡涉不通（的江河），直致远方，以便利于天下，这大概取象于《涣》卦。乘驾牛马，负载重物致于远方，以便利于天下，大概取象于《随》卦。设置重门打梆巡夜，以防盗寇，大概取象于《豫》卦。断削木头作为杵，挖掘地面作为臼，臼杵的好处，万民受益，这大概取象于《小过》卦。弯曲木材加弦而为弓，削木以为箭，弓箭的好处，可以威服天下，这大概取象于《睽》卦。上古时候的人在洞穴中居住而生活于野外，后世的圣人改用宫室，宫室上有栋梁，下有檐宇，以防御风雨，这大概取象于《大壮》卦。古时丧葬只用薪草厚厚裹覆（死尸），埋葬于荒野之中，不聚土做坟墓，不植树为标记，丧期也没有定数，后世圣人改用棺椁下葬，这大概取象于《大过》卦。上古用结绳记事以治理天下，后世圣人，改以契刻文字，百官有所治理，万民有所稽察，这大概取象于《夬》卦。

（三）

是故《易》者，象也。象也者，像也[①]。彖者，材也。爻也者，效天下之动者也，是故吉凶生而悔吝著也②。

注释

① 易：《周易》。象：卦象。像：像形。
② 彖：彖辞，即卦辞。材：通裁，有裁断之义。屈万里《读易三种》引吴凌云《吴氏遗著》卷一："案古音……彖读若彘，材读若之。"按：甲骨文彖、彘本一字，唐兰《古文字学导论》下编六十一页有说。由上文"象也者，像也"及下文"爻也者，效天下之动者也"之读法思之，当以屈氏引吴说之解为确。

今译

所以《周易》是讲卦象的。而卦象，是象征万物的。彖辞，是裁断（一卦之义）的。爻，是效法天下万物变动的，因此吉凶产生而悔吝显出。

（四）

阳卦多阴，阴卦多阳，其故何也①？阳卦奇，阴卦耦②。其德行何也？阳一君而二民，君子之道也；阴二君而一民，小人之道也③。

注释

① 阳卦多阴：阳卦多阴爻。震、坎、艮为阳卦，皆由一阳二阴组成。阴卦多阳：阴卦多阳爻。巽、离、兑为阴卦，皆一阴二阳组成，阳爻多于阴爻。
② 阳卦奇：阳卦是一阳二阴，以一阳为主，故曰一阳为奇。阴卦耦：历代有歧，先儒主要有三说：（1）阴卦两阳，两阳为耦。（2）阴卦以一阴为主，一阴为耦。（3）阳为一画，阴为两画，阳卦共五画，阴卦共四画，五画

为奇,四画为耦。由下文"一君而二民""二君而一民"思之,当以第二说为是。正如来知德所言:"若依旧注阳卦皆五画,阴卦皆四画,其意以阳卦阳一画、阴四画也,阴卦阳二画、阴二画也,若如此则下文阳'一君'、'二民',非二民乃四民矣;阴'二君'、'一民',非一民,乃二民矣。"(《易经集注》)

③ 德行:品德行为。阳一君而二民:阳卦一阳爻二阴爻,阳爻为君,阴爻为民。阴二君而一民:阴卦二阳爻一阴爻。

今 译

阳卦多阴爻,阴卦多阳爻。原因何在?阳卦以(一阳)奇为主,阴卦以(一阴)耦为主。它的德行如何?阳卦一个国君,两个臣民(二民事一君),是君子之道;阴卦两个国君,一个臣民(一民兼事二君),这是小人之道。

(五)

《易》曰:"憧憧往来,朋从尔思①。"子曰:"天下何思何虑?天下同归而殊涂,一致而百虑。天下何思何虑?日往则月来,月往则日来,日月相推,而明生焉。寒往则暑来,暑往则寒来,寒暑相推,而岁成焉。往者,屈也。来者,信也。屈信相感,而利生焉②。尺蠖之屈,以求信也。龙蛇之蛰,以存身也③。精义入神,以致用也。利用安身,以崇德也。过此以往,未之或知也。穷神知化,德之盛也④。"《易》曰:"困于石,据于蒺藜,入于其宫,不见其妻,凶⑤。"子曰:"非所因而困焉,名必辱。非所据而据焉,身必危。既辱且危,死期将至,妻其可得见耶⑥?"《易》曰:"公用射隼于高墉之上,获之,无不利⑦。"子曰:"隼者,禽也;弓矢者,器也;射之者，人也。君子藏器于身，待时而动，何不利之有？动而不括，是以出而有获，语成器而动者也⑧。"

注　释

① 此引《咸》卦九四爻辞。其意为：虽然往来心意不定，朋友们顺从你的想法。憧憧：心意不安。

② 此言天道往来自然感应。同归：指同归于"一"，亦即《系辞》："天下之动，贞夫一者也。"涂：同途。即道路。一致：即致一。岁：年。屈：消退。信：通伸，进长。

③ 此言物理屈伸相感。尺蠖：昆虫。我国北方称"步曲"，南方称"造桥虫"。《说文》云："尺蠖，屈申虫也。"《方言》称为蜘蹰。此虫体细长，行动时，先屈而后伸。蛰：潜藏。

④ 言学问屈伸相感。利用安身：此"利"，当指上文"屈伸相感而利生焉"之"利"，此"用"，当指"精义入神以致用也"之"用"，故"利用"，实为能达到屈伸相感、精义入神的境界，方可安身。或：有。（见王引之《经传释词》）穷神知化：穷尽神道，通晓变化。神，阴阳不测。化，变化。

⑤ 引《困》六三爻辞。其意为：被石头所困，又被蒺藜占据，进入宫室，不见他的妻子，凶。

⑥ 非所困而困：是释"困于石"。困，困扰。非所据而据：是释"据于蒺藜"。据，占据。

⑦ 引《解》卦上爻辞。其意为：某公在高墙上射中隼鸟而获之，没有什么不利的。公：古代职称。古分公、侯、伯、子、男五等。隼：读 sǔn，鹰类鸟。墉：城墙。

⑧ 器：器具，此指弓矢。括：一本作"栝"。先儒多认为，古代矢头曰镞，矢末曰括，引申为结阂、结碍。"不括"即畅通自如。然案《群经平议》卷二："括与适通，《书·君奭篇》'南宫括'，《大传》作'南宫适'是其证。《说文》：'辵部，适，疾也，读与括同。'然则'不括'，即不适，言不疾也。藏器于身，待时而动，是君子不疾于动，故曰动而不适。"此说极有新义，应从之。

今 译

《周易》说:"往来心意不定,朋友们顺从你的想法。"孔子说:"天下有什么可以思索,有什么可以忧虑的呢?天下万物本同归(于一)而道路各异,(虽)归致于一,但有百般思虑。(因此)天下有什么可以思索,有什么可以忧虑的?日去则月来,月去则日来,日月来去相互推移而光明产生。寒去则暑来,暑去则寒来,寒暑相互推移而一岁形成。往,意味着屈缩;来,意味着伸展。屈伸相互感应而功利生成。尺蠖屈缩,以求得伸展。龙蛇蛰伏,以保存其身。精义能入于神,方可致力于运用。宜于运用以安居其身,方可以增崇其德。超过这些以求往,则有所不知,能穷尽神道,知晓变化,这才是德性隆盛(的表现)。"《周易》说:"为石头所困,又有蒺藜占据,入于宫室而看不到妻子,凶。"孔子说:"不该遭受困危的事却受到了困危,其名必受羞辱。不该占据的而去占据,其身必有危险。既羞辱又有危险,死期将到,妻子还能见吗?"《周易》说:"公在高墙上射中了隼鸟,获得它没有什么不利。"孔子说:"隼,是禽鸟;弓矢,是射鸟的器具;射隼的是人。君子把器具藏在身上,等待时机而行动,哪有什么不利的?行动沉着而不急,所以出手而有所获,是说具备了现成的器具然后行动。"

子曰:"小人不耻不仁,不畏不义,不见利不劝,不威不惩,小惩而大诫,此小人之福也①。《易》曰:'屦校灭趾,无咎②。'此之谓也。善不积,不足以成名;恶不积,不足以灭身。小人以小善为无益而弗为也,以小恶为无伤而弗去也。故恶积而不可掩,罪大而不可解③。《易》曰:'何校灭耳,凶④。'"子曰:"危者,安其位者也;亡者,保其存者也;乱者,有其治者也。是故君子安而不忘危，存而不忘亡，治而不忘乱，是以身安而国家可保也。《易》曰：'其亡其亡，系于苞桑⑤。'"子曰："德薄而位尊，知小而谋大，力小而任重，鲜不及矣⑥。《易》曰：'鼎折足，覆公𫗧，其形渥，凶⑦。'言不胜其任也。"子曰："知几其神乎？君子上交不谄，下交不渎，其知几乎？几者，动之微，吉之先见者也。君子见几而作，不俟终日⑧。《易》曰：'介于石，不终日，贞吉⑨。'介如石焉，宁用终日，断可识矣。君子知微知彰，知柔知刚，万夫之望⑩。"子曰："颜氏之子，其殆庶几乎？有不善未尝不知，知之未尝复行也⑪。《易》曰：'不远复，无祗悔，元吉⑫。'""天地絪缊，万物化醇，男女构精，万物化生⑬。《易》曰：'三人行，则损一人；一人行，则得其友⑭。'言致一也。"子曰："君子安其身而后动，易其心而后语，定其交而后求，君子修此三者，故全也。危以动，则民不与也。惧以语，则民不应也。无交而求，则民不与也。莫之与，则伤之者至矣⑮。《易》曰：'莫益之，或击之，立心勿恒，凶⑯。'"

注　释

①耻：辱。畏：惧。劝：勉。威：刑威。诫：即戒。

②此引《噬嗑》初九爻辞。其意为：脚上施以刑具，看不见脚趾，无灾咎。校：古代木制刑具的通称。灭：遮没。

③弗：不。掩：一本作"掩"。训为掩盖，也有训为逼迫。

④引《噬嗑》上九爻辞。其意为：(肩上)荷以刑具，掩没了耳朵，这是凶兆。何：即荷。

⑤引《否》卦九五爻辞。其意为：将要灭亡！将要灭亡！因系于植桑

而巩固。苞：植。

⑥知：智。小：唐石经"小"作"少"，《汉书》《三国志》注引《易》同。任：负。鲜：少。及：达到，此指及于刑。

⑦引《鼎》九四爻辞。其意为：鼎足折断，将王公的八珍菜粥倒出来，沾濡了四周，这是凶兆。餗：是一种糁与笋做成的八珍菜粥。形渥：沾濡之貌。

⑧几：微。谄：谀。渎：渎慢。吉之先见：《汉书·楚元王传》引"吉"下有"凶"字。俟：等待。

⑨引《豫》六二爻辞。其意为：坚贞如同磐石，不待终日，占问得吉。介：中正坚定，亦有释为纤小者。于：如。

⑩断：决断。彰：显明。望：瞻仰。

⑪颜氏之子：指孔子学生颜回。殆：将。庶：近。

⑫引《复》卦初九爻辞。其意为：离开不远就返回，无大后悔，开始得吉。祇：大。

⑬絪缊：又作"氤氲""壹壹"，三者音近而通假。絪，本义指麻线。缊，指绵絮。氤氲，指气附着交感。壹壹，指吉凶在壶中不得泄。案文义当以"氤氲"为是，其余皆假借。醇：本指不浇酒，此指凝厚。构：亦有作"搆""觏"者。有会合、交遇之义。

⑭引《损》卦六三爻辞。其义为：三人同行，一人损去；一人独行，则可得其友人。

⑮易：平易。交：交遇。与：助。

⑯引《益》卦上九爻辞。其意为：得不到增益，或许要遭到攻击。没有恒心，必然有凶。

今 译

孔子说："小人不知道羞耻不明了仁义，不使他畏惧不会有义举，不见到功利不能劝勉（他）做好事，不用刑威不能惩罚（制服），小的惩罚使他受到大的戒惧（以致不犯大罪），这是小人的福气。所以《周易》说：'脚上刑具掩盖了脚趾，无咎。'就是这个道理。善事不积累，不足以成名，恶事不积累，不足以毁灭自身。小人将小的善事视为无益而不去做，把小的恶事视为无伤害而不舍弃，所以恶行积累到无法掩盖，罪大恶极因而不可解脱。所以《周易》说：'荷载刑具，掩灭了耳朵，凶。'"孔子说："（倾覆的）危险，是（由于只想）安居其位所致；灭亡，是（由于只想）保全生存所致；祸乱，是由治世引发。所以君子居安而不忘危险，生存不忘灭亡，太平治世而不忘祸乱。只有这样，身体平安而国家可以保全。《周易》说：'将要灭亡！将要灭亡！系于植桑而巩固。'"孔子说："德行浅薄而位处尊贵，才智低下而图谋大事，力量微小而肩负重任，很少有不受惩罚的。《周易》说：'鼎足折断，把王公的八珍之粥倒出，沾濡了四周，凶。'这是说不能胜其任。"孔子说："能知晓（事理的）几微，大概是神吧？君子与上相交不谄媚，与下相交不渎慢，这算是知晓几微了。几，是事物变动细微，吉的先现。君子见几而行动，不待终日。《周易》说：'坚如磐石，不待终日，占问得吉。'（已经）坚贞如同磐石，（还）宁可用它终日，其决断可以明识了！君子知几微知彰著，知柔顺知刚健，（因而）万众仰慕。"孔子说："颜回这个人，大概快知晓几了吧！有不善的事未尝不知道，知道后未曾再犯。《周易》说：'（离开）不远就返回，无大悔，始而吉。'""天地（二气）附着交感，万物化育凝固，男女构精交合，万物化育衍生。《周易》说：'三人同行，则损去一人；一人独行，则得到友人。'说的是（合二而）归致于一。"孔子说："君子先安定下自身后才可以行动，平易其心之后才可以说话，（与人）确定交情之后才有所求。君子能修养到这三种德行，才能全面。（身）处危难而行动，则民众不助。面临恐惧才说话，则民众不响应。没有交情而有所求，则民众不会帮助。不帮助，则伤害的事就来了。《周易》说：'得不到增益，或许会受到攻击，立心而不恒，有凶。'"

（六）

子曰："乾坤其易之门邪？乾，阳物也；坤，阴物也①。阴阳合德，而刚柔有体，以体天地之撰，以通神明之德②。其称名也，杂而不越。于稽其类，其衰世之意邪③？夫《易》，彰往而察来，而微显阐幽④。开而当名，辨物正言断辞则备矣⑤。其称名也小，其取类也大，其旨远，其辞文。其言曲而中，其事肆而隐。因贰以济民行，以明失得之报⑥。"

注　释

① 乾坤：指经卦乾坤。门：一本作"门户"，犹根本。阳物：乾三画皆为阳，故称阳物。阴物：坤三画皆为阴，故阴物。

② 阴阳合德：乾为阳德，坤为阴德。乾坤相互交通。合，交通。刚柔有体：指"六子"，即震、坎、艮有一刚二柔之体，巽、离、兑有一柔二刚之体。体，指卦体。撰：一说为数，万物形体皆受天地之数；一说为所为，体现天地生万物，当以解"撰"为所为，于义更胜。

③ 名：六十四卦卦名，或说指卦辞。案下文"衰世之意"指文王与纣王时代的事情，即第七章所谓忧患意识，第七章一一列举卦名，说明作《易》者有忧患意识，故"名"当指卦名无疑。于：发语辞。稽：推考。邪：助词。

④ 彰往：彰明以往之事。察来：察知未来之事。阐：明。

⑤ 开：启发、阐明。当名：名实相符。辨物：辨别物象。"当名辨物"一语，乃《系辞》受名家思想影响之铁证。正言：正定言辞。断辞：推断之辞，即吉凶等辞。

⑥ 称名：取名，即六十四卦取名。旨：旨意。文：条理。曲：通"诎"，隐晦婉转。中：适中。肆：直、明显。贰：有二解：一指吉凶，一指"曲而中""肆而隐"，以后者为胜。报：报应。

今 译

孔子说:"乾坤,是《周易》的门户吧?乾,为阳物;坤,为阴物。阴阳交合其德,刚柔(爻画)就有了形体,以体现天地所为,以通达神明的德性。其(卦)取名,似杂乱不一,但不越份。推考卦名种类,大概是衰世时人的意识吧?《周易》彰明往事而察知来事,而使微者显著阐明幽隐,开启卦之义,使名实相符,以辨别物象,正定(卦爻)言辞,赋上吉凶占断之辞而使之完备。(卦)取名小,它所象征的事类广大,所寓含的旨意深远。所系的卦爻之辞有文采,它的语言隐晦而又合乎中理,它所论述事情既明显而又深藏内涵,总是从两个方面去济助民众行为,以明确失得报应。

(七)

《易》之兴也,其于中古乎!作《易》者,其有忧患乎①!是故履,德之基也;谦,德之柄也;复,德之本也;恒,德之固也②;损,德之修也;益,德之裕也;困,德之辨也;井,德之地也;巽,德之制也③。履,和而至;谦,尊而光;复,小而辨于物④;恒,杂而不厌;损,先难而后易;益,长裕而不设⑤;困,穷而通;井,居其所而迁;巽,称而隐⑥。履以和行,谦以制礼,复以自知,恒以一德,损以远害,益以兴利,困以寡怨,井以辨义,巽以行权⑦。

注 释

① 中古:殷末周初。伏羲时代为上古,文王时代为中古,孔子时代

为下古。此指文王时代。忧患：忧虑患难。此指作《易》之人处逆境而演《易》。案《系辞》："易之兴也……当文王与纣之事邪！"《彖传》："内文明而外柔顺，以蒙大难，文王以之。"当知"忧患"即文王被囚于羑里之事。

② 履：帛书《易》"履"皆作"礼"，《序卦》训履为礼。《复》卦下泽上天，故有上下尊卑等级分明之义，履又有践履之义。基：基础。践而履故曰德之基。谦：有谦逊、退让之义。柄：本，即把柄。谦持礼如柄之持物，故曰柄。复：有复返之义。本：根本。复归人性初善，故为德之本。恒：有恒久之义。固：牢固，即常守而不变。

③ 损：有减损之义。修：一本作"循"，修、循二者通。训"修"为治理、修养。益：有增益之义。裕：宽裕、优裕、扩充。辨：分别。地：地方。此以井水养人而不穷，说明养为德之地。制：一本作"枿"，制即枿，"制"篆字为 ，从刀从未，有裁断之义。《象》称"重巽以申命"，《象》曰"君子以申命行事"，故申命以明"制"。

④ 和而至：履训为礼，《荀子》云："礼者，人之所履也。"《论语》："礼之用，和为贵。"故和而至。和，不争。尊而光：王引之："尊，读撙，即退让之撙。撙之言损也、小也。光之言广也、大也。"此释甚确，当从之。小：谓《复》卦一阳居下。物：指坤阴物。

⑤ 杂而不厌：《恒》卦刚柔皆应而其文交错，故曰杂；自守恒久不已故曰不厌。先难而后易：减损以修身，故先难；身修无患，故后易。长裕不设：增进饶裕，不待设施。不设，不陈设、不夸大。《彖传》曰："天施地生，其益无方，凡益之道，与时偕行。"即"不设"之义。

⑥ 穷而通：《困》卦兑泽干于上则谓穷，坎水流于下则谓通。居其所而迁：井不动故谓居其所，即《井》卦所谓"改邑不改井"；能不断出水而利民故谓迁，即《序卦》所谓"井道不可不革"。称而隐：巽为木，称从禾，《说文》"禾，木也"。故巽曰称。称，本指铨，此指称量。巽，通逊。《蒙》之《象》"顺以巽也"，郑本作逊，马云"巽，逊也"。逊有隐退之义，故巽又曰隐。从卦象看，巽二阳在上谓称，一阴入下谓隐。

⑦ 制礼：制订礼仪。自知：复返自省，有不善未尝不知。远害：减损私欲可以远离灾害。兴利：产生功利。寡怨：减少怨尤。辨义：井水养人可以明辨君子之义。行权：申命故行权。

今 译

《周易》的成书,大概是中古时代吧!作《周易》的人,大概充满着忧患意识吧!所以礼,是德性的基础;谦,是把握德性的柄;复,是德性的根本;恒,是德性的修固;损,是对德性的修养;益,是德性的宽裕;困,是德性的辨别;井,是育德之地;巽,是对德的裁断。礼,和悦而践行;谦,尊让而光大;复,微小而能识辨于物;恒,(遇事)杂乱恒守而不厌倦;损,是(减损私欲)起初难而以后易;益,增长宽裕而不摆设(夸耀);困,穷困而能通达;井,居其所而迁养(民众);巽,称量事物隐藏而不露。礼以和而行事,谦以制订礼仪,复可以自知,恒因恒守一德,损以远离灾害,益以兴隆其利,困可以减少怨尤,井(养民)可以辨其义,巽可以申命行权。

(八)

《易》之为书也不可远,为道也屡迁。变动不居,周流六虚,上下无常,刚柔相易①。不可为典要,唯变所适。其出入以度,外内使知惧,又明于忧患与故,无有师保,如临父母②。初率其辞而揆其方,既有典常,苟非其人,道不虚行③。

注 释

① 不可远:指易道广大悉备,言尚辞,动尚变,制器尚象,卜筮尚占,故曰不可远。一说不可远离阴阳物象而妄为,可备一说。迁:徙。居:止。六虚:六位。虚是以实而言,位本无实,因爻而显示,位未有爻曰虚。上下:指一卦六爻上下。相易:相易位。

② 典要:典常要道,即经常不变的规则。适:往,此指"之卦"。如

《乾》五变之《大有》。其出入以度,外内使知惧:先儒众说不一,莫衷一是。朱熹唯恐释之有误,未敢训解,只写下"此句未详,疑有脱误"。今列以下几种观点解释:(一)出乾为外,入坤为内,日行一度,故出入以度,出阳知生,入阴惧死,使知惧(虞翻语)。(二)行藏各法度不可违,使隐显之人知畏惧于《易》(孔颖达语)。(三)出入以一卦内外言之,两体也。出者,自内之外往也;入者,自外之内来也。以是度内外之际,而观消息盈虚之变,出入进退之理,使知戒惧(朱震语)。(四)《易》虽不可为典要,而其出入往来皆有法度,卦之外内皆足以使人知畏惧(潘梦旗语)。(五)入人而在内,出而在外皆有法度,不敢妄为(蔡清语)。(六)出谓升上,入谓降下。外者,上也;内者,下也。卦画出而外,入而内皆以其度,或一体自易,或二体互易,六子八辞之所变。各二卦,泰否辞之所变各九卦,如度之分寸,各有界限,不可僭差,人事之或出或入亦如卦画之出入以度,其出入动循礼法,使出而在外,入而在内之时,惕然知所畏惧(吴澄语)。(七)所系之辞或出或入,皆有一定法度,立于内外爻辞之间,使人皆知畏惧(来知德语)。统观上下文义,朱震、吴澄之说为胜,即出入,指阴阳屈伸消息。出,自内到外,即往;入,自外到内,即来。外内:内外卦。与:助词。故:事、原故。师保:古代负责教育辅导贵族子弟的人。临:亲临。

③初:始。率:一本作"帅"。案《诗》"率时农夫",《文选·东都赋》注引《韩诗》作"帅时农夫",《周礼》注"故书帅为率",《仪礼》注"古帅为率",故二字互通。此训率为循。辞:卦爻辞。揆:度。方:此训为道。苟:若。道不虚行:易道不会凭空而自行。此言易道行于世皆圣人之功。

今 译

《周易》这部书不可疏远,它所体现的道,经常变迁,变动而不固定,周流于(卦的)六位,或上或下无常规,阳刚阴柔相互变易,不可当成不变法则,唯有随爻之变而有所(生成)之卦,其(阴阳)屈伸往来皆有法度,在外在内而使知畏惧。又明示忧患的缘故,虽没有师保教导,但如同在父母身边。起初若依循卦爻之辞而揆度其道义,(则《易》)也有典常可寻,若不是圣人（阐明此道），易道不会凭空行于世。

（九）

《易》之为书也，原始要终，以为质也①。六爻相杂，唯其时物也。其初难知，其上易知，本末也②。初辞拟之，卒成之终。若夫杂物撰德，辨是与非，则非其中爻不备③。噫！亦要存亡吉凶，则居可知矣。知者观其彖辞，则思过半矣。二与四同功而异位，其善不同，二多誉，四多惧，近也④。柔之为道，不利远者，其要无咎，其用柔中也。三与五，同功而异位，三多凶，五多功，贵贱之等也。其柔危，其刚胜邪⑤？

注　释

① 原始要终：与《系辞上》"原始反终"相似。穷其事物之初，又要会事物之末。始，初。要，约。初爻代表事物之初，故称"始"。终，终结。上爻代表事之末，故曰"终"。质：体。

② 杂：阴阳错杂。时物：指不同条件下的事物。时，时机。卦有卦时，爻有爻时。物：事。初：初爻。上：上爻。难知：初爻处下代表事之微，故曰难知。易知：上爻代表事物终结而彰明，故曰易知。本末：指初爻上爻。

③ 初辞：初爻之辞。拟：比类。卒成：事最后形成。终：上爻之辞。杂物：指阴阳杂居。杂，错杂。物，事，即爻不同，代表事物不同。"爻有等，故曰物。"撰：一本作"算"，此当训为论述。辨：别。中爻：指卦中四爻。

④ 噫：叹词。要：求。象辞：即卦辞。二与四同功：二与四同为阴位同互一卦，有相同的功用。异位：指二与四处不同位置，二处内卦，四处外卦；二居中，四失中。近：就四而言，四多惧因近五之君。

⑤ 不利远：阴不利于疏远九五，此就二言之。柔中：二以柔居中。三与五同功而异位：三五同为阳位，同互一卦，故曰同功；五居中在外卦，三

失中而在内卦,故曰三五异位。胜:胜任。邪:不定之辞。

今 译

《周易》这部书,推原求末,以为体。六爻(阴阳)错杂,代表不同时间的事物,其初爻(象征事物之始)难以知晓,其上爻(象征事物的终结,事情已经明显)容易知晓,(因为初爻、上爻)是卦的本末。初爻之辞拟成(事物开端),(上爻之辞象征)事物最后形成。如果杂糅代表不同事物的爻,撰述(阴阳刚柔的)德性,辨别其是与非,则非中间四爻不算完备。噫!也要求存亡吉凶,则居(观其象)可以知道。智者观玩彖辞,则理解可以超过一半。二爻与四爻有相同的功用,但爻位不同。(所以)它们的善吉不同,二多荣誉,四多畏惧,因接近(五之君位)。阴柔之道,本不利于远离(九五),(二远五)其大要归于无咎,是以柔居中的缘故。三爻与五爻有相同的功用,但爻位不同。三爻多凶险,五爻多功绩,这是位之贵贱等级造成的。(三五阳位)若阴柔处之则危险,而以阳刚则能取胜吗?

(十)

《易》之为书也,广大悉备,有天道焉,有人道焉,有地道焉。兼三材而两之,故六。六者,非它也,三材之道也①。道有变动,故曰爻。爻有等,故曰物。物相杂,故曰文。文不当,故吉凶生焉②。

注 释

① 悉:全、都。材:一本作"才",二者通。三才即天地人。
② 道:三才之道。等:阴阳贵贱之差等。物:事物。此指阴阳二物,阳爻代表阳物,阴爻代表阴物。文:文采。不当:谓阴物(爻)居阳位,阳

物（爻）居阴位。哪

《周易》这部书，广大而完备，有天道，有人道，有地道。兼备天地人三才而两两相重，所以成为（一卦）六画。六画不是别的，是三才之道。道有变动，所以称为爻。爻有不同等级，故称为物。物（阴阳）相杂，故称为文采。阴阳两爻不当位，所以吉凶产生。

（十一）

《易》之兴也，其当殷之末世、周之盛德邪？当文王与纣之事邪①？是故其辞危，危者使平，易者使倾②。其道甚大，百物不废，惧以终始，其要无咎，此之谓《易》之道也③。

注 释

① 文王与纣之事：指《周易》反映的是商纣王把周文王囚禁在羑里这一历史事件。即《象》释《明夷》所谓"内文明而外柔顺，以蒙大难，文王以之"。

② 辞：指《周易》卦爻辞。危：危惧。易：平易。倾：覆。

③ 其：代词，指卦爻辞。不废：无所遗。要：要旨。

今 译

《周易》成书，大概当在商代末期、周代德业隆盛之时吧？反映的当是文王与纣王的事情吧？所以《周易》含有危惧之辞，（其辞）由危惧变得平易，由平易变得倾覆。《周易》卦爻辞中所蕴含的道理十分博大，百物皆具备其中而无所遗弃。（卦爻辞中）这种危惧一致贯穿《周易》的始终，其大要归于无咎，这就是《周易》的道理。

（十二）

夫乾，天下之至健也，德行恒易，以知险。夫坤，天下之至顺也，德行恒简，以知阻①。能说诸心，能研诸侯之虑，定天下之吉凶，成天下之亹亹者②。是故变化云为，吉事有祥。象事知器，占事知来。天地设位，圣人成能。人谋鬼谋，百姓与能③。八卦以象告，爻彖以情言，刚柔杂居，而吉凶可见矣。变动以利言，吉凶以情迁④，是故爱恶相攻，而吉凶生。远近相取，而悔吝生。情伪相感，而利害生⑤。凡《易》之情，近而不相得则凶，或害之，悔且吝⑥。将叛者，其辞惭。中心疑者，其辞枝。吉人之辞寡。躁人之辞多。诬善之人，其辞游。失其守者，其辞屈⑦。

注 释

① 至健：乾纯阳故"至健"。德行恒易：指德行永远是平易近人。即《系辞》所谓"乾以易知"及"易知则有亲"。简：简约。知：犹主、为。

② 说：悦。研：研磨。侯之：先儒多认为衍文。案与前句"能说诸心"对举，思之有两解：一、如先儒所言，"侯之"为衍文；二、"能说诸心"脱"侯之"二字。此二者皆可通。然由下文"定天下"与"成天下"对举思之，当以前者之说于义更胜。亹亹：先儒多释为勉勉、勤勉。此释为微妙（详见《系辞》上十二章注）。

③ 云为：云，有；即有所作为。祥：善福。圣人成能：指圣人效法天地作《易》，赞天地之化育，即成就天地之功能。人谋：指求谋卿士。谋，图谋、求教。鬼谋：指求谋卜筮。百姓与能：指求谋于庶人。

④ 象：卦象。爻彖：爻辞卦辞。情：情感、性情。变动：爻之变动。利：指爻之变动教人趋吉避凶。迁：徙。

⑤爱恶相攻：指刚柔相摩。爱恶就爻之情而言，阳之情为爱，阴之情为恶。攻，摩。远近相取：或取远应而舍近比，或取近比而舍远应。远，指爻应与不应。近，近比。情伪相感：实情和虚伪相互感应。情，实情，阳为实。伪，虚伪，阴为虚。

⑥近而不相得：两爻相比阴阳相违背。或害之：阴为害，以阴居阳，以阳居阴，阳皆受害。

⑦叛：背叛、叛逆。慙：通惭，先儒多释为惭愧。帛书《易》此句作"将反则辞乱"。枝：树枝。此指像树枝，分枝不一。寡：少。躁：浮躁。游：游移不定。屈：卑屈不伸。此节先儒理解多异：有说谈坎、离、艮、震、兑、巽六种人之言（虞翻），有说为爻位当位失位及变化等（姚配中），有说人之辞由情而生，故《易》之辞亦由情而生。似第三者于义为胜。笔者曾指出《周易》古经中有相面的内容（如《颐》卦），笔者以为《系辞》中的这段文字，恐亦是战国人谈相的内容。

今 译

乾，天下它最刚健，其德性永远平易，而主艰险；坤，天下它最柔顺，其德性是永远简约，而主阻难。（易简之理）能娱悦人心，研究其忧虑，判定天下的吉凶，促成天下几微之事。所以知变化而有所作为，吉庆的事有福祥之兆。观卦象可以知道器物制作，筮占可以预知未来。天地设立自己的位置，圣人（效此）而成就天地的功能。人的智谋与（卜筮所现）鬼神的智谋，百姓也能参与谋事。八卦以卦象告知，卦爻辞以实情说明。刚柔（爻画）互相杂居，而吉凶可以显现。爻的变动是以利表达，吉凶随爻的实情而变迁，所以爱与恶相互攻击，而吉凶生成。（爻的）远（应）与近（比）相互取舍，而悔吝产生。真情与虚伪相互感应，于是利与害产生。凡《周易》所论的情感，（两爻）相近比而不相得则必有凶。或者有伤害，悔恨且有吝难。将要背叛的人，他的言辞惭愧躲闪。心中有疑惑的人，他的言辞枝分不一。

吉人的言辞很少。浮躁人的言辞很多。诬陷好人的言辞浮游不定。丧失操守人的言辞卑屈。

文言①

"元"者,善之长也;"亨"者,嘉之会也;"利"者,义之和也;"贞"者,事之干也②。君子体仁足以长人,嘉会足以合礼,利物足以和义,贞固足以干事。君子行此四德者,故曰:"乾,元、亨、利、贞③。"初九曰:"潜龙勿用。"何谓也?子曰:"龙德而隐者也。不易乎世,不成乎名,遁世无闷,不见是而无闷。乐则行之,忧则违之,确乎其不可拔,潜龙也④。"九二曰:"见龙在田,利见大人。"何谓也?子曰:"龙德而正中者也。庸言之信,庸行之谨,闲邪存其诚,善世而不伐,德博而化。《易》曰:'见龙在田,利见大人。'君德也⑤。"九三曰:"君子终日乾乾,夕惕若厉,无咎。"何谓也?子曰:"君子进德修业,忠信所以进德也。修辞立其诚,所以居业也。知至至之,可与几也。知终终之,可与存义也。是故居上位而不骄,在下位而不忧,故乾乾因其时而惕,虽危无咎矣⑥。"九四曰:"或跃在渊,无咎。"何谓也?子曰:"上下无常,非为邪也。进退无恒,非离群也。君子进德修业,欲及时也,故无咎⑦。"九五曰:"飞龙在天,利见大人。"何谓也?子曰:"同声相应,同气相求。水流湿,火就燥。云从龙,风从虎。圣人作而万物睹。本乎天者亲上,本乎地者亲下。则各从其类也⑧。"上九曰:"亢龙有悔。"何谓也?子曰:"贵而无位,高而无民,贤人在下位而无辅,是以动而有悔也⑨。"

注 释

① 文言:对"文言"二字之义先儒众说不一。一、乾坤为门户,以文说乾坤;二、依文而言其理;三、因卦爻辞为文王所作,故曰"文言";四、文谓文饰,以乾坤德大,故特文饰以为"文言";五、单就卦爻辞而推衍之,故曰"文言",等等。笔者以为当依文言理之说近实。

② 元:开始。长:训首、君。亨:古文字有祭祀之义,此训为通。嘉:美。古者婚礼称"嘉"。会:聚合。利:本指锸。"利"从刀主分,分故能裁成事物使各得宜;"利"从禾,禾二月始生,八月而熟,得时之中,如《说文》所言:"利……和然后利,从和省。"故"利"又有中和之义。义:宜。《中庸》:"义者,宜也。"《白虎通德论·情性》:"义者,宜也,断决得中也。"贞:一说为占问,一说为正。干:树干。木旁生者为枝,正出者为干,故"干"有正之义,因枝叶依干而立,故"干"又有本之义。郑注《礼记·月令》"羽箭干"曰:"干者,器之本也。"

③ 仁:凡果核之实有生气者曰"仁",以仁为木。案李道平《周易集解纂疏》,"仁"有"元"之义,"元"从二从人,"仁"从人从二,故在天为"元",在人为"仁"。《释名·释形体》:"人,仁也;仁,生物也。"长人:犹君人,即主宰人。利物:一本作"利之"。

④ 此释《乾》初九之爻辞。龙德:阳刚之德。《乾》卦之爻辞以"龙"喻阳。隐:是释"潜"。《乾》初九居下故曰"隐"。易:移。世:世俗。逐:隐退。闷:烦闷。不见是:不为世人所赞同。确:刚强之貌。拔:移。

⑤ 此释《乾》九二爻辞。正中:《乾》九二爻居内卦正得中位。庸言:平常的言论。先儒有解"庸"为"中"者,但由下文"善世而不伐"思之,似解"庸"作平庸为妥。闲:防。善世:吴汝纶曰:"此'善世'即善大,与'德博'对文。"伐:自夸。化:感化。君德:即阳德,阳为君。

⑥ 此释《乾》九三爻辞。进德修业:增进德性修治学业。九三过中,故曰"进德修业"。修,治。知至至之:前"至"为名词,指到达;后"至"为动词,指努力做到。知终终之:前"终"为名词,指终结;后"终"为动

词，指善于停止。幾：微。《系辞》："幾者，动之微，吉之先见者也。"上位：指九三居内卦之上。下位：指九三居外卦之下。

⑦ 此释《乾》卦九四爻辞。上下：言爻位。四为阴位，上可以承君，下可以应初，故曰"上下"。邪：邪枉。九四以阳居阴失位故曰"邪"。进退：言爻。九四上进可居五，下退可居三。群：类。此指阳类。《乾》六爻皆阳，故六阳称"群"。

⑧ 此释《乾》九五爻辞。同声相应，同气相求：乾坤阴阳各以类相应相求。乾为纯阳，故曰"同声""同气"。应，感应。求，追求。云从龙：云，水气；龙，水物。云龙同类，感气相致，故"云从龙"。风从虎：风为震动之气，虎是威猛之兽，虎啸风生，风与虎也同气类，故曰"风从虎"。作：起。睹：见。亲：亲附。

⑨ 此释《乾》上九爻辞，与《系辞上》八章同。注见上。

今 译

"元"，是众善的首长；"亨"，是嘉美的会合；"利"，是事物得体而中和；"贞"，是事物的根本。君子（效此）体现仁足以治理人，嘉美会合足以合乎礼，裁成事物足以合乎义，能贞正固守足以成就事业。君子能行此四德，所以说："乾，元、亨、利、贞。"初九爻辞说："潜伏之龙，不可妄动。"这是什么意思？孔子说："人有龙德而隐居，（其志）不为世俗所改变，不急于成就功名，隐退世外而不烦闷。（其言行）不被世人赞同亦无烦闷，（君子）所乐之事去做，所忧之事则不去做，坚强而不可动摇。这就是潜龙。"九二爻辞说："龙出现在田野，适合见大人。"这是什么意思？孔子说："人有龙德而居正得中，很平常的言论亦当诚实，平凡的举动亦当谨慎。防止邪恶而保持诚信，善行很大但不自夸，德性广博而化育人。《周易》说：'龙出现在田野，利见大人。'这是君主之德。"九三爻辞说："君子终日勤奋不息，夜间戒惕似有危厉，无咎灾。"这是什么意思？孔子说：

"君子为增进德性而修治学业，（为人）忠诚信实所以增进德性。修饰言辞以树立诚意，所以成就学业。知道所要达到的目标而努力争取，可与（他）讨论残微之事。知道终结而善于终止，可与（他）保存事物发展适宜状态。所以居上位而不骄傲，在下位而不忧愁。所以勤奋进取因其时而戒惧，虽有危厉而无咎。"九四爻辞说："龙在渊中惑于跃而未跃，无咎。"这是什么意思？孔子说："或上或下，无一定常规，并非为了邪欲；或进或退，不是恒久不变的，并非脱离人群。君子增长德性，修治学业，想及时完成，故无咎。"九五爻辞说："龙飞于天上，适合见大人。"这是什么意思？孔子说："相同的声音相互感应，相同的气息相互追求。水往湿处流，火往干处燃。云从龙生，风由虎出。圣人兴起而万物清明可见。受气于天的亲附上，受气于地的亲附下，则各归从（自己的）类别。"上九爻辞说："龙飞过高有悔。"这是什么意思？孔子说："尊贵而没有具体职位，高高在上而与民众脱离，贤明之士处下位而无人来辅助，所以只要一行动就产生悔恨。"

"潜龙勿用"，下也；"见龙在田"，时舍也；"终日乾乾"，行事也；"或跃在渊"，自试也；"飞龙在天"，上治也；"亢龙有悔"，穷之灾也；乾元"用九"，天下治也[①]。"潜龙勿用"，阳气潜藏；"见龙在田"，天下文明；"终日乾乾"，与时偕行；"或跃在渊"，乾道乃革；"飞龙在天"，乃位乎天德；"亢龙有悔"，与时偕极；乾元"用九"，乃见天则[②]。乾"元"者，始而亨者也；"利贞"者，性情也。乾始能以美利利天下，不言所利，大矣哉！大哉乾乎，刚健中正，纯粹精也。六爻发挥，旁通情也，时乘六龙，以御天也。云行雨施，天下平也③。君子以成德为行，日可见之行也。"潜"之为言也，隐而未见，行而未成，是以君子弗用也④。君子学以聚之，问以辩之，宽以居之，仁以行之。《易》曰："见龙在田，利见大人。"君德也⑤。九三重刚而不中，上不在天，下不在田，故乾乾因其时而惕，虽危"无咎"矣⑥。九四重刚而不中，上不在天，下不在田，中不在人，故"或"之。或之者，疑之也，故"无咎"⑦。夫"大人"者，与天地合其德，与日月合其明，与四时合其序，与鬼神合其吉凶。先天而天弗违，后天而奉天时。天且弗违，而况于人乎！况于鬼神乎⑧！"亢"之为言也，知进而不知退，知存而不知亡，知得而不知丧，其唯圣人乎！知进退存亡而不失其正者，其唯圣人乎⑨！

注 释

① 此以人事释《乾》爻辞。下：释"潜"，指初九之阳居下，其位卑贱。舍：此字古人多解，有谓"舍"通"舒"者，然案之《井》卦初六爻"旧井无禽"，《象》曰"时舍也"。显然《象》解"舍"为弃，由《文言》称"云从龙"，可知龙本应在天为得时，今在田而曰"时舍也"，可知此处亦解"舍"为弃。试：验。穷：极。

② 此以天道释《乾》爻辞。阳气潜藏：初九一阳居下，故象征阳气潜于下而未动。天下文明：九二阳气上升，故天下文采光明。偕：俱。乾道乃革：《杂卦》："革，去故也。"九四爻居上卦之始，故"乾道乃革"。位乎天德：阳至九五而处尊位。天德，指九五天位。极：终极。天则：天象法则。

③ 此申《乾·彖》意，即释《乾》卦卦辞。性情：一本作"情性"。性，天性。情，是情意。人禀阴阳而生，故有性情。《白虎通德论·情性》："情性者，何谓也？性者，阳之施。情者，阴之化也。人禀阴阳之气而生，

故内怀五性六情。"能：而。美利：美善。此指生物，即云行雨施以生物。刚健中正：《乾》六爻皆阳故"刚健"，二五为中，初、三、五以阳居阳得位故曰正。《乾》六爻中九五居中得正，故曰中正。纯粹精：此卦全阳不杂故曰"纯粹精"。色不杂曰纯，米不杂曰粹，米至细曰精。挥：动、散。一本作辉，二者同义通假。旁：遍。通：通达。《系辞》："往来不穷谓之通。"六龙：六位之龙。御：驾马使行。云行雨施：指天之功用。云气流行，雨泽布施。平：均匀平和。

④ 此释初九爻辞。成德：已成就的道德。弗：不。

⑤ 此释九二爻辞。聚：会。辩：一本作辨。二者通，有明辨之义。宽：弘广。

⑥ 此释九三爻辞。重刚：九三居内卦乾之终，上与外卦乾之初相接，乾为刚，故曰"重刚"。不中：指九三不处二五之位，爻以二五为中。上不在天：指往上不在九五爻。天，指九五爻。此爻辞为"飞龙在天"。田：指九二爻。此爻辞为"见龙在田"。

⑦ 此释九四爻辞。中不在人：九四居卦中间而不处人之正位。中，指居卦之中。人，指人位。卦三、四爻为人位，三与二相比，故三附于地处人之正位；四虽处人位，但远于地而近天，非人所处，故九四"中不在人"。

⑧ 此释九五爻辞。大人：此指九五而言，九五有"利见大人"之辞。大人指圣明德备之人。《周易》中有周人五号：帝，天称；王，美称；天子，爵号；大君，兴感行异；大人，圣明德备。序：次序。鬼神：阴阳之气屈伸变化。天时：四时。

⑨ 此释上九爻辞。上"圣人"王肃本作"愚人"，案愚人、圣人相对为文，故王肃本极是。唯：通惟，犹是。《文选·甘泉赋》李善注："惟，是也。"

今 译

"潜伏之龙，不要轻举妄动"，（因）地位卑下；"龙出现在田野"，因时而被舍弃；"终日勤奋不息"，开始有所行动；"龙在渊中惑于跃而未跃"，将由自己试验；"龙飞上天"，居上而治理天下；"龙飞过高而有悔"，是由穷极而造成的灾害；《乾》卦开始用九数（以变化天下），天下必然大治。"潜伏之龙，不要轻举妄动"，阳气潜藏于地下；"龙出现在田野"，天下万物呈现光明；"终日勤奋不息"，随从天时的变化而行动；"龙在渊中惑于跃（而未跃）"，乾之道即将出现变革；"龙飞上天"，已位居于天德；"龙飞过高而有悔"，随天时变化而达到终极；《乾》卦始用九数，天道法则显现。乾"元"，开始而亨通；"利贞"，是物之性情。乾一开始能以化育的美与利以利天下万物，却不言利物之功，盛大啊！伟大啊乾阳，刚劲强健而中正不偏，可谓纯粹精微。六爻变动，普遍通达于情理，因时掌握六龙（爻）的变化，以驾御天道，云气流行，雨水布施，天下和平。君子以完成道德修养作为行动（目标），每天都显现于行动。（初爻）所说的"潜"，是隐藏而未显现，行动尚未成功，所以君子不能有所作为。君子学习以聚积知识，互相问难以明辨是非，宽宏大量与人相处，以仁爱之心指导行动。《周易》说"龙出现在田野，宜于见大人"，此谓君子之德。九三处于重重阳刚交接之处而不居中位，上不及天位，下不在地位，所以"终日勤奋"，因其时而戒惕，虽有危难而"无咎"。九四爻处于重重阳刚交接之处而不居中位，上不及天位，下不在地位，处卦中间不在人位，所以有"或"字。"或"，疑惑，所以"无咎"。（九五爻辞的）"大人"，其德性与天地相合，其圣明与日月相合，其施政与四时顺序相合，其吉凶与鬼神相合。先于天道行动而与天道不相违背，后于天道行动而顺奉天时。既然天都不违背他，何况人呢？更何况鬼神呢！（上九爻辞所说的）"亢"，是说只知前进而不知后退，只知生存而不知灭亡，只知获得而不知丧失，这是圣人吗？知进退存亡之理而不失正道，这大概是圣人吧！

坤至柔而动也刚，至静而德方，后得主而有常，含万物而化光。坤道其顺乎，承天而时行①。积善之家必有余庆，积不善之家必有余殃。臣弑其君，子弑其父，非一朝一夕之故，其所由来者渐矣。由辩之不早辩也。《易》曰："履霜，坚冰至。"盖言顺也②。"直"其正也，"方"其义也。君子敬以直内，义以方外，敬义立而德不孤。"直方大，不习无不利。"则不疑其所行也③。阴虽有美，"含"之以从王事，弗彰成也。地道也，妻道也，臣道也。地道"无成"而代"有终"也④。天地变化，草木蕃，天地闭，贤人隐。《易》曰："括囊，无咎无誉。"盖言谨也⑤。君子"黄"中通理，正位居体，美在其中，而畅于四支，发于事业，美之至也⑥！阴疑于阳必战，为其嫌于无阳也，故称"龙"焉。犹未离其类也，故称"血"焉。夫"玄黄"者，天地之杂也，天玄而地黄⑦。

注　释

① 此释《坤》卦卦辞。至柔：《坤》六爻皆阴，纯阴和顺，故曰"至柔"。德方：先儒多解"德"为德性，但由上文"动也刚"思之，"德"与"动"对文，似以作"得"解为妥。方，方正。古人以圆说明天体运动，以方正说明地之静止，故称"方"。"方"释经文中之"贞"。后得主：经文中有"先迷后得主"，其意为：先迷惑后找到主人。传文释为"后得主而有常"，显然与经文之义不同。常：规律、常道。化光：化育广大。古"化"有生义。光，广。

② 此释《坤》初六爻辞"履霜，坚冰至"。原意为：踏霜之时，当知坚冰之日将至。弑：试杀。《白虎通德论·诛伐篇》："弑者，何谓也？弑者，试也。欲言臣子杀其君父不敢卒，候伺可事，可稍稍杀弑之。"渐：渐进，即由小而大。《坤》初六居下，阴小而始动，不善之积，故曰"渐"。阴为不善。辩：即辨。顺：顺从。《春秋繁露·基义篇》引作"逊"。

③ 此释《坤》六二爻辞。正：从止一，其义守一以止。六二以阴爻居阴位故为"正"。义：宜。六二居中，故为"义"。内：内心。外：外物。

④ 此释《坤》六三爻辞"含章可贞，或从王事，无成有终"。经文原意为：蕴含章美可以守正，跟从大王做事，虽不成功，但有好的结果。含：含藏。六三是以阴居阳位，故为"含章"。阳为章美。

⑤ 此释《坤》六四爻辞。蕃：草木茂盛。天地闭：天地不交通。六四居上下卦之间，上下皆坤，故上下不交而闭塞。闭，塞。括囊：束扎口袋。

⑥ 此释《坤》六五爻辞"黄裳元吉"。黄中：六五居中，而有中德。古代以土色为黄，土在五行中居中，故黄色即中色，黄有中之义。正位居体：六五以阴居阳之正位。五为阳之正位，六五阴爻为体。支：肢，指四肢。发：见。

⑦ 此释《坤》上六爻辞"龙战于野，其血玄黄"。阴：《坤》上六为阴。疑：即凝，有交结、聚合之义。嫌：疑。未离类：《坤》上六虽称龙，但未离开阴类。玄黄：天地之正色，此指阴阳相遇，两败俱伤。玄：黑中有赤。

今 译

坤极其柔顺，但动显示出它的刚强；（坤）极其静止，但尽得地之方正。后找到主人而有常道（行之），含藏万物而化育广大。坤道多么柔顺，顺承天道依时而行。积善之家，必定福庆有余；积不善之家，必定灾殃有余。大臣杀掉国君，儿子杀死父亲，这并非一朝一夕所造成的，（祸患的产生）由来已久，渐积而成是由于没有及早察觉此事。《周易》说："踏霜之时，预示坚冰之日将至。"这是说顺从事物发展结果。"直"是说正直，"方"是说事物处置的适宜。君子用恭敬以使内心正直，用处事之宜来方正外物，"敬"与"义"已确立而道德就不孤立了。"直方大，不熟习没有不利的。"（这样）则没有人怀疑他的行为了。坤阴虽有美德，"含藏"它以跟从大王做事，不敢成就（自己的功名）。这就是地道、妻道、臣道。地道虽"没有成就"自己的功名，但替（天道）"终结了"（养育万物之事）。天地交感变化，草木蕃盛；天地闭塞不交，贤人隐退。《周易》说："束扎口袋，没有咎灾，没有名誉。"这是说谨慎的道理。君子内有中德通达文理，外以柔顺之体居正位，美存在于心中，而通畅于四肢，发见于事业，这可是美到极点啦！坤阴交接于阳，阴阳必定会发生战斗，为嫌（坤）没有阳，所以（《坤》上六爻辞）称"龙"。然而此爻又未曾离开阴类，故爻辞称"血"。这"玄黄"，是天地的杂色，天色为玄，地色为黄。

说卦①

昔者圣人之作《易》也，幽赞于神明而生蓍②，参天两地而倚数③，观变于阴阳而立卦④，发挥于刚柔而生爻⑤，和顺于道德而理于义，穷理尽性以至于命⑥。

注　释

① 案马王堆出土帛书《系辞》杂有今本《说卦》前三章。《隋书·经籍志》载："及秦焚书……唯失《说卦》三篇。"可以断定《说卦》在流传过程中有错简、误讹现象。因材料的限制，无法证实错讹的具体情形。故此还按传统对《说卦》章节划分注译。

② 幽：隐、深。赞：又作"讚"，其义训为"助""求"。幽赞，即深深祈求。神明：本指天神地明。庄子曰："天尊地卑，神明之位。"（《庄子·天道》）荀爽："神者在天，明者在地。"（李鼎祚《周易集解》）此指天地变化神妙莫测。生蓍：创立揲蓍之法。

③ 参天两地：先儒众说纷纭，兹列几说如下：（一）天地之数相合，天得三合（一、三、五），地得两合（二、四）。（二）分天象为三才，以地两之，立六画数。（三）天地之数为十，以天三乘之为三十，以地二乘之为二十。其数积之和正为大衍之数五十。（四）天圆地方，圆是用一围成三，方是用一围成四，三为三个奇数，四是两个偶数，故三天两地。（五）三天

两地即为古代奇偶。(六)参天者,谓从三始,顺数而至五、七、九;两地者。谓从二起,逆数而至十、八、六。以八卦相配,天三配艮,天五配坎,天七配震,天九配乾,此从三顺配阳四卦;以地二配兑,以地十配离,以地八配巽,以地六配坤,此从两逆配阴四卦。取八卦配天地之数总五十而为大衍,天一地四无卦可配,故虚而不用等等。综观先儒诸说,多为臆测之辞,似未得实。案"参天两地"之确义,笔者以为在《说卦》中已做了明确解释。《说卦》云:"昔者圣人之作《易》也,幽赞于神明而生蓍,参天两地而倚数,观变于阴阳而立卦,发挥于刚柔而生爻……"又说:"昔者圣人之作《易》也,将以顺性命之理,是以立天之道曰阴与阳,立地之道曰柔与刚……"两段文字;皆以"昔者圣人之作《易》也"起始,一述神明之"数",一述性命之"理",因为"数""理"一致,故这两段文字是互应互补的。对比这两段文字,可看到其前一段"参天两地而倚数"与后一段"立天之道曰阴与阳,立地之道曰柔与刚"是前后互应的,先儒之误皆误在全以奇数释"天",而不知其"立天之道曰阴与阳";皆以偶数释"地",而不知其"立地之道曰柔与刚"。这种天道中既有阳又有阴,地道中既有柔又有刚的思想,是解决这一问题的关键。天道"曰阴与阳",显然只有"三",因"一"为天数象阳,"二"为地数法阴。但"一"虽为天数象阳但无法包含地数"二",以体现天道之"曰阴与阳",惟有天数"三",才既含天数"一",又含地数"二",体现出天道的阴与阳。此即只可参天倚数的根本所在。同样,"二"为地数法阴,但地数"二"中已可包含天数"一"。故地道之"柔与刚"在"两地"中已可包含。总之,参即三,两即二。参与两,乃指天地之数中各能包含阴与阳的最小生数。

④ 变:变化。此言筮法,指数之变化,即分二、挂一、揲四、归奇于扐蓍策变化。《系辞》有"十有八变"之变即是此意。阴阳:指老阴、老阳、少阴、少阳。

⑤ 发:动。挥:变。刚柔:指刚画柔画。生爻:刚变生柔,柔变生刚,九六相变。

⑥ 道:天道。德:得。所得以生谓德。道德犹言自然规律。理:条理。义:制事之宜。穷理尽性:研究物理究尽物性。命:天命。

今 译

昔日圣人作《周易》时,深深祈求神明而创制蓍法。是以天数三与地数两为依据而确立阴阳刚柔之数,观察阴阳的变化而确立卦画,变动刚柔之画而产生了爻。和顺于(自然)道德而调理事物得其宜。穷研物理而尽物性,以至于通晓天命。

昔者圣人之作《易》也,将以顺性命之理。是以立天之道曰阴与阳,立地之道曰柔与刚,立人之道曰仁与义①。兼三才而两之,故《易》六画而成卦②。分阴分阳,迭用柔刚,故《易》六位而成章③。

注 释

① 阴阳:就天之气而言,指阴阳之气。柔刚:就地之质而言,指刚柔之质。仁义:就人之德而言,人禀天地阴阳刚柔之性而有仁义。

② 兼:兼备。三才:天地人,此指三画。两:两相重。

③ 分阴分阳:分阴位阳位。汉人以为二、四、上为阴位,初、三、五为阳位。迭:递,即交替。章:文采,指刚柔杂居以成文采。

今 译

昔日圣人作《周易》时,将以顺从性命之理,所以确立了天道为阴与阳,确立了地道为柔与刚,确立了人道为仁与义。兼备(天地人)三才之画而使之相重,因此《周易》六画而成一卦。分(二、四、上为)阴位,分(初、三、五为)阳位,(六爻之位)更迭使用刚柔,故《周易》六位(之阴阳刚柔)顺理成章。

天地定位①,山泽通气,雷风相薄,水火不相射,八卦相错。数往者顺,知来者逆,是故《易》逆数也②。

注 释

① 天地定位:天地确立上下位置,天尊位上,地卑位下。天地、山泽、雷风、水火为八卦之象。通气:气息相通。薄:迫、入。射:厌。错:交。此言八卦排列。帛书《易》作"天地定立(位),〔山泽通气〕,火水相射,雷风相榑(薄)",与今本不尽相同。推其义,似以帛书《易》之说更胜。

② 数往者顺:以数推算过去之事为顺势。往,指过去事物。过去的事物是从简单到复杂,以数言之,则是从一到多,其势顺。马其昶说:"天下之数始于一,一而二,二而三,自是以往,至于十、百、千、万之无穷,由少而多,其势顺,是之谓'数往者顺'。"此释极确。知来者逆:与上一句其义相反,是说预知未来当为逆势,即从复杂到简单,就数而言从多到少。《周易》之数用六、七、八、九,始于万有一千五百二十策内,《周易》筮法,"先用大衍五十之数,以得二十八、三十二、三十六、二十四之策数,再由策数以得七、八、九、六之数,而阴阳老少以分,自多而少,其势逆,《易》以逆知来事,故其数亦用逆数也"(马其昶语)。故此节得出结论:"《易》逆数也。"亦有解卦爻由下向上数谓逆数者,恐有误。

今 译

天地确定上下位置,山泽气息相通,雷风相迫而动,水火不相厌恶,八卦相互错杂(成六十四卦)。以数推算过去时顺,预知未来时逆,所以《周易》是逆数(推算来事)。

雷以动之,风以散之,雨以润之,日以烜之①,艮以止之,兑以说之,乾以君之,坤以藏之②。

注　释

① 动：鼓动。雷发声万物动，群蛰起，故雷言动。散：布散。润：滋。烜：又作晅、晅臣，其义训为干。
② 说：悦。君：主。藏：包养。

今　译

雷鼓动（万物），风散布（万物），雨滋润（万物），日干燥（万物），艮终止（万物），兑喜悦（万物），乾统领（万物），坤藏养（万物）。

帝出乎震，齐乎巽，相见乎离，致役乎坤，说言乎兑，战乎乾，劳乎坎，成言乎艮①。万物出乎震，震，东方也；齐乎巽，巽，东南也。齐也者，言万物之絜齐也。离也者，明也。万物皆相见，南方之卦也。圣人南面而听天下，向明而治，盖取诸此也②。坤也者，地也，万物皆致养焉，故曰致役乎坤。兑，正秋也，万物之所说也，故曰说言乎兑。战乎乾，乾，西北之卦也，言阴阳相薄也。坎者，水也，正北方之卦也；劳卦也，万物之所归也，故曰劳乎坎。艮，东北之卦也，万物之所成终，而所成始也，故曰成言乎艮③。

注　释

① 帝：天。乾为天，故此乾阳之旺气发而万物生。相见：显现、显著。见，读"现"。役：从事。说：悦。战：接。劳：动之余而休息。成：完全、

成就。

②絜：本义指用绳子围量，此引申为修整、整齐。南面：古代以坐北朝南为尊位，故天子诸侯见群臣或卿大夫见僚属，皆南面而坐。后专指帝王听政统治。

③薄：迫入。归：藏。成终、成始：古人多解：一、万物自春出生于地，冬气闭藏，还皆人地，即言万物阴气终，阳气始。二、万物成始乾甲，成终坤癸，艮东北，是甲癸之间，故万物成终成始。三、艮为东北之卦，东北在寅丑之间，丑为前岁之末，实为后岁之初，故曰万物成终成始。案《灵枢·九宫八风篇》：艮宫为立春，坎宫为冬至，震宫为春分。立春位于冬至和春分之间，为旧的一年终结和新的一年开始，故万物成终成始。

今 译

万物生于（东方）震位，（万物生长）整齐于巽位，显现于离位，役养于坤位，欣悦于兑位，相接于乾位，劳倦息于坎位，成就于艮位。万物生于震，震为东方；整齐于巽，巽为东南方。齐，是说万物整齐。离，光明，万物皆相显现，南方之卦。圣人面南而坐听政于天下，朝光明方向处理政务，大概就取于此义吧！坤为地，万物都致于地的养育下，所以说"致养于坤"。兑，正秋季节，万物皆喜悦（于收获），所以说"悦言于兑"。相交接于乾，乾，西北之卦，说的是阴阳相迫。坎为水，正北方之卦。（也是）劳倦之卦，万物（劳倦）需归而休息，所以说"劳于坎"。艮为东北之卦，万物在此完成它的终结而又有新的开始，所以说"成言于艮"。

神也者，妙万物而为言者也。动万物者，莫疾乎雷；桡万物者，莫疾乎风；燥万物者，莫熯乎火；说万物者，莫说乎泽；润万物者，莫润乎水；终万物始万物者，莫盛乎艮①。故水火不相逮，雷风不相悖，山泽通气，然后能变化，既成万物也②。

注释

① 疾：急速。桡：本指舟楫。此引申为散、吹拂。燥：干。熯：一本作"暵"，有干燥之义。盛：成。

② 水火不相逮：一本无"不"字。案上文"水火不相射""雷风不相悖"，当以无"不"字为是。帛书《易》作"火水相射，雷风相榑（薄）"，即其证。逮，及。悖：逆。

今译

所谓神，是指奇妙生成万物而言。鼓动万物，没有比雷更急速的；吹散万物，没有比风更迅疾的；干燥万物，没有比火更炎热的；喜悦万物，没有比泽更欣悦的；滋润万物，没有比水更湿润的；终结、开始万物，没有比艮更成功的。所以水火相互吸引，雷风不相违背，山泽气息相通，然后才能变化而生成万物。

乾，健也；坤，顺也；震，动也；巽，入也；坎，陷也；离，丽也；艮，止也；兑，说也①。

注释

① 丽：依附。说：通悦。

今译

乾，（其性）刚健；坤，（其性）柔顺；震，（其性）震动；

巽，（其性）渗入；坎，（其性）陷险；离，（其性）依附；艮，（其性）静止；兑，（其性）喜悦。

乾为马，坤为牛，震为龙，巽为鸡，坎为豕，离为雉，艮为狗，兑为羊①。

注 释

① 豕：猪。郑玄《月令》注："豖"，"水畜"。又《诗·小雅》笺："豕之性能水。"故坎为豕。

今 译

乾象马，坤象牛，震象龙，巽象鸡，坎象猪，离象雉，艮象狗，兑象羊。

乾为首，坤为腹，震为足，巽为股①，坎为耳，离为目，艮为手，兑为口②。

注 释

① 坤为腹：姚配中："《素问》云：'腹者，至阴之所居。'"巽为股：巽为大腿。股，大腿。
② 坎为耳，离为目：惠栋曰："《淮南》云：'耳目，日月也。'"

今 译

乾象头，坤象腹，震象足，巽象股，坎象耳，离象目，艮象手，兑象口。

乾，天也，故称乎父；坤，地也，故称乎母。震一索而得男，故谓之长男；巽一索而得女，故谓之长女；坎再索而得男，故谓之中男；离再索而得女，故谓之中女；艮三索而得男，故谓之少男；兑三索而得女，故谓之少女①。

注 释

① 此言乾坤生"六子"（震、巽、坎、离、艮、兑），三男三女经卦，似有规律可寻。凡阳爻居下者为长男，阴爻居下者为长女；阳爻居中者为中男，阴爻居中者为中女；阳爻居上者为少男，阴爻居上者为少女。三男三女之顺序皆自下而上。索：求。男：男性，此指阳爻。女：女性，此指阴爻。

今 译

乾，象天，故称它为父；坤，象地，故称它为母。震是（乾坤相交）初次求取（一乾阳而成），故为长男，巽是（乾坤相交）初次求取（一坤阴而成），故为长女；坎是（乾坤相交）再次求得（一乾阳而成），故为中男，离（乾坤相交）再次求取（一坤阴而成），故为中女；艮是（乾坤相交）第三次求取得（一乾阳而成），故为少男，兑是（乾坤相交）第三次求取得（一坤阴而成），故为少女。

乾为天，为圜；为君，为父；为玉，为金；为寒，为冰；为大赤；为良马，为老马，为瘠马，为驳马；为木果①。坤为地，为母；为布；为釜；为吝啬；为均；为子母牛；为大舆；为文；为众；为柄；其于地也，为黑②。震为雷，为龙；为玄黄；为旉；为大涂；为长子；为决躁；为苍筤竹；为萑苇；其于马也，为善鸣，为馵足，为作足，为的颡；其于稼也，为反生，其究为健，为蕃鲜③。巽为木，为风；为长女；为绳直，为工；为白；为长；为高；为进退；为不果；为臭；其于人也，为寡发，为广颡，为多白眼；为近利市三倍；其究为躁卦④。坎为水，为沟渎；为隐伏；为矫揉；为弓轮；其于人也，为加忧，为心病，为耳痛；为血卦，为赤；其于马也，为美脊，为亟心，为下首，为薄蹄，为曳；其于舆也，为多眚；为通；为月；为盗；其于木也，为坚多心⑤。离为火，为日，为电；为中女；为甲胄，为戈兵；其于人也，为大腹；为乾卦；为鳖，为蟹，为蠃，为蚌，为龟；其于木也，为科上槁⑥。艮为山，为径路，为小石；为门阙；为果蓏；为阍寺；为指；为狗，为鼠，为黔喙之属；其于木也，为坚多节⑦。兑为泽，为少女；为巫；为口舌；为毁折；为附决；其于地也，为刚卤；为妾；为羊⑧。

注 释

①陈说乾卦取象。圜：圆。天为圆，《说文》"圜，天体也"。故乾有圆象。寒冰：乾为西北方位，故乾为寒冰。赤：红，太阳之色。大赤，指朝礼用的赤色旗。《礼·明堂位》："周之大赤。"疏："周之大赤者，赤色旗。"瘠：多骨。一本作"柴"。驳：马色不纯。木果：木本之果。郭雍曰："木以果为始，犹物以乾为始。"《周易本义》："荀九家此下有为龙、为直、为衣、为言。"

②陈说坤卦取象。布：广布。亦为古代货币名。货币藏之为"泉"，流行称布，取其流行之义，但与《系辞》之"交易而退，各得其所"有不符

处,故仅可备一说。釜:锅。吝:吝啬。又作"遴"。均:一本作"旬",均、旬二者通。《尔雅·释言》:"洵,均也。"洵为旬之假借。《管子·侈靡篇》:"旬身行。"注:"皆以旬为均。"十日为旬,坤数十,故称"旬"。子母牛:有作雌母牛者,笔者认为乃指有身孕之牛。舆:车。文:万物相杂。众:众民。柄:本。此取万物以地为本。

③陈述震卦取象。龙:一本作"駹"。玄黄:天地之杂色。天为玄色,地为黄色。亦有说东方日出色杂者,可备为一说。旉:一本作"専",二者通,此指花之通名。大涂:古道路男子由右,妇人由左,车以中央。是道有三,三道曰涂,大涂即大道。决躁:急疾之貌。《广雅》云:"躁,起疾也。"苍筤:青色。萑苇:指荻与芦苇,亦有解作竹类者。异:马后左蹄白。作足:指马行先动四足。作,动。的:白。颡:额。稼:庄稼。反生:指麻豆之类戴甲而出。震阴在阳上,阳动下,故为反生。究:极。蕃鲜:草木蕃育而鲜明。

④陈述巽卦取象。绳直:工匠以墨绳测量以使木直。工:古人有解作"墨"者,可与"绳直"之义互应。长:取风吹远。进退:取风行无常。果:果决。臭:气味。寡发:发稀少。一本作"宣发",黑白杂曰"宣"。广颡:头额宽阔。近利市三倍:将近从市中获三倍之利。日中为市,巽居东南方,与离相近,故"近利市"。躁:动而不止。躁卦指震卦。

⑤陈述坎卦取象。渎:沟。隐伏:坎一阳藏于阴中,故有隐伏之象。矫輮:一本作"挢揉"。使曲者变直者为矫,使直变曲为輮。弓轮:弓为矢,轮为车轮。二者均为矫揉而成。加忧:忧虑加重。血卦:人体有血如地有水,故坎为血卦。《管子·水地》:"水者,地之血气,如筋脉之流通者也。"脊:脊背。亟:急。此当为敏捷。下首:马低头。薄蹄:马蹄磨薄。曳:引拖。眚:眼生病,此引申为灾难。月:《淮南子·天文训》:"积阴之寒气为水,水气之精者为月。"故坎为月。坚多心:指棘枣之类。枝束多则树心多。阮元曰:"刘熙《释名》云:'心,纤也。'言纤微无物不贯也。凡纤细而锐者,皆可名曰心。《诗》:'吹彼棘心。'孙炎《尔雅》注云:'檄朴,名心,皆谓有芒刺之木。'"

⑥陈述离卦取象。离为火:离为南方之位,南方属火。为日:《淮南子·天文训》:"积阳之热气生火,火气之精者为日。"胄:兜鍪,即盔。戈兵:兵器。离内柔外刚,盔甲、兵器在人身外以防身,如离内柔外刚,故离

为冑、戈兵。乾：一本作"幹"。此训为干燥。蠃：海螺。蚌：海蛤。科：一本作"折"，木中空易折为科。槁：枯槁。

⑦陈述艮卦取象。径路：田间小路。此指山间小道。门阙：门观。《尔雅·释宫》："观谓之阙。"孙炎注曰："宫门双阙，旧章悬焉，使民观之，因谓之观。"观指门两旁的台榭。果蓏：果指桃李之类，木实曰果。草实曰蓏，如西瓜、甜瓜、冬瓜等。阍寺：指掌管王宫之门禁之人。阍，宫门，又指"阍人"，即守宫门人。寺，官舍。又指"寺人"，即执守宫中小臣（详见《周礼·天官》）。狗：一本作拘。狗、拘通。一说为家畜，一说为屈伸制物。由下文"黔喙之属"观之，当以作"狗"为妥。黔喙：肉食之兽。有说为豺狼之属，有说为虎豹之属。黔，黑。

⑧陈述兑卦取象。巫：祝。古代称能以舞降神之人为巫，女巫曰巫，男巫曰觋。巫以口舌与神通，故兑为巫。毁折：兑上画断缺，如物之毁折。又说兑为西方主秋，万物始折，故兑为毁折。附：依从。刚卤：指坚硬而含咸质。卤，咸土。《说文》："卤，西方咸地也。"兑二阳在下故刚，一阴在上下润故卤。为妾：兑少女之位贱，故"为妾"。

今　译

乾为天，为圆；为君，为父；为玉，为金；为寒冷，为冰冻；为红色旗；为良马，为老马，为瘦马，为花马；为木果。坤为地，为母；为广布；为锅；为吝啬；为十日；为有身孕之牛；为大车；为文采；为民众；为（生育之）本；对于地为黑色。震为雷，为龙；为青黄杂色；为花；为大路；为长子；为决然躁动；为青色竹子；为荻与芦苇；就马而言，为善于嘶鸣，为后左蹄有白毛，为四足皆动，为（马）额头有白斑；就庄稼而言，为戴甲而反生，其极为刚健，为草木蕃育鲜明。巽为木，为风；为长女；为绳直（墨线），为工匠；为白色；为长远；为高；为进退；为不果敢决断；为气味；就人而言，为头发稀少，额头宽阔，为眼白多（而瞳仁小）；为从市中获得近三倍之利；其极为躁卦。坎为水，为沟渠；为隐伏；为矫曲而揉直；为矢弓车轮；

就人而言，为忧虑加重，为心病，为耳痛；为血卦，为红；就马而言，为脊背美丽，为敏捷，为低头，为蹄子薄，为拖曳；就车而言，为多灾难；为通达；为月；为盗寇；就木而言，为坚硬而多木心。离为火，为日，为电；为中女；为甲盔，为兵器；就人而言，为大腹；为干燥之卦；为鳖，为蟹，为螺，为蚌，为龟；就木而言，为木中已空而枯槁。艮为山，为山间小路；为小石；为门台；为瓜果；为阍人寺人（守宫）；为手指；为狗，为鼠，为黑色食肉兽；就木而言，为坚硬而多枝节。兑为泽，为少女；为巫师；为口舌；为折毁；为附着决断；就地而言，为坚硬而含咸；为小妾；为羊。

序卦

（一）

有天地，然后万物生焉①。盈天地之间者唯万物，故受之以屯。屯者，盈也。屯者，物之始生也②。物生必蒙，故受之以蒙。蒙者，蒙也，物之稚也③。物稚不可不养也，故受之以需。需者，饮食之道也④。饮食必有讼，故受之以讼。讼必有众起，故受之以师。师者，众也⑤。众必有所比，故受之以比。比者，比也。比必有所畜，故受之以小畜⑥。物畜然后有礼，故受之以履。履而泰然后安，故受之以泰。泰者，通也⑦。物不可以终通，故受之以否。物不可以终否，故受之以同人⑧。与人同者，物必归焉，故受之以大有。有大者不可以盈，故受之以谦⑨。有大而能谦必豫，故受之以豫。豫必有随，故受之以随⑩。以喜随人者必有事,故受之以蛊。蛊者,事也⑪。有事而后可大,故受之以临。临者,大也。物大然后可观,故受之以观⑫。可观而后有所合,故受之以噬嗑。嗑者,合也。物不可以苟合而已,故受之以贲。贲者,饰也⑬。致饰然后亨则尽矣,故受之以剥。剥者,剥也。物不可以终尽剥,穷上反下,故受之以复⑭。复则不妄矣,故受之以无妄。有无妄,然后可畜,故受之以大畜⑮。物畜然后可养,故受之以颐。颐者,养也。不养则不可动,故受之以大过⑯。物不可以终过,故受之以坎。坎者,陷也。陷必有所丽,故受之以离。离者,丽也⑰。

注 释

① 天地:此天地指六十四卦中的乾坤。以"天地"生万物说明乾坤为六十四卦之首的原因。万物:指自然界万物,此以"万物"说明六十四卦,"二篇之策万有一千五百二十,当万物之数"。

② 盈:满。受:继,承继。屯:卦名。屯本义从中从一,中即草,一为地,故有草木茁芽于地之义。《屯》卦下震上坎,坎为雨,震为雷,雷雨动荡,其气充塞,故屯为"盈"。又震为乾刚坤柔始交,故屯为"物之始生"。

③ 蒙:卦名。蒙本义是冢上草木,有覆盖之义。此通萌,郑玄曰"齐人谓萌为蒙",即指幼小之貌。物之初生幼小是未开着,故蒙为蒙昧。稚:一本作"穉""㮆",古三字通,有幼稚之义。

④ 需:卦名。通雩,本义指求雨之祭,引申为需求。《需》下乾上坎,坎为水,乾为天,云上于天,待时而落,故曰需有待、求雨之义。求雨为保丰年,而饮食有所依赖,故需又为"饮食之道"。

⑤ 讼:卦名。《讼》上乾为天,下坎为水,天在上,水在下,天与水违行,故有争讼之义。师:卦名。师为军旅之名,古二千五百人为师,师有众

义。《师》下坎上坤，坤为众，坎为众。《国语·晋语》："坎，劳也、水也、众也。"故师为众。

⑥比：卦名。一指周代社会基层组织，五家为比。此有亲密无间之义，《比》卦象是水在地上，有亲比之义。畜：一本作"蓄"，有畜养之义。小畜：为卦名。《小畜》☰☱一阴五阳，有一阴畜养五阳之义。阴为小，故曰小畜。

⑦履：卦名。履本指鞋，有践履之义，《履》卦上乾为天，下兑为泽，天高在上，泽卑在下，上下尊卑分明，故履为礼。《荀子》云："礼者，人之所履也。"帛书《易》履皆作"礼"。礼，指上下尊卑之等。李鼎祚《周易集解》、王弼《周易略例卦略》在"故受之以履"之后有"履者，礼也"。泰：卦名。帛书《易》"泰"作"柰"。《泰》下乾上坤，乾阳下降，坤阴上升，故有阴阳交通之义，正如《象》所言："天地交而万物通也。"

⑧否：卦名。帛书《易》"否"作"妇"。《否》与《泰》相反，《否》上乾为天，下坤为地，天地阴阳不交通，故否有不通之义。如《象》所言："天地不交而万物不通也。"同人：卦名。人即仁，同人即同仁。《同人》下离上乾，乾为天，离为火，天阳在上，离火炎上，故有志向相同之义。

⑨大有：卦名。古称丰年曰有，大丰年曰大有。《大有》一阴拥有五阳，大而富有，即《象》所谓"柔得尊位大中，而上下应之，曰大有"。阳为大。谦：卦名。《谦》下艮上坤，艮山高而处地下，故有谦退之义。

⑩豫：卦名。豫本指象大，引申为娱乐，《豫》下坤上震，坤为地，震为雷，雷出地奋，万物顺性而动，故有喜乐之义。随：卦名。《随》下震上兑，震为雷在下，兑为泽在上，雷藏于泽中，随时休息，故有随从之义。

⑪蛊：卦名。蛊字本义为器皿食物腐败生虫，有败坏之义。《蛊》下巽上艮，艮为山，巽为风，风落山，其木摧坏，故有败坏之义。又艮为少男，巽为长女，有女惑男之象，万事从惑而起，故以蛊为事。蛊为事，盖假借"故"，非蛊字有"事"之训。王引之曰："蛊之言，故也。《尚书大传》云：'乃命五史。以书五帝之蛊事。'蛊事犹故事也。"

⑫临：卦名。帛书《易》《临》卦作"林"，从爻画看《临》二刚临四柔，"刚浸而长"，故《临》刚有长大之义。观：卦名。《观》与《临》相反，《观》二阳在上，阳为大，故"物大然后可观"。

⑬噬嗑：卦名。噬嗑本义指嘴里有食物而咬合，《噬嗑》☲☳上下两阳，

中一阳即是嘴里食物之象,此卦下震上离,离为电,震为雷,雷动而威,电闪而明,雷电相合,故有"合"之义。苟:但。贲:卦名。《贲》卦刚柔相错而文饰,故贲有饰之义。

⑭剥:卦名。剥有剥落之义。《剥》下坤上艮,艮为山,坤为地,山高反附于地故有剥落之义。又《剥》☷☷一阳于五阴之上,故有五阴剥落一阳之义。穷上反下:穷尽于上必复返于下。穷上,指《剥》一阳居上而穷尽。反下,指《复》卦一阳复于初爻。反,复。《复》☷☷一阳于五阴之下,有一阳复返之义。

⑮复则不妄:案《系辞》"复以自知"。自知而不妄,不妄即不妄行。《无妄》下震上乾,乾为天,震为雷,天下有雷动,故为不妄动。畜:本又作"蓄",有积聚、蓄养之义。《大畜》下乾上艮,艮为山,乾为天,天在山中,大至大,山静止,山静止畜养至大,故为大畜。

⑯颐:原指人两腮。《颐》下震上艮,艮为止,震为动,上止下动,口腔之象,从卦画言《颐》☷☷上下二阳中四阴,外实中虚。像口腔,食物由口而入以养生,故颐有"养"之义。大过:指大的过失,《大过》下巽上兑,兑为泽,巽为木,泽灭木象故有过,从爻画看《大过》☰☰中四阳上下两阴,中间阳盛,上下弱,即本末弱,故为大过,阳为大。

⑰陷:通险。《坎》上下皆坎,坎阳陷于阴中故曰陷。丽:依附。《离》卦上下皆离,离阴依附于阳,故离为丽。

今 译

有了天地,然后万物产生了。充满天地之间的只有万物,故(《乾》《坤》后)继之以《屯》。屯,盈满。屯,万物开始生长。万物生长必然蒙昧幼小,所以继之以《蒙》。蒙,蒙昧,(是指)万物幼稚。万物幼稚不可不养育,所以继之以《需》。需,饮食之道。饮食必会发生争讼,所以继之以《讼》。争讼必会将众人激起,所以继之以《师》。师,聚众。人众必有所亲附,所以继之以《比》。比,亲附。亲比必会有蓄养,所以继之以《小畜》。物既积蓄(众人温饱)然后礼仪产生,所以继之以《履》。履礼而泰和然后（民）安，所以继之以《泰》。泰，亨通。万物不会永远亨通，所以继之以《否》。万物不会永远闭塞，所以继之以《同人》。与人同志，万物归顺，所以继之以《大有》。拥有大（富）而不可满盈，所以继之以《谦》。有大（富）而能谦让必定安乐，所以继之以《豫》。安乐必定要有人随从，所以继之以《随》。以喜乐随从他人者必定发生事端，所以继之以《蛊》。蛊，事端。事端（经治）后（功业）可以盛大，所以继之以《临》。临，盛大。物盛大然后才能仰观，所以继之以《观》。可仰观必有所合，所以继之以《噬嗑》。嗑，相合。万物不可以只合而已，所以继之以《贲》。贲，文饰。致力于文饰然后亨通则会穷尽，所以继之以《剥》。剥，剥落。万物不会永远极尽剥落，上穷尽必复返于下，所以继之以《复》。复返则不会妄行，所以继之以《无妄》。不妄行然后会有积蓄，所以继之以《大畜》。万物有了积蓄然后可以养育，所以继之以《颐》。颐，养育。不养育则不可有所作为，所以继之以《大过》。万物不会永久过极，所以继之以《坎》。坎，陷险。陷险必定要有所依附，所以继之以《离》。离，依附。

（二）

有天地，然后有万物。有万物，然后有男女。有男女，然后有夫妇。有夫妇，然后有父子。有父子，然后有君臣。有君臣，然后有上下。有上下，然后礼仪有所错①。夫妇之道，不可以不久也，故受之以恒。恒者，久也。物不可以久居其所，故受之以遂。遂者，退也②。物不可以终遂，故受之以大壮。物不可以终壮，故受之以晋。晋者，进也③。进必有所伤，故受之以明夷。夷者，伤也。伤于外者，必反其家，故受之以家人④。家道穷必乖，故受之以睽。睽者，乖也。乖必有难，故受之以蹇。蹇者，难也⑤。物不可以终难，故受之以解。解者，缓也。缓必有所失，故受之以损。损而不已必益，故受之以益⑥。益而不已必决，故受之以夬。夬者，决也。决必有所遇，故受之以姤。姤者，遇也⑦。物相遇而后聚，故受之以萃。萃者，聚也。聚而上者谓之升，故受之以升⑧。升而不已必困，故受之以困。困乎上者必反下，故受之以井。井道不可不革，故受之以革⑨。革物者莫若鼎，故受之以鼎。主器者莫若长子，故受之以震。震者，动也⑩。物不可以终动，止之，故受之以艮。艮者，止也。物不可以终止，故受之以渐。渐者，进也。进必有所归，故受之以归妹⑪。得其所归者必大，故受之以丰。丰者，大也。穷大者必失其居，故受之以旅⑫。旅而无所容，故受之以巽。巽者，入也。入而后说之，故受之以兑。兑者，说也⑬。说而后散之，故受之以涣。涣者，离也。物不可以终离，故受之以节。节而信之，故受之以中孚⑭。有其信者必行之，故受之以小过。有过物者必济，故受之以既济。物不可穷也，故受之以未济。终焉⑮。

注　释

① 此句就《咸》而言。《咸》下艮上兑，兑为少女，艮为少男，故称"男女"。《咸》"柔上而刚下，二气感应"，故有"夫妇"之象。艮兑为乾坤求索而生，故曰"父子"。乾坤有尊卑上下，故曰"君臣""上下"。错：设置。

② 恒：恒久。《恒》下巽上震，巽为风，震为雷，雷风相与而有恒久之

义。遯：通"豚"，谓小猪。《周易》古经"遯"字皆为此义，而《易传》训遯为"退"。《遯》下艮上乾，艮为山，乾为天，山高上逼，天远山而退去，故遯为退。从爻画看，《遯》☰☷二阴在四阳之下，有渐长趋势。阳将退去，故曰退。

③大壮：此卦四阳盛长而壮大，故先儒多训壮为大。依《系辞》"日中则昃，月盈则食"之理，其《大壮》四阳盛长已过半，不久当止，故有止义。《杂卦》"大壮则止"是其确证。晋：有渐进之义。《晋》下坤上离，坤为地，离为日，日出地上，渐进上长。又从爻画看，"柔进而上行"，故晋有"进"义。

④明夷：有光明受损伤之义。《明夷》与《晋》相反，《晋》是日出地上，《明夷》是日入地中，其光明受损伤，故"明夷"有明伤之义。伤于外：《晋》离日在外，进极而伤人其内（变《明夷》）。反其家：《家人》离日在内。家人：指一家之人。《家人》下离上巽，离为火，巽为风，风火相与，有家人之义。又《家人》二五得正相应，二为女在内，五为男在外，男女正，故有家人之义。

⑤家道穷：指室家至亲，过而失节。乖：离散。睽：本义指目不相视，引申为乖异离散，《睽》下兑上离，离为火，兑为泽，火炎上，泽润下，二者相违背，故有"乖"之义。蹇：本指腿跛，行动不便，此引申为难。《蹇》下艮上坎，艮为山，坎为水，水为山所阻不得下流，故有"难"义。

⑥解：有缓解之义。《解》下坎上震，坎为雨，震为雷，雷震天上，雨落地下，故有缓解之义。损：减损。《损》下兑上艮，艮为山，兑为泽，泽深山高有损深而增高之义。从爻画看，《损》☶"损下益上"，故有减损之义。《益》与《损》相反。益：有增益之义，指上增益下。《益》下震上巽，巽为风，震为雷，雷风相与而增益。从爻画看，《益》☴"损上益下"，故有增益之义。

⑦夬：溃决、决断。夬：朱骏声训本义为"⊐"，"象环缺之形"。在《易传》，"夬"训为决。《夬》卦下乾上兑，乾为天，兑为泽，泽上于天，势必下流而散，有决之义。又从爻画看，《夬》☱一阴在五阳之上，有阳盛长决去一阴之象。决必有所遇：以阳决阴必有所喜遇。姤：相遇之义。《姤》下巽上乾，巽为风，乾为天，风行天下，无所不遇，故为遇。从爻画看，《姤》☴一阴在下与五阳相遇，故姤有"遇"之义。

⑧萃：会聚之义。《萃》下坤上兑，坤为地，兑为泽，泽在地上，聚水之象。从爻画看，《萃》九五居中得正，上下众阴皆应，故有聚会之义。聚而上者谓之升：是说反《萃》而成《升》。坤为众，《萃》卦坤众聚于下，《升》卦坤众在上，故曰"聚而上者谓之升"。聚，指坤众而言。升，有上升之义。《升》下巽上坤，巽为木，坤为地，地中生木，日长而升高，故有上升之义。

⑨困：穷困。《困》下坎上兑，坎为水，兑为泽，水在泽下，水下漏而上干枯，故有穷困之义。困乎上者：指《困》卦水在泽下，泽上无水而穷困。必反下：反《困》成《井》，《困》兑泽到下，成巽木，而成《井》，故曰"反下"。井，有养之义。井道不可不革：即《系辞》所谓"居其所而迁"。即井能出水而利民，故曰"不可不革"。革，本指兽皮治去其毛，此指变革。《革》卦下离上兑，兑为泽，离为火，泽火相息，故有变革之义。

⑩鼎：本指古代一种烹饪器和礼器，因鼎烹饪以成新物，故有取新之义。《杂卦》："鼎，取新也。"故曰"革物莫若鼎"。《鼎》下巽上离，离为火，巽为木，木上有火，为鼎烹饪之象。主器者莫若长子：是指由长子主管祭祀。古代宗法世袭制度，王侯大夫之国与邑，原则上由长子继承，故长子掌管祭祀。震为长子。主器者，主管祭祀人。器，指鼎。

⑪物不可以终动：指反《震》成《艮》。屈万里《读易三种》："岳珂九经三传沿革例，如《易序卦》'不可以终动，动必止之'，诸本无'动必'二字，惟蜀本、兴国本有之。"止，不动。《艮》上下皆艮，即上下不动，故曰止。渐：有渐进之义。《渐》下艮上巽，艮为山，巽为木，为木生山上渐渐增高，故渐为"进"。进必有所归：指反《渐》成《归妹》。古代女子出嫁，按六礼进行，成婚过程称为渐，成婚为归妹。归，嫁。《归妹》下兑上震，震为长男，兑为少女，有少女归长男之象。

⑫丰：丰大之义。《丰》下离上震，震为雷，离为电，雷电至，威严而光明，丰有"大"义。旅：旅行。《旅》下艮上离，艮为山，离为火，山上有火，火行而不停，故有行之义。又内卦艮山静止为主，外卦火动为客，山不动如馆舍，火动不止如旅客，故旅有旅行之义。

⑬旅而无所容：旅客行动而无所容身。巽：帛书《易》作"筭"，本指演算活动，此训为"人"。《巽》两巽相重，巽为风，风相随，风吹无所不入，故有"人"之义。兑：有欢悦之义。兑为口，故亦为"说"，通悦。

⑭涣：离散。《涣》下坎上巽，坎为水，巽为风，风行水上，将水冲散，故涣有"离"之义。离：散。节：节度。《节》卦下兑上坎，兑为泽，坎为水，泽上有水，其容量有限度，故节有节度之义。节而信之：节制而有诚信。中孚：中有孚信。《中孚》下兑上巽，巽为风，兑为泽，风令行于上，泽惠施于下，上下感应，有中孚之义。从爻画看，《中孚》䷼上下二阳，中为二阴，内虚外实，心虚而有实，故为中孚。

⑮小过：小的经过。《小过》下艮上震，艮为山，震为雷，雷在山上，故有小过之象。从爻画看，《小过》上下各二阴，中间二阳，有二阴经过二阳之义。阴为小，故曰小过。此"过"不是过失而是经过。济：渡过，引申为成功。既济：指已成功。《既济》下离上坎，坎为水，离为火，水火相互交通，各得其用，故为"既济"之义。未济：未渡过，引申为未成功。《未济》与《既济》相反，为水火不相交，故有"未济"之义。

今 译

有天地然后才会有万物；有万物然后人分成男女；有男女然后才能匹配夫妇；有夫妇然后才产生父子关系；有父子关系然后才有君臣（之别）；有君臣（之别）然后才有上下（等级名分）；有上下（等级名分）然后礼仪才有所设置。夫妇之间的感情不可以不长久，故（《咸》之后）继之以《恒》。恒，长久。万物不可以长久居于一个地方，所以继之以《遯》。遯，隐退。万物不可以长久隐退，所以继之以《大壮》。万物不可以长久盛壮，所以继之以《晋》。晋，上进。上进必遭伤害，所以继之以《明夷》。夷，伤。在外遭受伤害必返回家内，所以继之以《家人》。家道穷困必定会发生乖异，所以继之以《睽》。睽，乖异。乖异必定带来险难，所以继之以《蹇》。蹇，险难。万物不可以始终有险难，所以继之以《解》。解，缓解。缓解必定会有所损失，所以继之以《损》。不停损失必将转向增益，所以继之以《益》。不断增益充盈必会决去，所以继之以《夬》。夬，决去。决去必定有所交遇，所以继之以《姤》。姤，交遇。万物相遇之后而相聚会，所以继之以《萃》。萃，聚会。聚会之后共同上进叫作升，所以继之以《升》。进升不停必定陷入困境，所以继之以《困》。穷困于上必定会返于下，所以继之以《井》。井水之道不可不变革，所以继之以《革》。变革诸物（化凉为热、化生为熟）莫过于鼎器，所以继之以《鼎》。主管鼎器（的人）莫过于长子，所以继之以《震》。震，动。事物不可能永久动，使它停止，所以继之以《艮》。艮，止。事物不可永久停止，所以继之以《渐》。渐，渐进。渐进要有所归宿，所以继之以《归妹》。能得到归宿的必定盛大（富有），所以继之以《丰》。丰，盛大。盛大穷极必定会失其居所，所以继之以《旅》。旅行而无处容身，所以继之以《巽》。巽，入。人而后（安定）欢悦，所以继之以《兑》。兑，欢悦，欢悦后（其情）扩散，所以继之以《涣》，涣，离散。万物不可以长久离散，所以继之以《节》。能节制而又有诚信，所以继之以《中孚》。有诚信必然行动，所以继之以《小过》。有超越事物能力者必能成功，所以继之以《既济》。事物永远不穷尽，所以继之以《未济》。（六十四卦在《未济》中）结束。

杂卦

乾刚坤柔，比乐师忧①。临观之义，或与或求。屯见而不失其居，蒙杂而著②。震，起也；艮，止也。损益，盛衰之始也。大畜，时也；无妄，灾也③。萃聚而升不来也，谦轻而豫怠也。噬嗑，食也；贲，无色也。兑见而巽伏也④。随，无故也；蛊，则饬也。剥，烂也；复，反也。晋，昼也；明夷，诛也⑤。井通而困相遇也。咸，速也；恒，久也。涣，离也；节，止也。解，缓也；蹇，难也。睽，外也；家人，内也。否泰，反其类也⑥。大壮则止，遁则退也。大有，众也；同人，亲也。革，去故也；鼎，取新也⑦。小过，过也；中孚，信也。丰，多故也；亲寡，旅也。离上而坎下也⑧。小畜，寡也；履，不处也。需，不进也；讼，不亲也。大过，颠也。姤，遇也，柔遇刚也。渐，女归待男行也⑨。颐，养正也。既济，定也。归妹，女之终也。未济，男之穷也。夬，决也，刚决柔也。君子道长，小人道忧也⑩。

注　释

① 乾刚：《乾》卦六爻由纯阳组成，故曰乾刚。坤柔：《坤》卦六爻由纯阴组成，故曰坤柔。比乐：《比》有亲辅之义，故乐。师忧：《师》主军旅，动众行险，故忧。

② 或与或求：或者为施予或者为营求。与，施予；求，营求。《临》二阳在四阴之下，有在上而临下之义，故曰"与"。《观》二阳在四阴之上，"大观在上"有下以仰观上之义，故曰"求"。屯见：《屯》为"物之始生"，故曰"见"。见，现。不失其居：指各居其所。《屯》二阳皆当位，故曰"不失其居"。蒙杂：《蒙》二阳失位，阴阳杂居。"屯见而不失其居，蒙杂而著"当为《杂卦》作者以当时传授的象义解《屯》《蒙》二卦。"屯见""蒙杂"以及"居""著"究竟确义为何，先儒虽有种种解说，恐皆未得实。笔者在此虽参照先儒之说解之，但仍觉不妥，故言明以待来者。

③ 盛衰之始：《损》☲☰为减损《泰》☰☷下而增益其上，即《象》所谓"损下益上"，故为衰之始。泰为盛。《益》☴☳为减损《否》☰☷上增益其下，即《象》所谓"损上益下"，故为盛之始。否为衰。时：待时。古"时""待"通。王引之云："家大人（王念孙）曰：'时，当读为待。经言：归妹愆期，迟归有时。故《传》申之曰：愆期之志，有待而行也。'"大畜有畜养其德之义，故曰"时"。灾：《无妄》为大旱卦。《周易集解》引京氏注《无妄》卦："大旱之年，万物皆死，无所复生。"故《象》称："天命不祐。"

故曰"灾"。

④ 不来：即《序卦》所谓"聚而上者谓之升"。《萃》卦三阴聚于下，《升》卦三阴在于上，故曰"不来"。到内曰来，到外称往。不来，指不在内而在外。谦轻：《谦》卦有谦退之义，故曰轻。豫怠：《豫》卦有娱乐之义，故怠。怠，和乐。一本作怡，怠、怡二字通。食：吃。噬嗑是指口中有物，故曰食。无色：即白色。《贲》离日在艮山下而无光，故曰"无色"。兑见而巽伏：兑阴在上故曰"见"，巽阴在下故曰"伏"。

⑤ 无故：无事。《随》卦有随时而安之义，即《象传》所谓"君子以向晦入宴息"，故为"无故"。饬：一本作"饰"，训为整治。《蛊》为有事之卦，《序卦》"蛊者，事也"，有事则需要修整，故曰"饬"。烂：熟烂。《剥》一阳被五阴剥落，像果熟烂被剥落一样，故曰"烂"。反：通"返"。《复》一阳复返于初，故曰"反"。昼：《晋》卦下坤为地，上离为日，日出地上，故为"昼"。诛：伤。《明夷》下离为日，上坤为地，日入地中，其光明受伤，故曰"诛"。

⑥ 井通而困相遇：井水本在下，而《井》卦水在木上，以承水而上，"井养而不穷"，"往来不穷"，故谓之"通"。而《困》相反，水在泽下，泽上无水而干涸，故曰"不通"，不通即是阻隔。速：神速。《咸》卦有感之义。"二气感应"，感而遂通，不行而至，故称"速"。离：《涣》卦有披离解散之象，故曰"离"。止：《节》卦有节止之义，故曰"止"。缓：《解》卦有解除、缓解之义，故曰"缓"。难：《蹇》卦坎险在前，艮见险而止于内，有难之义。外：《序卦》："睽者，乖也。"《广雅·释诂》："乖，离也。"有离家之义。又《睽》离女在外卦，有女离家在外之义，故曰"外"。内：《家人》离女在内卦，女在家内故曰"内"。反其类：《泰》《否》卦画相反，《否》反成《泰》，《泰》反成《否》，其事类相反。

⑦ 大壮则止：《大壮》四阳进消阴，阳长过半将止，故"止"。遁则退：《遁》阴进消阳，阳势消退，故"遁则退"。众：《大有》六五之柔得尊位，上下五阳皆应之，故曰众。亲：《同人》六二居中得位，众阳皆亲附，如《序卦》所称："与人同者，物必归焉。"故曰"亲"。革去故：《革》卦有改革、更新之义，故曰"去故"。故，指旧有。鼎取新：《鼎》卦离火在上，巽木生之，有鼎烹饪之象，鼎烹饪待熟而取新。

⑧ 过：《小过》阴盛过阳，故为"过"。过，经过。《序卦》："有其信

者必行之,故受之以小过。"信:《中孚》取信发于中,孚有信之义,故曰"信"。多故:《丰》乃日蚀之卦,古人多以日蚀为不祥,故曰"多故"。故,事。亲寡:旅无所容身,故"亲寡"。明何楷《古周易订诂》引或曰:"'亲寡旅'当作'旅寡亲',于韵亦协。"清崔述等从之,并做了详细辨证。崔述说:"此传之文,皆先举卦名,而后释其义。不容此句独先释之,而后倒之卦名之后,一也。上文云'丰多故',正与此文之'旅寡亲'两两相对。而'亲寡'亦不如'寡亲'之文义明顺,二也。《大有》以下诸卦,皆真文韵,此句'亲'字正与上文'亲''新''信'三字相叶,三也。"(见《易卦图说》)我们认为此考极确,故当改"亲寡旅也"为"旅寡亲也"。离上而坎下:离为火而炎上,坎为水而润下。

⑨寡:《小畜》一阴畜五阳,阳众阴寡,故曰"寡"。不处:不停止。履有践履之义,且《履》卦阳爻皆以不处其位为吉,故曰"不处"。不进:《需》上坎为险,险在前,而待时。《需·彖》:"需,须也。"须为待,故"不进"。不亲:《讼》卦上乾为天,下坎为水,天水相违行,故"不亲"。颠:本义又指头顶,引申为颠覆。《大过》下巽为木,上兑为泽,木顶被泽水淹没,故曰"颠"。柔遇刚:《姤》卦一阴在下而上与五阳相遇,阴为柔,阳为刚。女归待男行:指女子出嫁等待男子迎亲。《渐》卦下艮为少男,上巽为长女,故有长女归待少男行之义。

⑩养正:《颐》下震为动,上艮为止,上静下动,人口吃物之象,故曰养正。如《彖》所言:"颐'贞吉',养正则吉也。"定:成。《既济》六爻阴居阴位,阳居阳位,阴阳定位,故曰"定"。终:归宿。《归妹》上震为长男、为动,下兑为少女、为说,"说以动",少女嫁长男之象,女子出嫁为"终"。男之穷:《未济》三阴失正,阳穷极于上,故曰"男之穷",阳为男。刚决柔:《夬》卦☰☱五阳盛长,决去一阴。君子道长,小人道忧:《夬》卦阳刚盛长,阴柔消退即将被决去。阳象"君子",阴象"小人",故曰"君子道长,小人道忧"。

《杂卦》虽不依六十四卦之顺序,但以两两为对解卦。前五十六卦皆然,独后八卦错乱。汉儒虞翻、晋儒干宝皆认为此为《杂卦》作者独心匠运、巧妙安排,故虞翻以互体释之,以"喻武王伐纣"。干宝以变通释之,"以示来圣后王,明道非常道,事非常事也"。然汉郑玄首先提出怀疑:"自此以下,卦音不协,以错乱失正。"(见孙星衍《周易集解》)但他"弗敢改耳"。宋人苏轼、朱震、蔡渊等人加以改定,元吴澄、明何楷等从之。改定后的次序有两种:(一)颐,养正也;大过,颠也。姤,遇也,柔遇刚也;夬,决也,刚决柔也。君子道长,小人道忧也。渐,女归待男行也;归妹,女之终也。既济,定也;未济,男之穷也。此以苏轼为代表。(二)大过,颠也;颐,养正也。既济,定也;未济,男之穷也。归妹,女之终也;渐,女归待男行也。姤,遇也,柔遇刚也;夬,决也,刚决柔也,君子道长,小人道忧也。此以蔡渊为代表。案从音韵学,当以后者为胜。

今 译

乾刚健,坤柔顺;比欢乐,师忧愁。临观的义旨,或是施予,或是索求。屯初生显现而不失其所居,蒙错杂而昭著。震,为起;艮,为止。损益是盛旺衰微的开始。大畜,待时;无妄,有灾。萃聚集而升不返回,谦轻己(尊人)而豫安乐闲逸。噬嗑,为食用;贲,为无色。兑喜悦外现,巽(进入)而隐伏。随,无事(休息);蛊,(有事)则整治。剥,为剥烂;复,为返回。晋,白昼;明夷,(光明)受伤。井水通达而困则阻塞。咸,指感应神速;恒,乃恒守长久。涣,为离散;节,为节止。解,为缓解;蹇,为险难。睽,(乖异)而在外;家人,(和睦)而在内。否与泰,是两个相反的事类。大壮是壮而停止,遯则因时而隐退。大有,众多;同人,亲辅。革,去除故旧;鼎,取其新义。小过,为过往;中孚,为诚信。丰,多事;旅,少亲。离火炎上,坎水流下。小畜,积蓄少;履,不停止。需,(待时)而不进;讼,(违背)而不亲。大过,为颠覆;姤,为交遇,阴柔与阳刚相交遇。渐,女子出嫁等待男人来迎亲。颐,养正。既济,乃成功。归妹,女子最终(的归宿)。未济,指男子穷困。夬,为决去,阳刚决去阳柔。(此象)君子之道盛长,而小人之道困忧。

附录：主要参考书目

〔魏〕王弼、〔晋〕韩康伯注：《周易注》，阮刻《十三经注疏》本。

〔唐〕孔颖达撰：《周易正义》，阮刻《十三经注疏》本。

〔唐〕陆德明撰：《经典释文》，通志堂经解本。

〔唐〕李鼎祚撰：《周易集解》，北京中国书店影印本。

〔宋〕张载撰：《横渠易说》，《张载集》中华书局本。

〔宋〕苏轼撰：《东坡易传》，《四库全书》台湾商务印书馆影印本。

〔宋〕程颐撰：《易传》，江南书局本。

〔宋〕朱震撰：《汉上易传》，《四库全书》台湾商务印书馆影印本。

〔宋〕李衡删定：《周易义海撮要》，《四库全书》台湾商务印书馆影印本。

〔宋〕郑汝谐撰：《易翼传》，《四库全书》台湾商务印书馆影印本

〔宋〕朱熹撰：《周易本义》，《四库全书》台湾商务印书馆影印本

〔宋〕项安世撰：《周易玩辞》，《四库全书》台湾商务印书馆影印本

〔宋〕俞琰撰：《周易集说》，《四库全书》台湾商务印书馆影印本。

〔元〕吴澄撰:《易纂言》,《四库全书》台湾商务印书馆影印本。

〔元〕王申子撰:《大易辑说》,《四库全书》台湾商务印书馆影印本。

〔元〕董真卿撰:《周易会通》,《四库全书》台湾商务印书馆影印本。

〔明〕来知德撰:《易经集注》,上海书店影印本。

〔明〕何楷撰:《古周易订诂》,《四库全书》台湾商务印书馆影印本。

〔清〕王夫之撰:《周易稗疏》,《四库全书》台湾商务印书馆影印本。

〔清〕李光地撰:《御纂周易折中》,清康熙五十四年刊本。

〔清〕毛奇龄撰:《仲氏易》,《四库全书》台湾商务印书馆影印本。

〔清〕惠栋撰:《周易述》,皇清经解本。

〔清〕张惠言撰:《周易虞氏义》,皇清经解本。

〔清〕焦循撰:《易章句》,皇清经解本。

〔清〕焦循撰:《易通释》,皇清经解本。

〔清〕孙星衍撰:《周易集解》,1988年上海书店本。

〔清〕阮正撰:《周易校勘记》,阮刻《十三经注疏》本。

〔清〕江蕃撰:《周易述补》,皇清经解本。

〔清〕朱骏声撰:《六十四卦经解》,1988年中华书局本。

〔清〕李富孙撰:《易经异文释》,皇清经解续编本。

〔清〕李道平撰:《周易集解纂疏》,丛书集成初编本。

〔清〕姚配中撰:《周易姚氏学》,皇清经解续编本。

〔清〕宋书升撰:《周易要义》,山东齐鲁书社本。

马其昶撰:《重定周易费氏学》,抱润轩刻本。

尚秉和撰:《周易尚氏学》,1988年中华书局本。

杨树达撰:《周易古义》,中华书局仿宋本。
屈万里撰:《读易三种》,联经出版事业公司本。
高亨撰:《周易大传今注》,山东齐鲁书社本。
徐志锐撰:《周易大传新注》,山东齐鲁书社本。
刘大钧撰:《周易概论》,山东齐鲁书社本。
黄寿祺、张善文撰:《周易译注》,上海古籍出版社本。
刘大钧、林忠军撰:《周易古经白话解》,山东友谊书社本。
刻:《说文解字》,《十三经注疏》本。
〔清〕郝懿行撰:《尔雅义疏》,北京中国书店影印本。
〔清〕王引之撰:《经义述闻》,皇清经解本。
〔清〕王引之撰:《经传释词》,岳麓书社本。
〔清〕永瑢等撰:《四库全书总目》,中华书局影印本。
王云五主编:《续修四库全书提要》,台湾商务印书馆本。
帛书《六十四卦》,马王堆汉墓帛书整理小组《文物》1984年3月。
帛书《系辞》《二三子问》等,《道教文化研究》第三辑。
韩自强撰:《阜阳汉简周易研究》,上海古籍出版社2004年7月。
马承源主编:《上海博物馆藏战国楚竹书》(三),上海古籍出版社2003年12月。
刘大钧撰:《今、帛、竹书周易综考》,上海古籍出版社2005年8月。